本书撰写人员名单

主　编：吴　淼　蔡长昆

撰写人员：杨　磊　郭永园　姜伟齐　向　玲　张　涛
　　　　　沈琪瑶　李悦箫　刘　倩　郭瑞莲　梁娴莹
　　　　　杨哲盈　李一凡　王　丹　李世遗

新时代中国县域脱贫攻坚案例 研究丛书

互助

脱贫攻坚动员的制度化

全国扶贫宣传教育中心 / 组织编写

人民出版社

目 录
CONTENTS

导 论 …………………………………………………………… 001
 一、任务环境、制度基础：精准扶贫面临的困境………… 001
 二、动员及其制度化：传统制度的创新性再造…………… 005
 三、总结与启示……………………………………………… 012

第一章 | 互助土族自治县脱贫攻坚形势……………………… 015
 一、互助土族自治县概况…………………………………… 016
 二、任务环境：农村致贫的外部因素……………………… 019
 三、制度基础：扶贫经验的前期积累……………………… 033
 四、组织基础：作为执行者的扶贫机构…………………… 041
 五、总结：维持式扶贫……………………………………… 044

第二章 | 动员式响应、制度化整合：互助县脱贫攻坚的
    战略结构 …………………………………………… 055
 一、从"高位推动"到"全域响应"：从中央到地方…… 057
 二、从全域响应到动员的制度化：政府组织再造………… 067
 三、政策整合………………………………………………… 092
 四、互助县脱贫攻坚的阶段安排…………………………… 103

五、小结 ……………………………………………………… 105

第三章 | **复杂目标体制化分解：多重目标何以系统化** …… 107
　　一、总体目标："县摘帽" ………………………………… 108
　　二、"精准识别"："情"与"理"的耦合 ………………… 113
　　三、"三年集中攻坚"：全部贫困村"出列" …………… 126
　　四、"两年巩固提升"：以"扶贫"促发展 ……………… 140
　　五、小结 ……………………………………………………… 146

第四章 | **扶贫政策整合：多重政策目标何以实现？** ……… 149
　　一、政策整合何以可能？扶贫政策整合的多重机制 …… 151
　　二、以易地搬迁推动农村全面发展 ……………………… 161
　　三、东西部协作全面嵌入精准扶贫 ……………………… 170
　　四、小结 ……………………………………………………… 179

第五章 | **组织再造："精准扶贫"目标是如何实现的？** …… 181
　　一、"以党领政""党政整合"："块块"如何
　　　　抓扶贫？ …………………………………………………… 183
　　二、多机制推动：行业责任何以实现？ ………………… 199
　　三、绕过科层："包保制度"何以运作？ ………………… 207
　　四、小结 ……………………………………………………… 235

第六章 | **作为"神经"和"保障"的监督体系** ……………… 237
　　一、作为制度保证的监督体系 …………………………… 239
　　二、监督体系的架构 ……………………………………… 249

三、多重责任何以实现：以责问效，以督促学 …………… 262
　　四、小结 ……………………………………………………… 264

第七章 | 以扶贫促发展：互助县脱贫攻坚的成果 ………… 267
　　一、扶贫成就 ………………………………………………… 268
　　二、脱贫攻坚成果巩固面临的挑战 ………………………… 298
　　三、巩固提升 ………………………………………………… 304

第八章 | 动员的制度化 ………………………………………… 317
　　一、"大扶贫"下精准扶贫难题的攻克 …………………… 318
　　二、动员的制度化：互助县精准扶贫任务何以实现？…… 319
　　三、启示 ……………………………………………………… 334

后　记 …………………………………………………………… 337

导 论

一、任务环境、制度基础：精准扶贫面临的困境

（一）从经济发展到社会发展："精准扶贫"提出的历史背景

自新中国成立以来，党领导全国人民对社会的改造持续进行，对我国社会发展产生了非常深刻的影响；或者说，"自上而下"的社会建设形塑了当下我国的政治经济现实，这构成了早期国家工程的重要组成部分。改革开放以来，中央政府的"双重放权"使得"社会改造"的范围和机制都发生了显著的变化。党和国家如何有节奏、有目的地按照既定的战略再塑造这个庞大的执行机制，是理解我国体制转型以及适应性和活力的关键。

精准扶贫的提出，恰是从经济发展到社会发展的关键体现。新中国成立以来，农村的发展深深地嵌入在我国城乡发展的历史之中。为了实现国家的工业化，农村成为了非常重要的资源供给地，城乡分割的经济结构重塑了城乡之间的社会结构和制度安排。改革开放以来，"分田到户"极大地刺激了农民的生产积极性，但是，城乡之间的结

构性不均衡并没有得到彻底解决。21世纪初期，随着农业税的取消，新农村建设的推进，大量的国家资源开始向乡村倾斜，国家—农民关系发生了巨大的变化。这一变化，也是我国社会体制建设的重要组成部分。

从历史来看，虽然国家—农民关系发生历史性改变，但是，整体来看，这样的改变总是贯穿着一个挥之不去的"母题"：即农村发展。无论是早期的"分田到户"还是后期的农业税取消，以及随之而来的"新农村建设"，乡村经济的发展，才是整个乡村治理演进的核心。进入新千年以来，"三农"问题成为重要的政策关切点。随着农业税的取消，"新农村建设"的启动，乡村治理面貌发生了非常巨大的变化。但是，由于历史欠账太多，发展不均衡，"新农村建设"主要以项目制和基础设施建设为主，传统的扶贫思路则以"大水漫灌"和转移支付为主，农村贫困问题仍然严重。为了改变这一状况，2013年，习近平总书记提出"精准扶贫"。到2015年，随着各项政策的陆续出台，"六个精准"理念被提出，"精准扶贫"逐渐成为解决农村贫困问题，实现"2020年全面建成小康社会的重要承诺"的"攻坚战"之一。

（二）任务环境、制度基础：县域精准扶贫面临的重重挑战

面对幅员辽阔、区域差异巨大的现实，要在短时间内解决这些历史欠账，重构基层的贫困治理体系，面临着诸多困难。我国的贫困治理主要是基于特定的县域的。无论是贫困县本身面临的扶贫任务，还是原有的县域治理结构，都给县域扶贫治理带来了非常复杂的挑战。从青海省互助土族自治县（以下简称"互助县"）来看，摆脱这两个困境是精准扶贫任务得以完成的关键。

1. 县域扶贫的任务环境

互助县精准扶贫面临的第一个困境，贫困产生的复杂原因。一方面，县域贫困本就是一个历史累积的过程；另一方面，贫困产生的原因往往是多要素交织的过程。互助县本就位于西北地区，地理位置和自然环境极大地遏制了地方发展的潜能。自然环境因素不仅没有催生强大的发展动机，恰恰相反，长久的与自然相处产生的是"小富即安"的生存之道。求助于家庭、宗族、宗教以及强的乡土情结，进一步导致互助县被内生地嵌入在了"内卷式"的发展状态中。

要"打赢精准扶贫攻坚战"，在 2020 年实现农村人口的全面脱贫，实现"两不愁、三保障"的政策目标，政策本身的要求也是另一个重要的压力。从精准扶贫政策本身来看，政策的复杂性为其有效执行带来了很大的困难。由于信息的限制和标准的不确定，地方精英的"俘获"，对于贫困户的"精准识别"非常困难[1]。从政策工具来看，贫困治理，特别是有效的、长期的贫困治理都是一个非常巨大的政策挑战。解决贫困的核心是发展，在资源有限的情形下，是否存在有效的发展工具本身就是一个问题。精准脱贫的技术核心是"精准施策"，但是，特定的"策"作为一种政策工具能否产生持久的脱贫效果，可能存在疑问。扶贫不仅是一个经济发展的问题，同时还是社会结构和制度结构的问题。贫困治理的政策工具施加于社会结构和社会环境时，往往缺乏有效性。所以，由于地方和个人的复杂性，针对每个人的精准帮扶方案并不具备，脱贫和返贫可能同时存在[2]。所有这一切，对于互助县而言，都使得贫困治理变得异常艰难。

---

[1] 参见邢成举、李小云：《精英俘获与财政扶贫项目目标偏离的研究》，《中国行政管理》2013 年第 9 期。

[2] 参见印子：《治理消解行政：对国家政策执行偏差的一种解释——基于豫南 G 镇低保政策的实践分析》，《南京农业大学学报》（社会科学版）2014 年第 3 期。

2. 县域扶贫的制度基础

作为核心的扶贫主体,"县域"成为了精准扶贫的主战场。但是,面对如此复杂和严峻的形势,我国地方政府的贫困治理制度的历史和储备,似乎并不足以应付这一挑战。

第一,从中央与地方关系结构来看,不同于经济发展,社会发展目标由于其"软"的,以及"再分配"的特征,使其实现面临重重困难。在我国广大不发达地区,由于资源和机会的有限,在面对考核和晋升等多重压力下,地方政府有可能选择那些"硬的"、政策目标可量化的政策,以及那些能够直接为地方政府、部门甚至干部个人带来直接收益的政策优先执行,而社会发展目标难以量化考核以及投入高等因素有可能影响地方政府执行的积极性。此时,对于县级政府而言,精准扶贫的目标如何与中央—地方激励的结构建立明确的关系,是一个非常重要的问题。

第二,在党中央集中统一领导下,政府层级之间、部门之间在政策执行中的合作与协同也面临着一些问题。而精准扶贫这一艰巨任务的完成,既需要自上而下的贯彻执行,又需要在"条块"体系之内实现跨部门的协调整合[①]。随着贫困治理从原有的"区域性治理"转移到基于贫困户的"身份治理",精准扶贫任务的实现需要系统地重构地方的贫困治理资源。但是,从扶贫本身而言,县域贫困治理均是以有限的资源和能力为基础的,治理贫困以前从来没有成为县域的中心工作;从贫困治理的范围而言,精准扶贫任务几乎涉及县域之内所有的政府部门、所有的政策体系。于是,如何在县域部门和政策的丛林中实现系统化的重构,是精准扶贫面临的巨大挑战。

第三,要打赢这场攻坚战,有限的资源、分散的政府部门以及屡

---

① 参见陈家建等:《科层结构与政策执行》,《社会学研究》2013年第6期。

弱的基层治理能力，也是一个非常严重的挑战。特别是，随着税费改革的推进和农业税的取消，基层公共服务供给更多地依赖于转移支付；随着项目制的推进，围绕"项目"，基层政府呈现出竞争资源的特征，在一些地方出现"空心化"和"内卷化"现象，极大地影响了精准扶贫政策目标的实现[①]。

二、动员及其制度化：传统制度的创新性再造

面临脱贫攻坚任务的挑战，党和国家精心计划和组织，实现对"动员"这一任务完成策略的再发现和再利用。通过大规模动员来完成任务，源于新中国成立后的社会主义革命和建设实践，具有非常深厚的历史传统，它对于解决我国社会发展中面临的重大问题有着独特的效果。对于互助县而言，如期完成精准扶贫任务，关键在于如何利用现有的体制结构，创造性地动员体制内外力量和资源，以贫困治理体系的制度化重构实现精准扶贫的县域目标。

（一）动员及其制度化

在中国特色社会主义建设过程中，动员始终是党领导国家和人民完成重大任务、实现攻坚克难的组织机制。在人民公社时期，社会动员常常被用来推进社会主义建设；改革开放以来，尽管我国抛弃了高度集中的计划经济体制，但是，动员作为应对国家危机、解决地方治

---

① 参见陈锋：《分利秩序与基层治理内卷化——资源输入背景下的乡村治理逻辑》，《社会》2015年第3期；付伟、焦长权：《"协调型"政权：项目制运作下的乡镇政府》，《社会学研究》2015年第2期。

理能力困境的工具，仍被不断使用和再造，例如计划生育政策、西部大开发、反腐败、环境治理等。总之，作为我国完成重大任务的核心制度装置，动员在党和国家重要目标实现过程中扮演着至关重要的角色。

在党的十一届三中全会以后，党和国家的工作重心转移到社会主义现代化建设上来，动员更多用作解决某些社会问题的治理技术和政策工具。这特别体现在地方政府为达成某些社会目标所进行的"动员性政策执行"，"一种通过政治机制动员行政力量在特定时间阶段实现特定政策目标的制度安排"。从中央的视角来看，动员常常被用作解决复杂问题的制度性手段。此时，动员表现为发动群众，存在于特定政策之中，其主要源于对外部危机的反应或者是某些特定国家目标的实现。在面临强大的资源约束以及一些地方政府和干部政策执行表现出来低能力和低动力的情况下，动员被视为打破部门藩篱，使地方政府服从、服务于国家整体目标的有效途径。从地方的视角来看，动员被视为一种解决政策执行的机制和方式，其以"行政动员"为核心特征，主要发生在政府部门内部，以特定的任务的解决为目标，其主要功能在于解决政策执行过程中面临的困境[①]。

于是，在中央与地方之间，在动员与制度化之间，二者构建了一个更为精巧的制度结构以实现社会目标：中央根据任务的紧迫程度和重要程度有选择地动员特定的政治和行政资源，同时设置系统化的动员结构；地方在响应的同时，制度化地整合县域的制度资源和政策资源。中央与地方之间的动员结构的制度化，是互助县实现精准扶贫目标的一个关键因素。

---

① 参见欧阳静：《论基层运动型治理——兼与周雪光等商榷》，《开放时代》2014 年第 6 期。

（二）动员的制度化：核心特征

1. 动员及其政治性

要理解动员在互助县精准扶贫中扮演的角色，核心是理解动员的强政治激励的属性。这种政治激励，首先与我国的"以党领政"的强"党政整合"体制密切相关。这种强激励，来自于"政治任务"所赋予的核心内涵。于是，随着精准扶贫自上而下地被动员，各层级政府、各部门都可以感知到强的政治动员所带来的政治激励，从而实现治理体系的重构。

一方面，自上而下，随着"精准扶贫"在中央政府被密集动员，各级地方政府都会在政策议程上对其进行系统的加码。例如，自上而下的"指挥部"结构，"五级书记抓扶贫"所建构的政治气氛，密集地自上而下的政策指示、越来越细化的问责机制以及日益密集的政策学习和宣讲，都是一个非常强的政治性指标。不仅如此，随着精准扶贫成为重要的"党的任务"，沿着党的脉络和逻辑，党组织、党员以及党所构建的社会机制最终也被动员到这一结构之中，成为精准扶贫的政治资源的重要组成部分。

另一方面，随着政府层级的下沉，"中心工作"机制是基层治理的关键机制。在县域，党政班子所建构的中心工作体系，是县域治理的关键。由于以党领政的制度特征，随着某项工作被提升为政治任务，其注意力和资源就会获得系统性的倾斜。于是，当精准扶贫成为互助县的"第一项政治任务"，当脱贫攻坚领导小组采用"双组长制"，当脱贫攻坚指挥部以"双指挥长制"进行指挥，当扶贫工作成为"书记工程"，对于县域治理体系而言，扶贫工作的政治性得以彰显。

对于互助县而言，在强的动员体系之下，一个"全域响应"的动员体系得以形成。一方面，全域响应使得体制内外的主体都得以参与到精准扶贫之中；另一方面，多样性的资源被倾注于精准扶贫任务的实现过程；同时，政治注意力的系统重构也为互助县实现精准扶贫构建了充分的政治保障。

2. 动员的制度化

多样化的参与主体、庞大的资源倾注以及强的政治注意力的分配，为原有的互助县的基层治理体系，以及贫困治理结构带来了巨大的挑战。强的政治注意力意味着任务必须完成，原有的常规性的"完成任务"的逻辑可能无法适应新的挑战。多样化的部门和资源的输入，意味着需要在县域层次实现制度机制的系统性重塑，从而实现组织力量的有效整合，以及扶贫资源的有效利用。基于此，在动员的结构之下，在县域层次实现体制和机制的重塑，成为互助县精准扶贫目标得以实现的关键举措。这种制度化，主要包括三个层次。

首先，组织结构的再造。我国的行政组织结构拥有强的"条/块"特征，这意味着，从常规而言，政策目标的完成主要依赖于特定的条块组织的运作。但是，随着精准扶贫成为互助县的"第一项政治任务"，原有的条块结构下的部门很难有效完成精准扶贫这一目标。基于此，在横向、纵向以及体制内外重构组织体系，成为互助县得以实现精准扶贫目标的关键。

其次，政策框架的重塑。如前所言，随着贫困治理从原有的"救济式扶贫"转向"以扶贫促乡村发展"的逻辑，从原有的特定的区域问题转换为新的身份问题，扶贫治理的政策框架需要系统性地重构。从互助县而言，几乎将所有的政策资源都囊括到了"精准扶贫"这一政策目标的实现之中。这一政策整合的过程和机制，构成了互助县精准扶贫目标得以实现的关键环节。

第三，监督体系的重构。作为"保底"的制度体系，监督体系在我国的央地治理，以及地方治理中扮演着特别重要的角色。随着精准扶贫动员的推进，原有的常规监管体系在地方出现局限性。因此，基于原有的常规监管体系，系统地调动类似于目标责任制等机制，并以此为基础系统地重构监管体系，也是动员制度化的关键特征。

（三）何以运作：互助县"精准扶贫"框架

在动员的制度化结构之下，在动员和制度结构之间，互助县构建了非常精巧的战略结构实现精准扶贫的目标（如图所示），这也构成了互助县精准扶贫的核心框架。

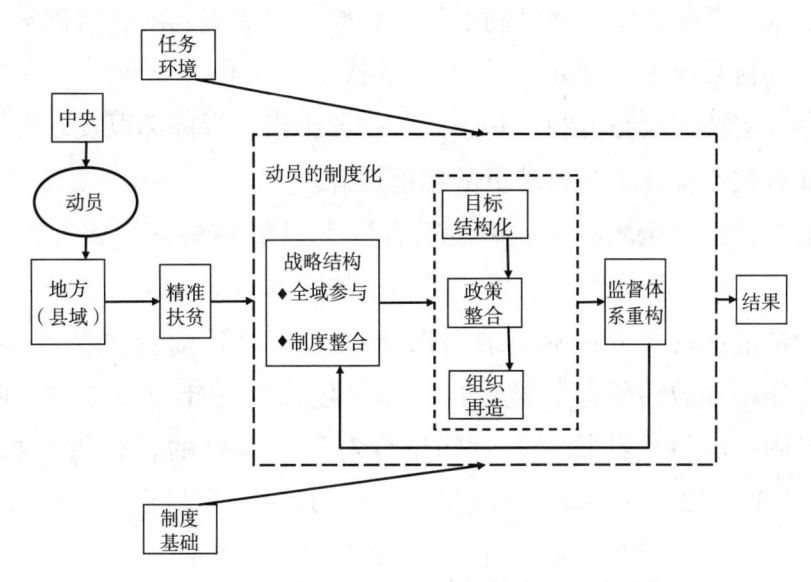

"动员制度化"：互助县精准扶贫的运作结构

1. "全域参与、制度整合"的战略结构

自上而下，"动员"成为精准扶贫任务得以进入"县域"的底色。一方面，自上而下"动员"建构了自上而下的制度体系。无论是"五级书记抓扶贫"，还是自上而下调动多样性的体制性力量和体制性资源参与精准扶贫，动员这一体制都扮演了至关重要的角色。另一方面，随着动员而来的，是"精准扶贫"作为"第一项政治任务"嵌入到县域治理的过程之中。对于县而言，其面临的核心问题，在于

如何在复杂的贫困问题、艰巨的精准扶贫的要求以及县域贫困治理，抑或县域治理的制度基础之上，建构制度化的精准扶贫制度体系，以实现精准扶贫的目标。

2. 县域动员何以制度化？

第一，随着精准扶贫成为"第一项政治工程"，在动员体系和制度化之间，建构了一个"全域参与、制度整合"的战略架构，以引领县域扶贫治理。通过全域参与，几乎所有的体制性力量均被整合到了精准扶贫任务之中；通过制度整合，原有的治理制度、治理资源和政策工具被系统地"锚定"在了精准扶贫这一任务之上，成为精准扶贫得以实现的核心机制。基于此，领导小组、指挥部以及政策体系最终都有效地整合了全县动员的制度资源。

第二，在"全域响应、制度整合"的县域结构之下，互助县建构了非常复杂的制度装置，以实现精准扶贫的目标。这一过程，首先体现为精准扶贫政策目标的结构化分解过程。1）随着"精准扶贫"作为"第一项政治任务"被提出，通过建构"三年集中攻坚，两年提升巩固"的目标结构，在时间维度对精准扶贫的目标进行拆解。2）以"两不愁、三保障"为基础，以"户销号、村出列"为核心，精准扶贫任务逐渐沿着原有的政府层级以及行业部门被拆解。这一拆解的过程，既是精准扶贫目标的结构化过程，也是精准扶贫的责任重塑的过程。

第三，这一制度化过程，也体现为政策体系的重构过程。随着精准扶贫从区域性发展问题转移到贫困身份问题，精准扶贫的政策框架也得以重构。围绕精准扶贫，在互助县，几乎所有与县域发展相关的政策最终都被纳入了精准扶贫政策体系之中。通过政策转换、政策创新以及政策叠加等政策整合机制，互助县最终建构了"1+8+10"的政策框架，为精准扶贫目标的实现构建了政策基础。

第四，这一制度化过程，也是组织结构重构的过程。随着精准扶贫成为"第一项政治任务",随着多样性的体制性力量被置于精准扶贫的政策体系之中,组织结构的再造成为政策执行的关键。这种组织再造,主要包括两个维度。维度一,强化原有的组织关系。从纵向来看,自上而下,将精准扶贫作为中心任务,以此为基础建构"块"的执行体系;从横向来看,围绕精准扶贫,在将扶贫任务分解到各个部门的同时,建构复杂的跨部门的沟通和协调机制。维度二,在原有的行政结构之上,互助县还系统地建构了超越科层的组织体系。从纵向来看,通过部门包村这一体制,扶贫工作队构建了超越科层的制度体系;从横向来看,通过东西部协作,县域之外的资源也被有效地整合到互助县的精准扶贫之中。

第五,这一制度化的过程,也是监管体系的重构过程。监管制度本就是政策目标得以实现的基础性制度。随着精准扶贫成为"第一项政治任务",互助县构建了非常复杂的监管机制,以确保精准扶贫制度体系的有效运作。一方面,随着精准扶贫成为县域治理的关键,"目标责任制"成为县政府实现精准扶贫任务的基础性监管制度。另一方面,在"目标责任制"之上,互助县还采用了多样性的监管制度,包括督查、专项行动等机制,构建了地方监管的系统。最终,通过不同监督机制的整合性应用,重构的监察体制不仅实现了上下级之间的激励体系的重构,更为重要的是,监管体系同时也是政治注意力分配,上下级间政策沟通和学习,以及共同合作以完成县域任务的关键机制。

3. 以扶贫促发展:精准扶贫的多维成果

通过动员的制度化,互助县于2019年5月成功"摘帽",完成了精准扶贫的阶段性目标。这一目标正是在动员的制度化这一机制之下实现的。一方面,在动员体系之下,自上而下,由里及外,多样化的资源得以动员。另一方面,在纵横交错的体制性结构之中,通过在县域层次的制度化,被动员的多样化的资源被有效整合;同时,在纵向、横向以及体制内外之间，通过制度重构，不同的政策资源和组织资源最终都得以协调。最后，通过责任体系的重构，实现了激励兼容和新的制度均衡，为动员的制度化结构建构了制度的保障。

随着互助县"脱贫摘帽"，精准扶贫不仅实现了"脱贫"，更为重要的是，通过"脱贫"这一过程，地方发展的目标，特别是我国乡村发展的目标在精准扶贫的过程中得以被系统重塑。一方面，虽然开发式扶贫已经被精准扶贫取代，但是，随着多样化政策资源的下沉，精准扶贫构建了一个复杂的地方经济发展的政策—制度结构。随着精准扶贫的实现，以扶贫的产业化促进县域经济的结构升级，是精准扶贫的重要经济效益的体现。另一方面，精准扶贫过程中动员的制度化，也是对地方治理体系的再造和重塑的过程。随着精准扶贫的推进，原有的孱弱的地方治理能力得到了极大的增强，无论是村、乡镇还是县，基层治理能力都得到了极大的提升。精准扶贫实现的过程，也是对地方社会结构和文化进行系统重塑的过程。随着精准扶贫的推进，社会治理结构的改善也成为了重要的扶贫目标之一。村规民约的建设、"移风易俗"的推进以及道德理事会等的进场，原有的地方乡贤治理模式被重新激活，成为地方精神脱贫的内生性组成部分。

三、总结与启示

从以"经济发展为纲"逐渐转向更为复杂的全面建成小康社会和中华民族伟大复兴，是党在新时代的伟大承诺。不同于经济发展，要实现社会全面发展目标，政策的复杂性和我国的体制性力量都面临重重考验。党和国家系统性地采用了动员这一任务完成机制。正如互助县的经验所显示的，动员的系统化调用并非意味着贫困治理的非制度化。恰恰相反，动员和制度化的混合，以及二者的结构性再造，是互助县精准扶贫目标得以实现的关键。通过动员的制度化以实现精准扶贫的目标,对于我国社会目标的实现,以及对于世界发展目标的实现而言,都具有重要的启示。

如果将时间线拉长,我国的经济发展为世界的发展事业做出了卓越的贡献。自改革开放以来,虽然城乡分割依然严重,但是农村经济体制的改革、城乡流动的加速以及新农村建设的启动,在市场经济的"涓滴效应"以及农村政策的推动之下,我国的贫困人口已大幅减少。精准扶贫启动以来,农村人口的贫困率进一步下降[①]。这样的目标之所以能够实现,与我国的制度结构、制度历史,以及对于这些制度历史的创造性应用高度相关。无论是通过政策议程逐步实现"共同富裕"的机制,还是利用自身的制度特色和制度遗产进行制度创新的结构,都是我国为世界发展提供的重要经验。

互助县通过动员的制度化实现精准扶贫的过程,说明中国具有极强的制度回溯和制度创新能力。按照有效的政策执行标准,毫无疑问,互助县精准扶贫政策的执行是有效的。"有效的政策执行"之所以能够实现,核心在于对动员这一政策工具的系统性采纳。通过有组织、有步骤地对党员干部群体以及经济社会资源的广泛动员,围绕"六个精准"和"五个一批",精准扶贫的目标最终得以实现。动员的制度化,既是对我国制度遗产的调用,也是对这一制度工具在适用的领域、边界和机制上进行系统重构的过程。理解我国的制度回溯和制度创新的能力,是理解互助县得以实现脱贫攻坚任务的关键机理。

[①] 李小云等:《中国减贫四十年:基于历史与社会学的尝试性解释》,《社会学研究》2018年第6期。

第一章

互助土族自治县脱贫攻坚形势

一、互助土族自治县概况

> 薇薇达坂山，幽幽湟水河，孕育了七彩斑斓的土乡大地互助土族自治县。这里群山巍峨，山清水秀，土族风情美轮美奂，旅游资源丰富，被誉为彩虹升起的地方，巍然屹立于崭新的历史起点。（访谈资料：X20190911 互助教育局访谈记录）

互助土族自治县（以下简称"互助县"）位于青海省东北部，祁连山脉达坂山的南麓，是全国唯一的土族自治县，位于青陇两省边境的腹地中心，素有"彩虹故乡"之美誉。其行政区划面积3424平方公里，县辖19个乡镇294个行政村，总人口40.2万人，其中土、藏、回、蒙古等28个少数民族人口占28%。从其地理位置、自然环境、少数民族聚居等区位条件看，互助县在青海省中颇具发展优势。互助县是青海省第二经济大县，地区生产总值在全省区县排名第八，农业、生态产业与旅游产业成为县内三大主要经济来源。

然而，放诸全国，互助县在过去很长一段时间中都属"特困"。青海省本就是全国最典型的特殊类型贫困地区，集中了西部地区、民族地区、高原地区和特困地区的所有特点。而互助县则是其中的六盘山集中连片特殊类型贫困地区之一，是青海省重点扶持对象，是脱贫攻坚的主战场。所谓集中连片特困地区，一方面，指的是特别贫穷的地区，地区农民人均纯收入仅相当于全国平均水平的一半；另一方面，也意味着这些地区致贫原因十分敏感又复杂，因为其贫困发生常常与自然、地理、边境、民族、宗教等诸多问题交织在一起。

互助县结构性反贫困工作的时间远远滞后。在互助县县志的记载中，扶贫历程真正开始于1984年。换言之，在这一时间点，以"正式"行政体系名义推进的扶贫工作才真正开始。郑杭生等基于社会互构论诠释了这一标志性时间节点的内涵：根据贫困根源，把扶贫工作划分为个体主义的扶贫范式和社会结构扶贫范式[①]。社会结构扶贫范式阶段，大多数扶贫措施都是通过调整社会结构来进行的，如1978年的农村经济体制改革、1986年开始的开发式扶贫制度以及1995年试点的最低生活保障制度等。由于长期的"行政区域界线"之争，互助县扶贫开发工作进展并不顺利和有效。历史上，互助县曾被划归西宁市，而后又归海东地区。在历经多次协议后，2001年青海省人民政府下达《关于同意海东地区六县之间联合勘定行政区域界线协议书的批复》，才正式确定了互助县的归管和界线（如图1.1）。在行政区划界线的不定和变动中，扶贫工作也被大大延后：1986—1993年，原应进入社会结构扶贫范式阶段的互助县还在起步探索，以救济贫困户和实施小型扶贫项目为主；1993—2002年，国家"八七"扶贫攻坚时期，互助县仍把工作重心放在帮扶到户和基础设施建设上，未脱离个体主义扶贫范式的框架。"八五""九五"期间至2003年，互助县发展种植业、养殖业、进行开发型项目建设，这时候，互助县才算正式进入社会结构扶贫范式。

2002年，互助县被省政府确定为扶贫开发重点县，互助县脱贫攻坚战才算正式拉开帷幕。当时，互助县被认定为"贫困人口多、

[①] 郑杭生、李棉管：《中国扶贫历程中的个人与社会——社会互构论的诠释理路》，《教学与研究》2009年第6期。

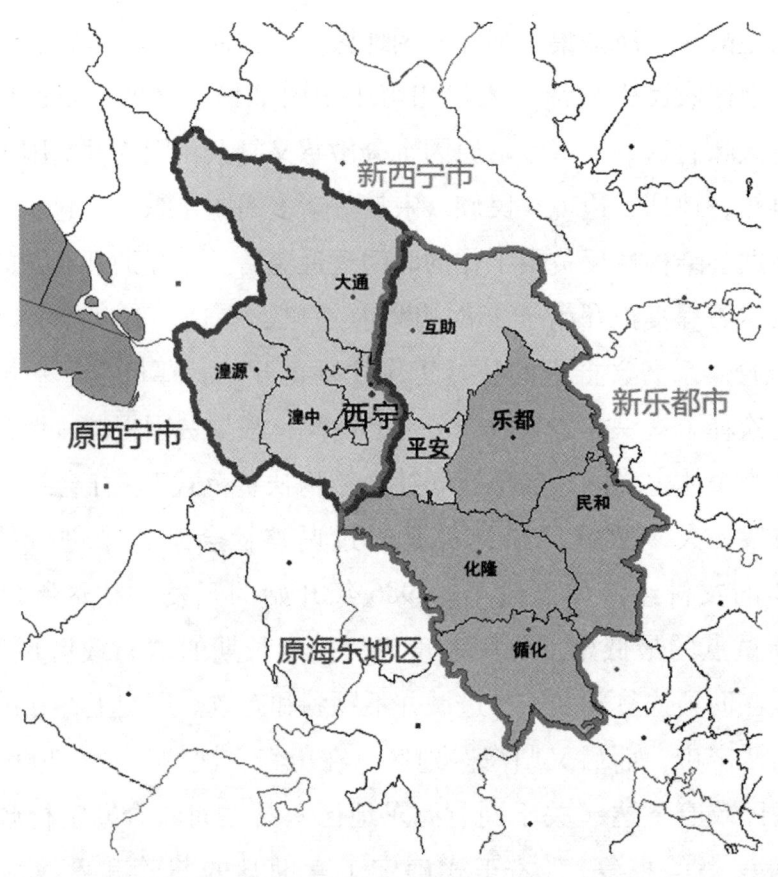

图 1.1　西宁市、海东地区行政区划调整

贫困程度深、致贫因素多、脱贫难度大"。说起2015年精准扶贫前贫困发生率的测算，互助县扶贫局的工作人员说，"当时的贫困人口，我们现场的测算可能是贫困发生率30%或40%以上"。当时，全国农村贫困发生率已经降为5.7%，相较之下，即便经过了长时间扶贫工作的推进，其贫困发生率仍远高于全国的标准，所以，互助县的脱贫攻坚工作可谓道阻且长。

党的十八大以来，中央将精准扶贫、精准脱贫作为扶贫开发的基本方略，扶贫工作的总体目标是"到2020年确保我国现行标准下农村贫困人口全部脱贫，贫困县全部摘帽，解决区域性整体贫困"。2015年，互助县正式进入了脱贫攻坚阶段，这意味着扶贫工作的核心是要瞄准贫困家庭和个体，因户、因人施策，实现精准扶贫。但就互助县滞后且漫长的扶贫历程看，新一阶段的扶贫工作必然在任务环境以及制度基础方面，面临着一些难以在短时间内解决的、在多重交织矛盾或掣肘中形成的问题。

二、任务环境：农村致贫的外部因素

国家确定的深度贫困地区都是地理位置偏远、交通不便和发展程度低的民族地区，其致贫因素往往十分复杂[①]。在互助县致贫因素的统计中，互助县贫困发生原因占比最大的主要是"缺技术""因病因残致贫""缺资金"；次之是"因学致贫""缺劳力""自身发展力量不足"；再次则为"交通条件落后""因灾致贫""缺土地""缺水"与"其他"（如图1.2）。互助县本身的扶贫任务十分艰巨，当地的自然、经济、社会等外部因素构成了所要进行的扶贫工作的任务环境。

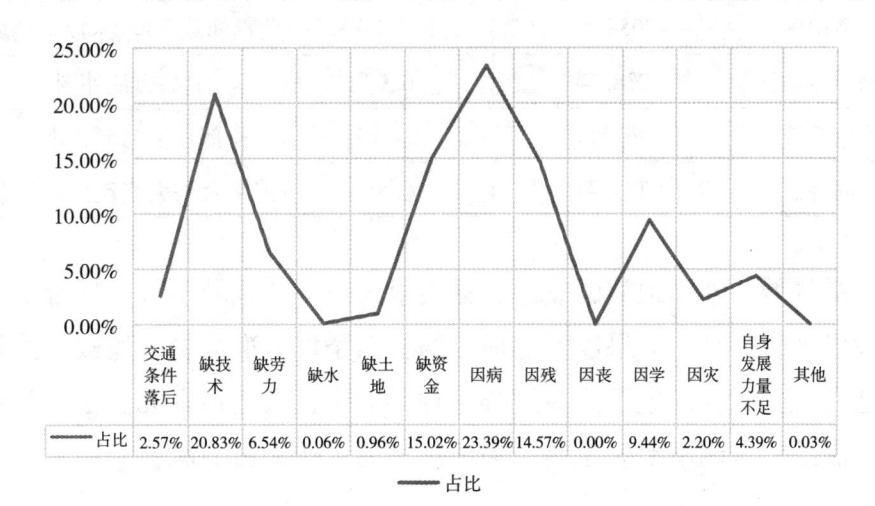

	交通条件落后	缺技术	缺劳力	缺水	缺土地	缺资金	因病	因残	因丧	因学	因灾	自身发展力量不足	其他
占比	2.57%	20.83%	6.54%	0.06%	0.96%	15.02%	23.39%	14.57%	0.00%	9.44%	2.20%	4.39%	0.03%

图 1.2　2015 年致贫因素分析

[①] 汪三贵、曾小溪：《从区域扶贫开发到精准扶贫——改革开放 40 年中国扶贫政策的演进及脱贫攻坚的难点和对策》，《农业经济问题》2018 年第 8 期。

（一）自然因素

首先，气候条件和地形地貌形成了天然掣肘。气候条件方面，互助县属大陆性寒温带气候，年平均气温5℃左右，降水不足，干旱是这一气候条件下的典型特征，也是不利于农业发展的因素。地形地貌上，互助县地形可划分为河谷地带、浅山丘陵地带、中山地带、高山地带四大类型（如表1.1）。从表中可见，就其地貌特征而言，除了川水河谷区、中部脑山滩地区等宜农区，其他地区的土壤、气候等状况都较为恶劣。由于境内地形复杂，南北高差达2270多米，因此，各地的气候受海拔高度的影响十分明显，高山区占比高达61%，作物难以生长的高寒区分布较为广泛。

表1.1 互助县地形类型结构表

地区类型	面积（平方公里）	所占比重（%）	主要分布地区
高山区	2088.64	61.00	北部海拔3000米以上地域
脑山滩地区	238.74	6.97	中部山地外围
浅山丘陵区	861.11	25.15	南部丘陵与河谷之间
河谷区	235.41	6.88	湟水及八大支流河谷两岸

受气候、地形地貌的制约，县内很大一部分地域不仅不适合第一产业发展，而且，如果以发达地区的自然条件标准衡量，还被认为是不适合人类生存的地区。在这样一种环境中，人们根本无法摆脱自然条件制约的贫困境地。于是，当地扶贫局工作人员表示：

> 我想自然环境制约，是硬性的一个条件，我们没办法改变的东西。自然环境这一块，你像我们发展什么产业，就有难度。有些村条件好一点的就可以，但是有些村就不行，刚才我跟你讲就

是我们有个村全是在山顶上，所有的耕地村庄全在山顶上。基本上就是看天吃饭，唯一的高效的经济作物就是马铃薯。我们的亩产是平均下来可以达到4000斤。但是马铃薯这一块，你说搞深加工里面也有，像搞这个粉条加工，但就是出路很少。我们要搞个集体经济，选择面很窄。（访谈资料：X20190909互助扶贫局访谈记录2）

其次，自然灾害频发也是重要的致贫返贫原因之一。互助县主要灾害包括干旱、冰雹、霜冻、雷电、山洪、泥石流、连阴雨、寒潮、雪灾等。灾害会使农户在短时间内陷入贫困状态。如干旱，在春、夏、冬三季的大部分时间内，县内都处于干旱的环境中，有时候会出现春旱夏旱相连的情况，使农作物严重减产。当地人极力"控诉"此地自然条件的恶劣："你看这土地，自然条件受制约，种个庄稼要十年九旱。"（访谈资料：C20190917互助松多花园村访谈记录）又如面对风雹或冰雹灾害，危害最大的是6—9月，此时正值麦类及油料作物抽穗、黄熟阶段，豆类作物开花至成熟期，一次几分钟至十几分钟的风雹，往往会将农作物打得叶碎、穗落、茎折，严重的将颗粒无收，而农户只能"听天由命"："冰雹这个在当时还没有保险，保险是近几年才提出来。冰雹自然灾害的比较多，脑山那个村海拔那边上去可能要2700—2800，还像今年这个雨的话不成熟啊，成熟不了……"（访谈资料：X20190909互助扶贫局访谈记录1）还有地质灾害，互助县境内西南约占一半面积为全县主要工业区和农业区，地貌以低山丘陵沟壑为主，但由于该区域第三系红层发育广泛，固结程度低，加之部分地区是天然的降水补给区域，植被覆盖率低，极易诱发泥石流。

于是，在扶贫方式的选择上，一方面，对于自然条件恶劣地区、地质灾害频发地区和居住条件差的贫困户，采用易地搬迁是扶贫的最佳路径，互助县西南地区正是易地搬迁实施的重点区域。另一方面，对于不需要搬离原居住地的村民，便需要根据地方特点而设计实施产业扶贫，从而找到一条较好提升贫困户持续增收能力的路径，但由于互助县当地的自然条件掣肘，产业的选择面又往往很窄。

（二）经济因素

1. 经济基础——薄弱的基础设施与逐渐完善的公共服务

没有完善的基础设施就谈不上整个地区或产业的发展。基础设施建设情况也是划分贫困村的一个硬性标准，如当地五十镇书记所说："完善基础设施，是如期脱贫的根基。"（访谈资料：X20190912 互助五十镇访谈记录 1）然而，在扶贫工作开展以前，互助县的基础设施建设底子十分薄弱。

县内基础设施建设最大的短板是水、电、路。县内交通，绝大部分依托于公路和桥梁："这里（物流）不行，没有铁路，交通不便。"（访谈资料：X20190910 互助发改局访谈记录）"像打零工的话，这种像类似于交通什么的是一个很大的限制性因素。他原先在山上的时候肯定不方便。"（访谈资料：C20190915 互助班彦村驻村干部访谈记录 4）干旱浅山地区和边远脑山地区行路难、吃水难的问题十分突出。通信方面，县内主要依托邮政与电信，信息网络建设薄弱。水电开发方面，也相对滞后，过去饮水大部分用的是地表水，无法保证饮用水安全，供电没有办法达到一整天。

水、电、路设施不完善使当地交通和信息闭塞，这不仅影响出行和交流，还会造成当地人的"能力贫困"[①]。"行路难"致使深山里的村民难以走出去，然而，更为核心的并非物理上的因素，"看不见外面的世界"让深山中的人在精神与能力上走不出去。具体表现则

[①] 郭纹廷：《乡村振兴背景下西部民族地区脱贫攻坚的路径优化》，《中南民族大学学报》（人文社会科学版）2019 年第 3 期。

为当地人在产业发展中对外拓展市场的观念淡薄和能力薄弱。由于缺乏基础的文化素养，或者商业技能，当地产业难以扩大销路。如在药材产业上：

> （关于影响产业升级的因素）我们这交通还有信息这方面比较闭塞一些。所以外界的我们销路打不开。我们把自己的药材往外推的这个意识是没有的，一是文化知识水平比较低，与外界的联系少；二是市场考察这方面，我们是不懂的。（访谈资料：Z20190912 互助五十镇扶贫访谈记录2）

自扶贫工作受到重视以来，各方的基础设施建设投入正慢慢增大。基础设施建设除了包括最基础的水、电、路、活动广场等，还包括如人员安全工程、增电增容改造、村道硬化、教育卫生文化公共服务设施、危旧房改造、污水管网、天然气入户等一系列的工程。教育工作上，到精准扶贫开始前的2014年，全县幼儿教育、学前教育、普通教育、民族教育、职业教育、成人教育等多层次的教育网络基本形成，全县有各级各类学校182所，在校学生62309人，有教职工3673名，其中专任教师3547名。文化体育事业上，不断举办诸如"环湖赛"等文体活动，大力挖掘民族民间文化，颇具当地特色的"土族婚礼"、"土族盘绣"、"丹麻土族花儿会"、《拉仁布与吉门锁》等土族民族民间文化、民间文学入选国家级非物质文化遗产。

广播电视事业上，已经基本形成无线、有线等多种传输方式并存的广播电视覆盖网络。据当地人回忆：

> （20）12、（20）13年的时候，有流动的电影院，是由广播电视厅批发来的设备，相当于数字电影机。最典型的就是我们"二月二"的时候，就是四街里面，西街还有这边，四个放映队。四个放映队的话，每一个放电影的地方都围满了人，然

后人们挺喜欢看的。（访谈资料：X20190911 互助文体旅游局访谈记录）

卫生事业上，通过医疗卫生体制改革和相关项目的实施，医疗、地方病及传染病防治、计划免疫、妇幼保健、食品药品管理、爱国卫生运动等工作不断加强。目前，县、乡、村三级医疗卫生网络基本建成。以县内卫生局机构沿革为例，2012年以前，管理医生、医护质量、乡镇卫生院等公共卫生工作主要由卫生局负责。1983年食品卫生法颁布，食品药品监督管理局实行垂直管理，食品卫生、食品安全的相关工作也归属于卫生局。卫生局一直兼顾食品药品管理的职责。至2013年，国家成立卫生和计划生育委员会，卫生局更名为卫生和计划生育局，将食品药品管理的工作分了出去。2018年，国家卫生健康委员会成立，卫生局更名为卫生健康局，对健康实行生命全周期的管理，从出生至死亡，保证全民的健康。

目前，基础设施的建设情况仍未实现精细化，仍然存在许多短板。以公路建设为例，本着"经济要发展，交通必先行"的思路，全县19个乡通了油路，294个行政村全部通了公路，乡村道路通达各行政村。虽数量上可观，但其仍未进入家家户户：

他的道路硬化，他以前已经实施了，但是现在根据发展的话，有的农户的门上没有啊，有的小巷子里面也没有，那就要补一点，补齐短板。（访谈资料：X20190910 互助新农办访谈记录）

2. 集体经济——集体经济发展滞后

和全国一样，互助县的农村集体经济组织产生于20世纪50年代初的农业合作化运用，为实现社会主义合作化改造，在自然村范围内，由农民自愿联合，将其各自所有的生产资料投入集体所有。党的十一届三中全会以后，农村经济体制全面改革，土地实行家庭联产承包责任制，农业经营形式由集体向个体转变。1982年至1983年，互助县便在农村实行了家庭联产承包责任制，使全县"三级所有、队为基础"的集体经营模式被统分结合的双层（统一经营和分散经营）体制所取代。这一时期，被称为"零"时代，从新中国成立初期经历三十多年时间经营积累起来的集体经济随着土地到户的实施而解散。2002年在农村开展税费改革试点工作，取消村提留、乡统筹金，2004年至2005年又先后取消农业特产税和农牧业两税。党的十六大以来，尽管国家做出了一系列壮大农村集体经济的举措，但其仍然发展缓慢。

2002年，互助县的集体经济几乎仍然处于"零"的时代。对于过去互助县经济发展滞后的状况，当地工作人员直接的感受是：

> 现在的村集体经济这一块，原来就基本上大部分是直接没有……你像我们最深地感受我们的经济发展水平，相当于内地的90年代，都比不过。我感觉相当于比内地最起码得落后20年。所以说，我们那个工作继续再往前推的话，就只能依靠我们整个省，一点点往上提升，只能靠这个。你像我们现在也是属于心有余力不足，我们只能把我们眼前的工作搞好，真正的经济大环境，不是说是我们一年两年能搞上去。我们西部的一个特点就是。（访谈资料：X20190909互助扶贫局访谈记录2）

3. 产业结构——"231"产业格局

随着全国政治、经济体制改革的不断深入，互助县的产业结构不断优化，经济总量迅速扩大。至2014年，县内生产总值为96.62亿元，同比增长15.0%。其中第一产业总产值为17.72亿元、第二产业为47.11亿元、第三产业为31.79亿元。产业结构由改革初期的第一产业独大局面，转变成以第二产业为主导、第三产业为支撑、第一产业为基础的"231"新格局。

（1）作为基础地位的第一产业

互助县经济结构中，农业曾一度"一统天下"。随着经济结构调整升级，第一产业在地区生产总值中占比不断下降，到2014年占比18.3%。不过，农业在县内经济结构中依然处于基础地位。

农业发展的主导因素主要与当地的地形与气候条件相关。虽然自然灾害等发展农业的限制性因素一定程度上制约了农业的进一步壮大和生产，但广阔的耕地、适宜的气候、充足的水源等自然条件保证了农业生产的基础能力和效益，使得当地人有一定能力依托农业获得自身的生存和发展。目前，各类农用地418.82万亩，占总土地面积的81.55%。主要农作物有小麦、青稞、油菜、马铃薯、蚕豆、豌豆、蔬菜等；土特产有"互助牌"青稞酒、马铃薯、油菜籽、蚕豆、互助八眉猪、白牦牛、北山土山羊、葱花鸡等。当地工作人员在访谈中多次提及其农产品的优质：

> 产品质量，我们青海高原环境，比其他的产品也好，比甘肃的也好，个头大的。再就是药品某个具体的成分，它的检测比其他的高两倍以上。再一个是高原没污染。（访谈资料：X20190910互助农业局访谈记录）

此外，蕴藏在"立体资源宝库"中的资源也为农业发展提供了更多可能性。随着农业的规模化、产业化发展，农业结构逐步优化。目前，完成了种植业、林业、畜牧业产值的全面增长和其产业结构的优化升级。尤其是种植业，互助县有独特的优势，如种植业在品种选择上的升级：

种小麦一亩地500块，种中药材两千多。我们全县中药材八万亩，刚开始两万多亩，通过发动，（20）16年一亩地五千，（20）18年大家都开始种了，现在（20）19年在6万亩左右。农村合作社带动以后，药材效益好，大家都跟着种。（访谈资料：X20190910互助农业局访谈记录）

影响农业发展的因素中，还有农村基础设施建设情况。通过农业综合开发、农村人畜饮水、农产品生产示范基地建设、设施农业建设、扶贫整村推进等项目的实施，不断完善，农业现代化水平逐年提高，农村经济发展基础进一步夯实。在扶贫的第二阶段，先后实施了南门峡水库灌溉工程和高寨后山、红崖子沟东山、台子东山、威远镇卓扎滩等8个农业综合开发项目。其中，畜牧业生产通过实施畜牧业商品基地建设、秸秆养牛示范县建设、高原瘦肉型商品猪标准化示范区建设、"西繁东育"等项目工程，加大养殖小区建设规模和科技兴牧力度，各类畜禽养殖规模不断发展壮大。

（2）发育未完全的第二产业

20世纪80年代，互助县实行不同形式的企业承包经营责任制。进入20世纪90年代以后，实施"工业强县"战略，通过加大工业内部结构战略性调整，壮大提升传统产业，积极培育新兴产业。此后，全县工业企业实现由"遍地开花、负重维艰"向"架构主业、轻装运行"转变，由"国有主导"向"民营引领"转变，初步建立起酿造业、建材业、轻纺业、冶炼业、水电业和农畜产品加工业为支撑的具有互助特色的工业体系。

总体而言，互助县的工业规模不大，大企业少，高耗能产业比重大，资源综合利用率不高，除青稞酒有限公司外，尚缺具有明显区域特色的规模以上企业和基地，产业链条不完整，未能形成具有核心市场竞争力的产业或产业集群。

（3）以旅游为主的第三产业

在服务业领域中，互助县内最具特色的是旅游经济。旅游业按照打造"四大景区"和"三条精品线路"的发展目标，从20世纪90年代初的小打小闹成为重要的县域经济增长点，初步形成"一线两翼"的旅游发展格局。以互助土族故土园5A级景区、青稞酒产业暨土族民俗文化生态园为主的土族民俗文化和青稞酒文化游，以北山国家森林地质公园为主的生态游，以佑宁寺为主的宗教文化游，以农业生态园区为主的高原农业观光游已成为重要的旅游品牌。需要指出的是，乡村旅游的兴起，是在"整村推进"的背景中开始的。从"大水漫灌"的第二阶段至"精准扶贫"的第三阶段，乡村旅游业仍持续性地推进与发展，对于整村推进背景下的旅游扶贫项目，工作人员描述道：

> 搞了一个旅游扶贫，好像是磨尔沟，整个就是修得特别漂亮，引进的扶贫资金也比较多。对口单位，他们相对应的专业对应的资金这些都不一样，他们所以帮扶的方式不一样。只能这么说，帮扶力度没法比较，最终目的就是让整村脱贫。（访谈资料：X20190909 互助扶贫局访谈记录）

目前而言，在互助县整个经济结构中，第三产业前景相对一、二产业而言较有生气。如当地发改局工作人员所说："现在一产也就那个样子，二产现在不景气，主要就是打造第三产业旅游业。"（访谈资料：X20190910 互助发改局访谈记录）

（三）社会因素

1. 体制因素——城乡二元

总体上看，互助县内，城乡居民收入差距较大，二元结构矛盾较为突出，贫困地区群众自我发展能力有限，农民增收难度大。

从人口构成上看，首先，全县人口男性一直略多于女性，2014年末全县总人口400042人，其中男209303人、女190739人。其次，全县城镇人口呈逐年增加趋势，但农村人口仍占多数。2014年，城镇人口166040人，农村人口为234002人。再次，人口变动的情况，由高出生、高增长向低出生、低增长转变。这一时期，各项计划生育措施的落实，有效遏制了人口过快增长。互助县是我国土族人口最多、最为集中的县，辖内少数民族有28个之多，土族人口7.47万人，占全县人口的18.67%。

基于人口构成基础，在社会经济不断发展下，社会阶层逐渐出现分化。第一，通过教育实现阶层的跃升。几十年间，不少家庭的孩子成为高中毕业生，走出互助县，成为省内外大中专院校的学生。第二，通过务工实现家庭收入的提高。从家庭收入结构看，一个家庭过去可能单纯依靠当地的产业发展，但目前获得收入渠道从单一变得多元以后，当地人的收入开始增加。根据各个家庭发展情况不同，逐渐出现分化，甚至出现经济上的攀比意识。

> 现在他家庭的支柱主要收入全部基本依赖外出劳务，主要是靠打工务工啊。就单纯从这个种养业的话，我们刚才不是聊嘛，吃饭穿衣都是问题，一个家里面有三四个人，家里可能种植种养业收入，一年下来也就不上1万块钱。劳务输出你想两个人出去的话，两三个月将近2万钱就拿的。（访谈资料：X20190909互助扶贫局访谈记录）

> 原来问题是农民根本没有外出挣钱的意识，他们就是种上几亩地把肚子能吃饱，平常零散的打工，最后手里弄点零花钱就行了。扶贫下来以后，每家每户的房子都修得很好，大家都会想要说要比你家更好，你有5万的房子那我也要有8万的房子。（访谈资料：C20190915互助班彦村驻村干部访谈记录4）

2. 思想因素——传统思想与保守观念

贫困不仅是统计指数，也是一种心理状态。互助人长期处于低水平自给自足的自然经济结构中，因此思想具有较强的封闭性，某些消极落后的传统思想观念难以改变。主要体现在：

一是保守的生产观念。长期生活在偏僻山区的贫困户，受世代沿袭下来的生活方式和生活习俗的影响，普遍缺乏脱贫致富的迫切愿望。在工作人员口中，县内一部分人不愿意外出务工就是由于"惰性"，嫌外出打工累，然后收入低。而这样的情况，在20年前，程度更深：

> 如果我住在深山老林里面，可能我就真的不愿意出去了……这边的农户还挺恋家，不是特别愿意出去打工……我们对青海来说都是这样，差不多20年前，常年在外面打工的很少。（访谈资料：X20190911 互助自然资源局访谈记录）

二是婚丧嫁娶的歪风陋习，导致"因婚致贫，因丧致贫"。互助县男女结婚程序烦琐，除了大小自愿、讲礼、买礼、送礼、订婚外，还有请媒、谢媒等，每一环节产生的费用都不小，男方给女方的彩礼基本在8—20万元之间。除彩礼外，男方还要支付名目繁多的见面礼、节礼、压柜钱、支桌腿钱、"眼泪"钱、谢母钱等费用。青年男女结婚，彩礼及其他费用合计都在20万元左右。

> 所以再加上彩礼钱高了以后，娶个媳妇难度比较大。全县的这个人大、政协去年搞了一个调研，全县的40万人口里边单身的这种大龄青年好像有将近2万多。（访谈资料：X20190910 互助发改局访谈记录）

越偏远的地区结婚彩礼风气越重，在脑山区这些人情礼节费给当地群众带来了极大的负担：

像结婚的这个情况，当时我们调查的是像一般的那种不是家里的不是亲戚的这种，它至少也是100到200。如果是亲朋好友的话，至少在400以上。这么高。（访谈资料：X20190910互助发改局访谈记录）

三是当地一些信仰与现代化发展的文化冲突。部分群众的信仰在相对封闭的深山环境中非常容易进行代际传递，有一些信徒会对小孩的义务教育造成阻碍：

义务教育阶段劝返上学的这一块是最主要的，因为我们互助县像佑宁寺五峰寺，藏传佛教比较多，入寺的小孩，16岁以下的，本来他应该在学校里上学，（结果）你就辍学……（访谈资料：X20190909互助扶贫局访谈记录2）

当然，除了合法的寺庙之外，也存在少数的"非法组织"，这被当地工作人员称为"邪教"。这些"邪教"是一些贫困人口"惰性"的思想源头：

他就是参加门徒会这块，他的比例稍微大一点，可能是全县的十几户、二十几户。因为参加了门徒会以后，他不愿意好好地劳动，不好好挣钱，贫困又是一个比较大的问题，它的问题还集中在参加邪教，所以就定的时候，把它一并拉进来，既要让他有发展脱贫，通过脱贫以后，让他也脱离邪教组织。（访谈资料：X20190917互助司法局访谈记录）

3. 保障因素——因残因病致贫比例大

因残因病致贫是互助县占比最大的致贫因素。当地卫健局对于这一情况的描述是：

> 家里有病人，常年的病人就是慢性病，老年病，甚至孩子伤残，有残疾和相关的这种重病，导致家庭不堪重负。所以日常的家庭也会贫困。这种情况在全国你可以查资料，它占比都不低于20%。（贫困）原因当中，主要的致贫可能还就是因病，这一块是占比非常大。（访谈资料：X20190911 互助卫健局访谈记录）

因残因病致贫主要是有两种：一是因突然的疾病或残疾，导致劳动能力减弱或丧失，从而使家庭收入突然下降成为贫困户；二是社会保障机制不健全，没有被相关的社会保险或医疗保险所覆盖，导致长期以来家庭医疗费用支出太多或入不敷出导致家庭难以脱贫，即便脱贫也会返回到贫困状态。卫健局这样描述当地"因病致贫"的状况：

> 它自然条件差了以后，他死一个人，尤其是包虫病，普遍年龄不高啊。它就今年死几个人，明年死几个人，人死都死不起。死了以后，念经，没办法卖牛羊，没钱。（访谈资料：X20190911 互助卫健局访谈记录）

"因病致贫"的解决与社会保障体系的完善程度密切相关。目前社会保障体系在不断建立与完善。随着国家一项项保障民生、改善民生政策措施的落实，全县以"两个确保"为核心，以养老、失业、医疗、工伤"四大保险"为支撑，"三条保障线"为依托的社会保障体系逐步建立和完善。两个确保，指"确保企业下岗职工基本生活费按时足额发放""确保企业离退休人员养老金按时足额发放"。其中，养老金发放为了避免或减少资金流失，采取了三项措施：一是要求企业及时报告离退休人员的死亡情况；二是结合劳动保障监察活动、社会保险稽核活动，深入企业调查了解离退休人员的生存状况；三是每年的 4 月、10 月对离退休人员的生存状况集中进行核查。自 2003 年开展新型农村合作医疗试点工作，至 2005 年底，农村参加新型合作医疗人数达 348567 人，参保率达 100%。

三、制度基础：扶贫经验的前期积累

纵观我国农村发展历程，在全国实施脱贫攻坚、落实精准扶贫之前，反贫困治理经历了"救济式扶贫"（1949—1985）、"开发式扶贫"（1986—2000）、"综合性扶贫"（2001—2014）三个阶段[1]。救济式扶贫对象主要是个别农户，方式主要是物质、资金和政策的供给，由民政等部门解决生活、生产困难，其对乡村整体发展价值有限。所以，真正意义上以扶贫主体对扶贫客体实施方式为标准区分的扶贫模式可分为前后两个阶段：救济式扶贫和开发式扶贫，即第一阶段被动"输血"的救济式扶贫（1986—2000）；第二阶段主动"造血"的开发式扶贫（2001—2014）。

这两个阶段，尤其是主动"造血"阶段前期的经验积累为脱贫攻坚和精准扶贫工作打下了一定的制度基础，值得系统梳理和总结。一是扶贫的瞄准对象上，从县级瞄准到确定贫困村，即村级瞄准机制，瞄准对象逐渐精细化[2]。二是扶贫模式及其逻辑上，从向扶贫客

---

[1] 成志刚、易文波：《改革开放 40 年中国反贫困史研究综述》，《湘潭大学学报》（哲学社会科学版）2018 年第 6 期。
[2] 张琦、冯丹萌：《我国减贫实践探索及其理论创新：1978~2016 年》，《改革》2016 年第 4 期。

体直接提供生产和生活所需的粮食、衣物等物资或现金到扶贫主体通过投入一定的扶贫要素（资源）扶持贫困地区和农户改善生产和生活条件、发展生产、提高教育和文化科技水平，以促使贫困地区和农户生产自救，逐步走上脱贫致富道路的扶贫行为方式[①]。三是扶贫的政策上，积累了零碎的扶贫项目，如以村为单位进行综合开发和整村推进的参与式扶贫全面实施，更加注重科学技术、教育和医疗卫生事业在扶贫开发中的作用，积极推进产业扶贫，加大扶贫可持续性能力建设力度，积极开展生态移民和易地扶贫搬迁工作。

（一）第一阶段：被动"输血"的救济式扶贫（1984—2000）

中国农村贫困问题一直比较严重。1978年，中国农村绝对贫困人口为2.5亿，经过长期的扶贫开发工作，这一数字大为减少，但农村贫困问题依然突出，并呈现出返贫现象严重等新的复杂特征[②]。由于农村贫困问题的消解和消除关系到农村贫困群体的生存问题，关系到社会主义新农村的建设问题和社会主义和谐社会的构建问题，必须正确认识和认真解决农村贫困问题。于是，1984年中共中央、国务院发布《关于帮助贫困地区尽快改变面貌的通知》，1985年国务院批转民政部、财政部、农牧渔业部等9部门《关于扶持农村贫困户发展生产治穷致富的请示》以及《青海省贫困地区经济发展长远规划（草案）》出台。在这一背景下，自1984年起，互助县委、县政府及有关部门逐渐将扶贫工作提上政府议程。

2000年以前，互助县的扶贫工作划分为"起步"和"解决温饱"两个阶段：

---

① 赵昌文、郭晓鸣：《贫困地区扶贫模式：比较与选择》，《中国农村观察》2000年第6期。
② 彭红碧：《中国农村贫困现状及影响因素》，《安徽农业科学》2010年第1期。

起步阶段（1984—1993）："七五"提出以稳定提高粮油产量、稳定增加群众收入、稳定解决温饱的扶贫工作思路，把工作重心放在帮扶到户和基础设施建设上。这一期间，互助县主要以救济贫困户，实施小型扶贫项目、支持发展贫困地区农牧业生产为主。

解决温饱阶段（1994—2000）：实施《国家八七扶贫攻坚计划》阶段期间，以5个省定贫困乡、15个地区定特困村、20个县定贫困村为重点，通过改善基础设施、治理生态环境、扶持加工业、开展劳务输出、发展农牧业生产及商品经济等综合治理措施，使5.7万贫困人口温饱问题得到解决。1993年，海东行署在互助县确定了15个特困村，并重点开展了对这些地区的扶贫帮扶工作。这一时期，仅1998年至1999年，帮扶单位和结对帮扶人员共帮助贫困村兴办开发项目219项，引进资金109万元，实施基础设施建设项目64项，使51所村级小学得到改造，22个村的人畜饮水问题得到解决，31个村的村级道路得到整修。同时，帮助贫困学生628名，帮助输出劳动力218人。

一方面，这一时期的扶贫核心旨在解决贫困人口的基本生存所需。其面向的贫困类型以绝对贫困、收入型贫困为主，这一部分人的劳动所得难以维持基本生存所需最低消费，因此，这一阶段采取的模式是通过直接给予物资来"解决温饱"，达到脱贫的结果。

另一方面，这一时期扶贫也瞄准贫困集中区域。中国贫困区域分布较清晰的情况下，限制区域发展的瓶颈性因素较多，此时，县域经济的辐射和带动具有重要意义。确定贫困县后，优先解决影响县域经济发展的自然、资源、环境、交通、教育、人口等方面问题，为贫困人口提供更多发展机会。

随后，这一阶段从纯粹的"救济式扶贫"，慢慢转变为关注某一区域的整体发展状况，为自主脱贫创造基础条件，从而开始具备"开发式扶贫"的某些特征。

（二）第二阶段：主动"造血"的开发式扶贫（2001—2014）

《中国农村扶贫开发纲要（2001—2010年）》（以下简称《纲要》）的颁布，标志着全国的扶贫工作进入啃硬骨头和巩固温饱并重的时期。开发式扶贫成为这个阶段中国扶贫的主要方式。开发式扶贫的目的是促进贫困地区的经济发展，以此提高贫困人口的收入，改善生产生活条件，减轻或消除贫困。实行开发式扶贫模式有利于充分发挥扶贫投入要素的功能作用，提高扶贫的效率和效果，是从根本上达到扶贫目标的有效路径。

2002年，互助县被省政府确定为扶贫开发重点县，在涉及的19个乡（镇）中，核定贫困村220个。这一时期，互助县仍处于深度贫困状态，据统计贫困人口257149人，占全县农业总人口的74.7%。这一阶段采取的扶贫方式包括：

一是各级政府专门成立了相应的组织机构，负责本地的扶贫开发工作。2002年，互助县扶贫办成立，2005年，互助县成立了专门负责开展扶贫相关工作的扶贫局。二是国家安排专项的扶贫资金并制定专门的扶贫政策，进一步推动了减贫工作的制度化、体系化建设。三是扶贫瞄准机制从县级转换为村级，瞄准对象进一步下移，这使扶贫的精准度不断提高[①]。这一期间内，扶贫资金、农业科技项目和基础设施建设项目向重点村集中，进一步加大了社会帮扶力度，重点实施了整村推进、产业扶贫、易地搬迁等项目工程。

首先，是整村推进项目。即以村为单位，按照贫困村的贫困比例来确定项目实施资格。整村推进采取的方式就是产业扶贫。项目开始

---

① 汪三贵：《中国40年大规模减贫：推动力量与制度基础》，《中国人民大学学报》2018年第6期。

时，县内规划了一百多个实施村，主要采用"因村施策"的推进策略。推进的模式主要是一村一策，产业到户，一户户实施，产业的类型主要集中于种养业。在2011年至2013年间，只要某个村达到70%的贫困面，即大概70%农户是贫困户，就会对这一个村进行资金投放，然后整村进行推进。整村推进基本是面向整个村覆盖，除了极个别外出务工没有办法实施项目的家庭，其他所有的家庭都会参与进来。

贫困村的选择上，即选择哪个村来进行整村推进，要考虑的条件主要有两方面：第一，当地条件是否恶劣；第二，当地领导班子是否有较强的意愿配合工作。如五十镇班彦村的例子：

> 领导们做的时候，一个要条件恶劣，再一个村民们要同意、心要齐，心不齐的话，你这个村这个这样搞、那个那样搞，那不行。所以说整村推进第一个就是你这个要条件比较差，另外一方面就是村里面村民本身还要发展意愿比较强，团结，班子团结。你村委会党支部不团结的话，群众的工作做不了，拿不下来。（访谈资料：C20190915 互助班彦村驻村干部访谈记录）

项目审批上，审批权在省级，由省扶贫局审批。一般由当地将项目做出来，然后省上组织一些专家进行审查。年度论证以后，省扶贫局相关主管部门下达批复，县扶贫局负责督促项目实施。整个项目的过程，通常是："由一个产业带动，把项目实施完了，那就差不多可以（结束）了。"（访谈资料：Z20190917 互助五峰镇访谈记录）详细来说，是项目实施的时候，资金和物资由村上统一采购，然后督促检查，同步跟进。例如，要实施一个养猪项目：

> 圈舍搞了，他先要验收一下你的圈舍，验收你的合格以后，然后引牲畜逐步进来。然后完了以后，那个资金不一定刚好

3500。如果刚好3500就买完了嘛，最后还有一个结余资金。你的项目全部验收完没啥问题了，那就把这作为补贴资金，再拉点饲料，给你搞的啥，这就是环环相扣。（访谈资料：X20190909互助扶贫局访谈记录）

而整村推进最大的好处，在于能够"集中力量办大事"。通过实现整个村的产业规模化发展，带动村整体的经济水平。

现在新农村建设提倡产业兴旺，要实现这一步，每一个村里边很少的投入，可能见效不会太快，都太分散了。要是能集中投入，然后整村推进的话，可能效果会更好一点，集中力量办大事。（访谈资料：Z20190912互助五十镇扶贫访谈记录）

此外，整村推进也带来了其他的附加好处。由于整村推进是基于产业扶贫，所以随着产业推进，当地的劳动技能培训便越来越多。如在2010年就发展起来的刺绣以及当时所进行的刺绣培训：

扶贫产业园有个索隆姑刺绣公司。依据我了解是在2010年以前一直在搞这个东西。因为互助县是全国唯一的一个土族自治县，这个土族呢它有一个传统的一个盘绣这种绣法，所以他这个公司一直在2010年以前一直搞这个东西。这个过程中它是包括这个绣娘的培训啊，都是他们负责。它绣娘是他培训，然后绣的这些原材料是他提供，然后绣娘绣好以后，销路来由他负责，所以这个公司加农户的这个模式到现在，它这个产品现在已经远销国外了。（访谈资料：X20190909互助扶贫局访谈记录）

劳动力技能培训，指的是对贫困劳动力进行如焊接、烹饪、民族歌舞、挖掘机驾驶等技能培训。培训的内容主要是侧重于实用技术培训，让这些贫困劳动力能快速实现务工，同时，这也是县内种植、养殖相关产业规模化的要求。

然而，整村推进模式并非总是成功的，还有"半路夭折"的案例。如县内一个"东西协作"项目，即由国家划拨专项资金，成立由"公司+农户"的合作社，由东部地区的公司在西部地区设厂，完成生产以后进行对外销售。对于这一合作社机制，当地工作人员谈道：

> 前两天我们去那个观摩的时候，有个电商扶贫。当时我们聊的时候他就说，看着我们这个地方，好东西多。销路打开以后，主要是往江苏那边，无锡，因为是对口帮扶嘛，对口帮扶跟他们衔接以后，销路已经打开了，但是现在销路打开以后又面临一个问题，那供给就麻烦了，就没有，太零散。它零散以后，如何集中起来，这是一个问题，比如集中起来想办法把中间产生的一些运费节省下来，这又是一个成本的问题……所以说很多时候这个合作社它可能更多的是一种象征性意义，它很多组织化程度，这种功能没有发挥出来。（访谈资料：X20190909 互助扶贫局访谈记录1）

其次，2004年开始，互助县开始实施易地搬迁项目。第一个项目是以村级进行的，属于整社搬迁。一百多户人家从南门峡镇的却藏寺村的山沟沟里搬到镇政府所在地。搬迁以后要解决的问题包括土地承包权和经营权兑换的问题，解决完了才算是易地搬迁这一项目的完成。如这一次的整社搬迁，就是在"乡—村—社"三级行政机构中，以社这一级为单位，与另一社进行土地的置换。工作人员说："像这样的易地搬迁项目，几乎每年都有在进行。"（访谈资料：X20190909 互助扶贫局访谈记录）

关于易地搬迁后村民的变化以及带来的影响，当地工作人员谈道：

搬迁后他离得不远（离原来的住所），就在一个行政村里面。回去后还是会在自己的地生产，离不开。他就是居住搬下来了，生产从山沟里面搬到外面出来了，就这么个。你看交通啊、上学啊、就医啊，这些相对来说比它山沟沟里面好一点，主要就是生活和这种公共服务，这方面相对好一点。（访谈资料：X20190909互助扶贫局访谈记录）

对于开发式扶贫这一阶段的扶贫具体工作内容，如五十镇工作人员所总结的：

实际上我们现在（2019年）扶贫工作开展以来经历了三个阶段。第一个阶段就是那种粗放式的扶贫，这个是应该是（20）13年之前那时候大水漫灌，粗放式的扶贫。后来是整村推进的这种扶贫，给钱给物。(20)15年开始就是精准扶贫。我们国家的精准扶贫，刚开始的扶贫是探索性的，大水漫灌式的粗放式的这种扶贫；后面就是整村推进，时间从（20）13年到（20）15年；（20）15年，我们精准扶贫开始。（访谈资料：X20190912互助五十镇访谈记录）

（三）小结：低效的"大水漫灌"扶贫方式

救济式扶贫采用县级瞄准的扶贫政策不需要花费大量人力物力财力去瞄准就能覆盖绝大部分贫困地区，这种"撒网式"方法也能覆盖到大量贫困人口，从而可以节约大量的识别和组织成本[1]。"开发式"

---

[1] 汪三贵、曾小溪：《从区域扶贫开发到精准扶贫——改革开放40年中国扶贫政策的演进及脱贫攻坚的难点和对策》，《农业经济问题》2018年第8期。

扶贫的阶段，农村贫困人口分布呈现出"大分散、小集中"的特点，贫困人口分布由以前的扶贫开发重点县区域集中向更低层次的村级社区集中[①]，在扶贫工作重心和扶贫资源下沉的情况下，农村贫困治理建构了"一体两翼"扶贫开发战略，即以整村推进为主体，以产业化扶贫和劳动力转移培训为"两翼"。

2015年以前，扶贫工作具有明显的"大水漫灌"特征。其带来的不利影响在于：一是不平等和贫富分化显现。在没有直接瞄准贫困户的情况下，像整村推进这类村级综合发展项目，也是富人受益更多、穷人受益有限，区域扶贫开发在缩小区域间差距的同时也加剧了贫困地区内部的收入不平等。二是农村贫困人口面临的各类风险加大，返贫现象时有发生，贫困人口稳定脱贫致富面临挑战。在贫困人口分散分布的情况下，以县和村为单元进行扶贫开发必然不能覆盖到全部贫困人口，而有限的财力也决定了无法采用普惠式的收入转移（即全民社会保障）来实现大规模的综合兜底。

四、组织基础：作为执行者的扶贫机构

围绕扶贫工作，以1984年、2005年为两个时间节点，互助县进行了扶贫机构的改革。在两个阶段中，扶贫机构从"内设"到"独立"，从"临时协调性组织"变为"稳定的职能部门"。总体而言，2015年以前的扶贫组织的特点为：组织力量单薄、职责范围窄、整合扶贫资源的能力弱，难以取得其他部门的配合。

[①] 黄承伟、覃志敏：《我国农村贫困治理体系演进与精准扶贫》，《开发研究》2015年第2期。

（一）作为内设机构的扶贫办（1984—2004）

2005年以前，县内的扶贫工作由相关职能部门内设的办公室承担。1984年，县人民政府在县民政局内部设立扶贫办公室，由民政局局长兼任办公室主任。1996年，在县级机构改革中，将扶贫办公室从民政局析出，并入县计划委员会，与计划委员会合署办公。1998年，根据东边发〔1997〕65号文关于"海东地区各县扶贫办公室更名为扶贫开发办公室。与县计委合署办公的均调整为单设机构，为各县人民政府科级行政职能部门"的通知精神，专门成立互助县扶贫开发办公室。

2002年，县扶贫开发办公室整体划归县农业局，成为农业局内设机构，其办公室主任由农业局一名副局长兼任。此时，县扶贫办的性质属于县扶贫开发领导小组下的临时协调建设办公室。组织规模上，约11人，其领导小组的构成中，组长为副县长，有时候是县常委，成员来自关系民生的部门。其组织规模和力量而言，仅停留在"办公室"的层面，如其工作人员所述："原来扶贫办是其实就是一个临时的那个协调建设办公室，就是办公室。"（访谈资料：X20190909互助扶贫局访谈记录1）

扶贫办的工作内容，一方面，是扶贫推荐；另一方面，是扶贫规划实施，如产业发展、基础设施、全县经济发展、社会发展等。在实施项目的资金来源上，主要来自两方面：第一，捐款捐物捐资，资助救济特困家庭；第二，财政工资经费，作为运行经费。而对于开展扶贫工作来说，这些资金供给的力度远远不足：

> 那时候就是一些捐款捐物啊，捐资什么的，其他扶贫项目资金没有财政资金也就是给的工资经费，只有运行经费，其他项目资金啊这些其他啥都没有。（访谈资料：X20190909互助扶贫局访谈记录1）

（二）作为独立职能部门的扶贫局（2005—2015）

2005年开始，国家机构改革，青海省成立扶贫开发局，互助县则跟随省、市的机构改革，将扶贫办改为扶贫局。当地人认为：

> 那时候他的背景就是，扶贫这个叫的比较响了。再然后国家投资的这些专项资金也多了下来，实施一些项目……你看就是那个（20）02年规划，规划搞了以后不是要落实这个规划吗？国家物质方面这个资金方面力度也大了，以后资金下来多了。看这个部门啊，那几个人也工作上可能也还不够，首先要从机构置换过来。（访谈资料：X20190909互助扶贫局访谈记录1）

自此，对于扶贫工作的组织力量逐步增强，扶贫局正式独立成为县政府的一个职能部门，并由主管扶贫的副县长担任扶贫领导小组的组长。组织规模上，2005年扶贫局的规模从十几人变为2015年的二十多人；工作内容上，从救济式扶贫变成开发式扶贫，开始实施一些大项目，如易地搬迁、整村推进、技能培训等。

（三）小结：力量薄弱的扶贫机构

从1984年至2015年，从扶贫办到扶贫局，扶贫机构呈现出以下特征。

首先，组织规模有限。最初扶贫机构内设于县内相关部门内，层级较低，成员较少，且由部门的人兼任；后来，随着扶贫项目的增加，扶贫事务增多，组织性质由临时的协调性组织变为相对独立的职能部门，但其组织规模仍然十分有限，十年内仅增加了约十名工作人员。"我 2002 年过来的时候，当时（扶贫办）人不多，那时候 11 个人，现在（2019 年）46、47 个人了。"（访谈资料：X20190909 互助扶贫局访谈记录）

其次，组织力量较薄弱。扶贫办的资金来源途径少，仅包括捐助和工资，缺少项目资金；扶贫局成立以后，虽增加了项目资金，但由于资金力量不足，最终呈现出来的扶贫效果如当地工作人员所述："（规划）里面一些经济数据基本没落实，那个规划太大了。"（访谈资料：X20190909 互助扶贫局访谈记录）

五、总结：维持式扶贫

互助县 1984 年至 2015 年的脱贫攻坚历程中，围绕其自身的特点，具体而言，可归结为如下：首先，从整体而言，互助县扶贫工作成效仍然处于一个较低的水平，除了扶贫时间较为滞后，扶贫经验和制度基础较弱以外，"大水漫灌"式的扶贫模式也带来了新的更为复杂的贫富分化等不公平问题。其次，从任务环境而言，互助县的自然、社会经济条件相对而言比较艰苦，复杂交错的致贫因素使得扶贫工作开展面临很大的困阻，长期积弱积贫，只能勉强完成扶贫任务。再次，从制度基础而言，经过长时间的探索，扶贫开发虽积累了一定的经验，但长期"大水漫灌"式的方式似乎又给此后的扶贫工作带来了新的问题，以及产业扶贫中面临的无法持续脱贫致富的风险问题。最后，从组织基础而言，尽管扶贫机构已经独立，但是其组织规模有限，力量仍然非常薄弱，于是扶贫工作中的各类协调问题、政策执行问题便常遭遇困阻。

（一）面临的扶贫难题

1. 贫困目标瞄准机制不完善

所谓识别不精准，具体指扶贫更多考虑以整个地区为单位的经济发展，而忽视对真正贫困户的精准识别。换言之，在此模式下，贫困户个体的差异容易被忽视，真正的贫困户难以得到足够力度的扶贫。出现这一结果与两大因素有关：

一是扶贫瞄准机制不完善。当进行贫困识别时，是按照整村的标准而非个体户标准时，一些非贫困村的真正贫困户就容易被忽略。例如在调研中谈及县内过去如何对"贫困"进行识别时，扶贫局称：

> 我们贫困村定得早，我们贫民村当时初选好像（20）14年定下来的……定贫困村的基本原则我后面了解的情况好像是他们是根据基础设施，然后还有贫困发生率这两块，还有一个标准是收入这一块，不好界定，我们那个时候收入这一块，因为我给你介绍基本情况，我们基本上大同小异。除非像靠近西宁省会城市，条件好，像我们互助县的话，大部分是脑山地区，条件都差不多，所以说差异主要就在基础设施和贫困发生率。（访谈资料：X20190909 互助扶贫局访谈记录2）

二是县级和村级的瞄准机制导致对人的瞄准不精确。在整村推进或易地搬迁项目实施时，由于无法以人为单位进行精确瞄准，从而使资金和项目安排上不能因人制定相应的扶贫措施。互助县在确定贫困村，实施易地搬迁项目后，扶贫局发现未真正解决其致贫问题的贫困户仍然存在：

那个我们有一些搬迁已经脱离了贫困人口，搬迁肯定脱离了一部分。搬迁以后还因病、因灾致贫的还是有。（访谈资料：X20190909 互助扶贫局访谈记录1）

2. 扶贫机构执行力不强

2015年以前，扶贫机构组织力量薄弱，没有形成较强执行力。扶贫办仅仅是一个临时的协调性组织，且是其他局内的一个内设机构。2005年，扶贫局作为独立的职能机构正式成立，但是，其规模仍然较小，人员从其他局抽调，没有形成结构性的组织体系，本质上还是"协调性的领导小组"。工作人员回忆道：

原来从我们县上的职能行业部门的他的级别划分上来说的话，县政府有24个组成部门，这24个组成部门，就是我们常说的一级单位。还有比方说社保，其他的一些小的这些，他就算二级单位，二级局它不算在政府组成部门之内。它是这样。原来扶贫办的时候，扶贫办也是一个二级局，它不是政府的组成部门。（访谈资料：X20190909 互助扶贫局访谈记录2）

抽调他当时因为指挥部他不是成立到这里，指挥部的职能全部由扶贫局来承担。所以扶贫局原来的人数这肯定就不够，不够的时候，县上去考虑，从相关的行业部门，有些精干的地方抽调过来，抽调过来全力做好扶贫工作。基本上来说，成立指挥部成立的时候人员都是抽调的。（访谈资料：X20190909 互助扶贫局访谈记录2）

这样的组织安排下，"各自为政"的行业部门在"扶贫办"为机构的时期，项目推进时就要付出很大的协调成本[①]。如互助五峰镇在

[①] 李树基：《整村推进扶贫开发方式研究——以甘肃为例》，《甘肃社会科学》2006年第2期。

2011—2012年进行整村推进项目的时候就"碰到困难"。据工作人员所说：

> 那行业部门的它主要指你比方说交通，你就只说交通的事，教育你就只说教育方面的事。（访谈资料：X20190909 互助扶贫局访谈记录2）

> 行业部门就是一个隔行如隔山，有些困难都是互相衔接是有困难的。（访谈资料：Z20190917 互助五峰镇访谈记录）

3. 扶贫政策力度不够

在精准扶贫以前，政府计划性的扶贫缺乏足够的财力支持，地方政府也缺乏相应的配套资金[①]。特别是在一些扶贫项目实施过程中，常面临目标要求与资金投入保障的矛盾[②]。

比如在一些易地搬迁项目中，常面临"没有钱"的窘境：

> 那找不到地，没有钱了。你比如说我是这个村的，土地是集体的，它不是个人的，不是国家的，你到这个村里面去做的话，你肯定那个村里你得给钱买东西，对吧？你钱都没有。（土地问题如何解决？）

> 土地是国家政府给你负责，你征收一片土地，从这个村里面，其实这一块就像农户的占地的耕地的，比如补偿费给他股权给调了之后，然后他们同意之后才让你快进来。（访谈资料：X20190911 互助自然资源局访谈记录）

[①] 张建军、李国平：《西部贫困地区扶贫模式的创新与对策研究》，《科学学研究》2004年第6期。
[②] 杨军：《"整村推进"扶贫模式的问题与对策研究》，《重庆工商大学学报》2006年第6期。

同时，在干部的激励上，由于"发不出工资"，使承担扶贫工作的干部缺位。

> 我们经济条件上，我们这相对农户，我们这个地方比较严，一个是我们这里管理比较严，再一个我们地方经济条件相对落后，……村上的相对不富裕，所以抢着当村干部的很少……以前贫困村条件不好，没人当……现在当主要是在我们还给书记还发了的工资，一年是3万多，工资根据看着这个工资，还有以前工资低的时候，一个月差不多一年，书记主任就没人当。（访谈资料：X20190910 互助财政局访谈记录）

扶贫资金投入的严重不足，特别是财政扶贫资金缺口大，成为许多地方保质保量完成诸如"易地搬迁""整村推进"等工作的主要瓶颈制约。甚至在贫困村工作推进时，都发不出工资。财政力量不足，其面临的困难是显而易见的。

4. 扶贫资源整合不足

贫困作为一个世界性的议题本身就十分复杂，是涉及物质、基础设施、医疗教育、治理结构和机构问题以及地方机构和国家机构等各方面的综合性问题[1]。而在公共政策领域，贫困更是具备了"复杂政策"的特点：政策的需求多元性、基础信息非常分散且需决策者花费巨大的搜寻成本、质量风险大并难以直观地监控、治理结构安排中决策者难以充分掌握政策对象多元化和异质性需求信息。而在面临复杂政策时，便容易出现基层对于政策的"转译"[2]：

---

[1] 刘俊文：《超越贫困陷阱——国际反贫困问题研究的回顾与展望》，《农业经济问题》2004年第10期。
[2] 吕方、梅琳：《"复杂政策"与国家治理——基于国家连片开发扶贫项目的讨论》，《社会学研究》2017年第3期。

最突出的，则是在资金整合方面。从2000年起，以"县为单位、整合资金"的做法已经成为扶贫开发领域无需单独说明的"共识"，地方扶贫部门需要借助专项扶贫资金调动其他行业部门的资源共同投放到贫困地区中，而扩大"专项扶贫"资金的使用效率。

> 这个地方是没有资金，没有钱躺在账上的，要躺是躺在其他的部门去了……要躺是躺在项目单位。比方他下了1000万扶贫资金，然后我们财政是过路财政，给你水利上，农业上，扶贫上，1000万就报下去了，然后他们在具体实施过程中有这种情况，他们需要变更这个的……你用不完以后两年以上的项目，你用不完给我们上交财政。（访谈资料：X20190910互助财政局访谈记录）

> 专门用于扶贫是农业基础设施上，我们（20）16年整合了9.02个亿。（它有哪些构成？）弄了1.3个亿，扶贫资金整合了1.4个亿，教育1.7个亿，林业发展2090万，基础设施建设7500万，农业综合开发4400万，交通建设资金，美丽乡村建设资金环境整治，危房改造、水利发展等等。（访谈资料：X20190910互助财政局访谈记录）

以民宗局在实施项目时整合协调各个部门资金作为例子。在县需要统一筹措资金建设综合服务广场这个"大事情"时，民宗局主动"安排"33万元来"帮助筹措"；同时，这样的付出也会换来一点"回报"，即在民宗局需要实施项目时，可以和其他项目结合，以获得补充的项目资金：

> 像简单的举个例子，我们美丽乡村建设里面它的综合服务中心广场，还有人居环境的改善，那些都要改的话，像民宗局他能安排的就是，比如说33万资金，但是它的这些全部完了以后就

还要一百多万。反正是它高原美丽乡村里面,它就其他资金的筹措,全部完了以后,就把这个实施,可以整合其他的资金嘛。(这个项目可以和其他项目结合在一起,其他的再来补充前面的。)反正把一个大的事情把各方资金整合起来,就把大的事情做好,搞一个美丽乡村的什么广场企业,我们这边有点钱,就把办公楼盖起来,比如说30万。完了以后,那个农户的这些庭院改造,什么墙体整治等等这些资金,包括绿化的这些都是整合方方面面的资金共同来搞。(访谈资料:X20190910 互助民宗局访谈记录)

自2008年以来,各个行业部门都加强了对本部门资金的专项化管理,扶贫办的资金量原本就非常小,且在当时的政府绩效考核体系下,扶贫开发的权重并不高[1]。于是,在项目资金专项化管理的制度安排下,"资源整合"最终难以落实。比如,互助县为了实施"美丽高原乡村"项目,还需要将专项化的资金千辛万苦重新"凑起来"。然而这么多的行业部门每家都是不好协调的"婆婆",致使多头管理的资金在一些地区到位和配套情况不尽如人意,扶贫资金"孤军深入",难以形成有效的合力。

5. 扶贫目标被替代

在扶贫从"救济式"向"开发式"的模式转变时,其核心逻辑在于视扶贫为一种经济行为,而不仅是一种慈善或救济行为[2]。

于是,在其作为一种经济行为时,市场经济规律便在其中扮演着核心的抉择逻辑。首先,由于资金少、任务紧,"整村推进"很容易选择那些"吹糠见米"、容易出政绩而不会出问题的公共设施项目,

---

[1] 吕方:《治理情境分析:风险约束下的地方政府行为——基于武陵市扶贫办"申诉"个案的研究》,《社会学研究》2013年第2期。
[2] 郑荣琦:《乡村扶贫模式的反思及未来政策选择》,《中州学刊》1999年第5期。

而发展难度大、有风险和不易"立竿见影"的主导产业培育和劳动力素质培训等项目则往往无暇顾及。其次,当某一产业无法经受得住市场的考验时,便会轻易选择中断、退出;当某一产业符合市场需求,便会选择进一步发展壮大,吸引更多的资本向其中涌入。

在谈及产业扶贫工作面临的困难时,村内工作人员表示出深深的担忧:

> 一个是你怕投资对象不好的话,把你的钱卷走了,有这种情况;再一个就是还怕像整村推进那时候一样,村里面的钱投进去之后没有收益,失败了,倒闭了。(访谈资料:Z20190912 互助五十镇扶贫访谈记录)

项目开始前,会对"收益"进行仔细权衡,尽量避开选择那些需要承担较大风险的产业。一旦项目失败,就宣告结束。此时,"扶贫"不是一个要始终贯彻的"政治目标",很难在面临"产业接近失败"状况时,出于"政治考虑",而想办法去沿着原来的目标换一种方式继续运作项目。

在成功发展的案例中,市场经济规律也得到了印证:

> 现在发展得起来的,你看一些就是家庭牧场和家庭农场啊,这些就是以前整村推进的一些,他们坚持下来了,并且他把那个平台搭建以后,那它就发展越来越好,他现在就,基本上就是带头了……它坚持下来有一定积累,并且规模也起来了,那就也逐步演变成那些能人大户了……目前像政府的话,对这些大户,认为是扶持的典型,希望以那些典型去带动其他的去发展。(访谈资料:X20190909 互助扶贫局访谈记录1)

当"整村推进"成为一种经济行为时,便不可避免地出现"马太效应"。"富者越富",产业的壮大发展便吸引了更多资本投入,甚至成为"扶持的典型"。一方面,那些在该地区仍然存在的真正贫困户,却被地区经济发展这一事实所掩盖,从而无法获得真正的扶持。另一方面,"先富带动后富"的方式,模糊了"谁是扶贫主体"的问题,先富裕起来的,为整个地区增加了财富总量,然而财富被生产出来以后,再分配制度却未能使真正的被扶贫主体受益,不能将财富精准且合理公平地分配到真正贫困的人身上。这些在"先富阶段"没有富裕起来的人,只能通过依托当地的产业争取发展机会,而非被保障和兜底,这远远偏离了扶贫资源要向真正贫困户倾斜的政治目标。

在开发式扶贫的模式之下,扶贫本身只是作为一个附属品而存在,在其核心目标是经济发展的逻辑中,扶贫一直没有提上政治日程。

(二)维持式扶贫模式

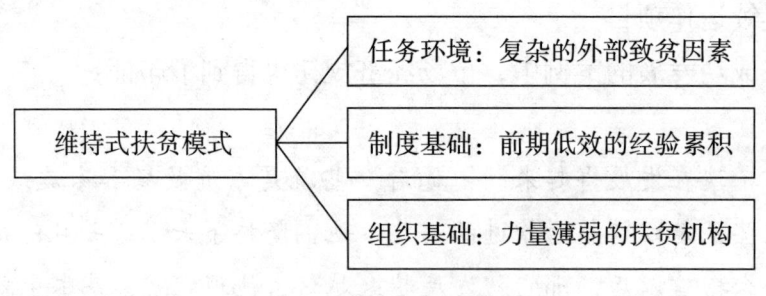

```
                      ┌─ 任务环境:复杂的外部致贫因素
维持式扶贫模式 ───────┼─ 制度基础:前期低效的经验累积
                      └─ 组织基础:力量薄弱的扶贫机构
```

图 1.3 维持式扶贫模式

随着贫困问题的日益复杂,原有的扶贫手段仅够互助县摆脱区域性的贫困,并勉强维持。2015 年以前,这一扶贫模式可被称为"维持式扶贫模式"。所谓"维持式"可从任务环境、制度基础、组织基础三个维度进行阐释。

任务环境,指的是当地自然、社会、经济因素相互交织而形成的外部环境。这一复杂的外部环境使扶贫成为一个真正意义上的"复杂政策"[①],即既要解决当地经济问题,又要解决兜底性的贫困问题,既要满足扶贫效率的要求,又要兼顾扶贫中个人的公平,政策的需求多元性、基础信息分散性、质量风险大并难以直观地监控、治理结构安排中决策者难以充分掌握政策对象多元化和异质性需求信息等特征,使得扶贫工作的推进遭遇重重困难。

制度基础,指从扶贫开发开始所积累的扶贫经验,以及在这一经验下形成的制度安排。可以见到,过去"个体主义范式"的救济式扶贫方式本就难以有效解决大面积贫困的问题,因此,"社会结构范式"的"开发式扶贫制度"被提上日程。然而,这一扶贫模式在解决区域贫困问题时,却仍然面临"低效"的问题,其原因便在于"粗放式"或"大水漫灌式"的扶贫手段。首先,由于这一制度的瞄准机制,无论是县级或村级都存在着无法全覆盖所有的,特别是贫困县与贫困村以外的贫困人口的问题,使得部分真正贫困人口会被忽略;其次,由于以县或村为单位来执行扶贫机制,其执行力度由于科层体系的力量会被削弱,相应的资金远远不足以支撑其发展生产,帮扶贫困户;最后,由于这一制度最初便是以区域经济发展为目标,因此,扶贫本身具备的政治性质被大大削弱,一些地区为了进一步发展区域经济便会忽略对真正贫困人口的帮扶。

组织基础,指在扶贫工作中占据核心地位的扶贫机构。通过对扶贫机构沿革的梳理发现,即便是后期扶贫局作为一个独立的职能部门而存在,仍不可避免地受其本身的规模所限,难以整合各方资源。在实施扶贫项目中,先不说协调各个部门实际的人力支持,寻求各个部门的资金支持就已经是一个大工程了。因此,扶贫机构的力量非常薄弱,缺乏执行力。

---

① 吕方、梅琳:《"复杂政策"与国家治理——基于国家连片开发扶贫项目的讨论》,《社会学研究》2017年第3期。

实施精准扶贫必须重新审视粗放识别、粗放投入、粗放管理、效益低下的传统扶贫制度安排和机制缺陷，致力构建以保障贫困人口基本生存能力、改善基本生产能力和培育基本发展能力为核心的新型农村扶贫治理结构，科学设计以精确识别、目标管理、资源整合、信息交流、监督评估、社会参与为主体的精准扶贫机制，为实现精准扶贫到村到户、全面实施脱贫攻坚工程奠定坚实基础。

第二章

动员式响应、制度化整合：互助县脱贫攻坚的战略结构

自 1984 年起的 30 多年扶贫开发后，互助县的扶贫工作取得了一定成效，积累了丰富的实践经验，形成了维持式的扶贫模式。然而，随着扶贫面临的形势和环境愈加复杂，减贫速度逐渐放缓，减贫难度不断升高，导致原有的维持式扶贫模式难以维系扶贫效果的持续性，且暴露出更多的机制缺陷。就制度安排而言，首先，扶贫领域涉及多个方面，因而需要多个部门的协调合作，才能顺利完成目标。但是在条块分割、部门林立的科层体系之中，扶贫政策往往政出多门，相互掣肘。其次，政府的重视程度决定了政策资源的分布。以往，扶贫只是县政府的常规行政工作之一，在政府议程中只能居于边缘地位，扶贫领域的人力、财力、权力等政策资源投入有限。最后，面对政策碎片化和资源匮乏的困境，处于弱势地位的扶贫部门只能勉强维持扶贫工作，无法为扶贫提供坚实的组织保障。

这些问题对扶贫开发工作提出了更高的挑战和要求。在实施精准扶贫的背景下，互助县构建了"动员式响应、制度化整合"的战略结构以应对新阶段艰巨的扶贫任务。首先，在党的"高位推动"之下，全国自上而下轰轰烈烈地展开了精准扶贫。在这样的高位推动之下，省市县乡村"五级书记"被动员起来以响应精准扶贫。互助县精准扶贫从常规工作跃升为县政府的头号中心工作。其次，随着更多的资源进入扶贫领域，需要对这些被动员的资源进行制度化的整合。一是扶贫组织的整合。互助县重塑了自上而下的组织结构，不仅着手于加强构建纵向压责、横向协调的组织机构，而且极为重视超越条块基础的组织机构。在互助县，基于常规的科层制，一个超越原有职责体系的扶贫组织体系建立起来。二是扶贫政策的整合。互助县在原有的政策基础上，完善协调各项政策，形成了"1+8+10"的政策体系，切实增强了扶贫政策合力。

一、从"高位推动"到"全域响应"：从中央到地方

（一）精准扶贫的提出

在以2020年全面建成小康社会为目标的大背景下，中国扶贫开发从"大水漫灌"的粗放式扶贫阶段逐渐进入了"精准滴灌"的精准扶贫阶段。精准扶贫的提出与实施，既是中国经济社会发展的必然要求，也是解决新时期贫困问题的客观需要。1986年以来，全国先后实施了"大规模开发式扶贫"和"八七扶贫攻坚计划"等扶贫战略。随着改革开放的深入推进，中国经济从20世纪80年代开始起飞，连续地保持了30多年的高速增长。经济增长带来直接而巨大的减贫效应。按照2010年不变价2300元的贫困线标准估计，1978年中国农村贫困人口7.7亿，到2012年下降到9899万，34年间减少了6.7亿。1978年，中国农村贫困发生率为97.5%[1]。随着中国经济的发展和开展大规模的减贫工作，贫困发生率迅速下降，到2000年，中国农村贫困发生率降到49.8%[2]。但自2000年后，随着整个宏观经济环境的变化，严重的收入不均和区域发展不平衡导致经济增长的减贫效应下降。在此背景下，实施更加有针对性的、高效的扶贫政策

---

[1] 国务院新闻办公室：《新时代的中国与世界》，人民出版社2019年版。
[2] 汪三贵、曾小溪：《从区域扶贫开发到精准扶贫——改革开放40年中国扶贫政策的演进及脱贫攻坚的难点和对策》，《农业经济问题》2018年第8期。

来直接对贫困人口进行扶持显得越来越重要。

精准扶贫最早是在2013年11月提出的。习近平总书记在湘西考察时首次提出"精准扶贫",指出:"扶贫要实事求是,因地制宜。要精准扶贫,切忌喊口号,也不要定好高骛远的目标。"2013年12月18日,中央办公厅在《关于创新机制扎实推进农村扶贫开发工作的意见》(中办发〔2013〕25号)中,首次将建立精准扶贫工作机制作为六项扶贫机制创新之一。2014年年初,国务院扶贫办制定了《建立精准扶贫工作机制实施方案》(国开办发〔2014〕30号)、《扶贫开发建档立卡指标体系》(国开办发〔2014〕42号),提出构建扶贫工作的长效机制。3月5日的《政府工作报告》中进一步强调,地方要优化整合扶贫资源,实行精准扶贫,确保扶贫到村到户,这意味着精准扶贫的机制开始进入探索阶段。

2015年6月,习近平总书记在贵州召开部分省区市党委主要负责同志座谈会发表重要讲话,指出"扶贫开发贵在精准,重在精准,成败之举在于精准。各地都要在扶持对象精准、项目安排精准、资金使用精准、措施到户精准、因村派人(第一书记)精准、脱贫成效精准上想办法、出实招、见真效"。这次会议把精准扶贫正式确立为中国新时期的扶贫战略,并且用"六个精准"阐释了精准扶贫的努力方向。[①]

2015年后,扶贫政策进入政策加速阶段(见图2.1),密集出台了一系列扶贫政策,内容涉及扶贫开发的方方面面,系统构建了扶贫战略的政策体系。《中共中央国务院关于打赢脱贫攻坚战的决定》(中发〔2015〕34号)显示了坚定打赢脱贫攻坚战的决心;《贯彻实施〈中共中央国务院关于打赢脱贫攻坚战的决定〉重要政策措施分工方案》(厅字〔2016〕4号)明确了各部门的扶贫责任;《"十三五"脱贫攻坚规划》(国发〔2016〕64号)提出了到2020年实现

[①] 易棉阳:《论习近平的精准扶贫战略思想》,《贵州社会科学》2016年第5期。

"两不愁、三保障"的总体目标和总体规划。中共中央办公厅、国务院办公厅颁布了《关于支持深度贫困地区脱贫攻坚的实施意见》（厅字〔2017〕41号），部署了深度贫困地区脱贫攻坚工作；中共中央、国务院颁布了《中共中央国务院关于打赢脱贫攻坚战三年行动的指导意见》（中发〔2018〕16号）对全国的脱贫攻坚工作作出了新的部署安排。

图 2.1 中央层面政策年度与文本数量统计图

资料来源：北大法宝网站，收集、检索到中央层面涉及"精准扶贫"文件817份。

精准扶贫实施以来，从中央到地方各级政府，相关扶贫政策陆续出台，高层领导人不断加强对扶贫开发的政治承诺。首先，最高领导人高度重视脱贫攻坚工作，形成了精准扶贫方略。2015年10月16日，习近平总书记在2015减贫与发展高层论坛的主旨演讲《携手消除贫困　促进共同发展》中指出：40多年来，我先后在中国县、市、省、中央工作，扶贫始终是我工作的一个重要内容，我花的精力最多。近年来，在视察、调研河北、甘肃、海南、宁夏、湖南、山东、内蒙古、新疆、云南、陕西、贵州、河南、广西、西藏、吉林等地后，习近平总书记在对各地的扶贫开发工作进行深入思考的基础上发表了一系列重要讲话，逐步形成了"精准扶贫"的理论体系。

表2.1 精准扶贫方略的形成①

时间	地点	内　容	意义
2012年12月29日—30日	河北省阜平县	"要真真实实把情况摸清楚","帮助困难乡亲脱贫致富要有针对性,要一家一户摸情况,张家长、李家短都要做到心中有数"。	扶贫工作要趋向精准化的新思路。
2013年11月3日	湖南省湘西土家族苗族自治州	"扶贫要实事求是,因地制宜。要精准扶贫,切忌喊口号,也不要定好高骛远的目标"。	首次提出"精准扶贫"概念。
2014年10月17日	重要批示	扶贫应"注重精准发力"。	首次公开对"精准扶贫"作出批示。
2015年6月18日	部分省区市扶贫攻坚"十三五"时期经济社会发展座谈会	精准扶贫要在"扶持对象精准、项目安排精准、资金使用精准、措施到户精准、因村派人(第一书记)精准、脱贫成效精准"等"六个精准"上想办法、出实招、见真效;研究实施包括"通过扶持生产和就业发展一批,通过移民搬迁安置一批,通过低保政策兜底一批,通过医疗救助扶持一批"在内的"四个一批"扶贫攻坚行动计划。	首次提出"六个精准""四个一批",形成精准扶贫的核心内容。
2015年10月16日	减贫与发展高层论坛	"中国在扶贫攻坚工作中采取的重要举措,就是实施精准扶贫方略。"	首次明确把精准扶贫从理念提升到方略的高度。

其次,高层领导人提出了明确的政治承诺,将扶贫作为政治任务。一是特别策划作为政治符号的节日,自2014年起,国务院设立了"扶贫日"体现了对扶贫开发的高度重视。二是通过高层的政治承诺将扶贫作为中心工作。2015年年底,中央扶贫开发工作会议提出要坚持精准扶贫、精准脱贫,坚决打赢脱贫攻坚战,并确保到

---

① 杨伟智:《"用绣花的功夫实施精准扶贫"——学习习近平关于精准扶贫精准脱贫的重要论述》,《党的文献》2017年第6期。

2020年农村贫困人口实现全部脱贫。2017年10月18日，习近平总书记在党的十九大报告"提高保障和改善民生水平，加强和创新社会治理"中，首次将"坚决打赢脱贫攻坚战"单列一条进行阐述。三是通过政治口号提高扶贫工作的政治地位。习近平总书记再三强调精准扶贫不仅是"第一民生工程"，更是党员干部的"重大政治任务"和政治责任。消除贫困、改善民生、逐步实现共同富裕，是社会主义的本质要求，是我们党的重要使命①。

最后，精准扶贫被提高到战略高度。2015年，发布《中共中央国务院关于打赢脱贫攻坚战的决定》，在打赢脱贫攻坚战的总体要求中，进一步确定"把精准扶贫、精准脱贫作为基本方略"，号召举全党全社会之力坚决打赢脱贫攻坚战。党中央、国务院把精准扶贫纳入"五位一体"总体布局和"四个全面"战略布局安排部署，全力推进脱贫攻坚。2017年10月，习近平总书记在中共十九大报告中首次将精准扶贫列为三大攻坚战之一。同时，在将扶贫任务确定为政治任务之后，还设置了相应的考核制度。在实践中，扶贫工作被列为"一把手"工程和"一票否决"工作。2013年年底，中央农村工作会议明确要求，减少扶贫对象是国家级贫困县的首要任务，对贫困县实行扶贫工作"一票否决"制度。

所有这些都释放出一个强烈的信号：精准扶贫具有极高的政治优先性！

（二）省市响应

自2015年起，在党中央的动员之下，全国上下开始踏上脱贫攻坚的征途，青海省也加入了脱贫攻坚的大军。根据2015年11月29

---

① 中共中央文献研究室：《习近平关于全面建成小康社会论述摘编》，中央文献出版社2016年版。

日《中共中央国务院关于打赢脱贫攻坚战的决定》，首先，各级政府必须确立明确的领导责任制和目标责任制。实行中央统筹、省（自治区、直辖市）负总责、市（地）县抓落实的工作机制。中央政府负责区域发展和片区开发，地方政府负责精准到村到户的工作。紧接着，青海省委省政府于2015年12月25日，出台了《关于打赢脱贫攻坚战提前实现整体脱贫的实施意见》（青发〔2015〕19号），旨在落实中央政策，大力推行精准扶贫。为了明确责任、细化任务，青海省根据基层的情况进行了目标任务分解，省市县乡村层层签订了脱贫攻坚责任书，立下军令状。自2015年起，青海省开始出现稳定的精准扶贫政策走向。总体来看，青海省政策文本数量增加趋势，与同时期中央层面政策数量增长趋势相吻合（见图2.2）。

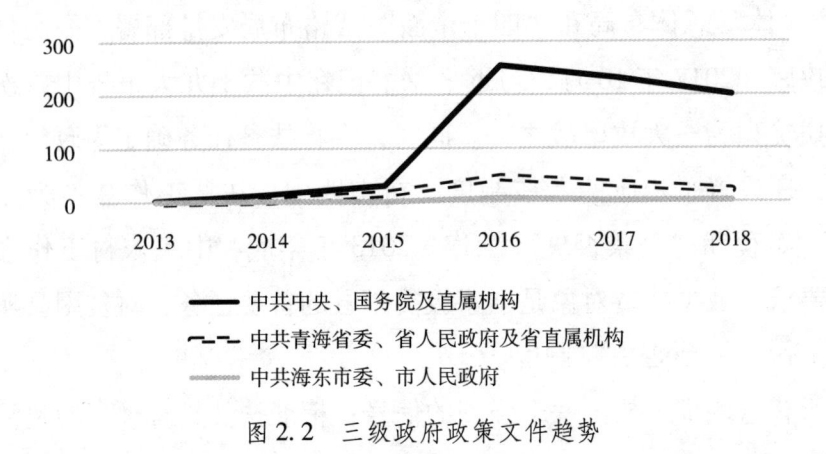

图 2.2　三级政府政策文件趋势

资料来源：北大法宝网站，收集、检索到中央层面涉及"精准扶贫"文件817份；青海省层面涉及"精准扶贫"文件122份，海东市涉及"精准扶贫"文件12份。

其次，为了保障责任制的实行，要求创建"精准扶贫指挥部"。青海省成立了由省委省政府主要领导担任组长的扶贫开发领导小组，建立脱贫攻坚作战指挥中心，全面实行指挥长制。海东市成立了以市委书记和市长任总指挥长，市委副书记任指挥长、分管副市长任执行指挥长的市脱贫攻坚指挥部。各县进一步完善了以县委书记、县长为"双组长"和"指挥长"的县扶贫开发工作领导小组和脱贫攻坚指挥部。各乡镇则成立了乡镇精准脱贫扶贫中心，下设各贫困村精准脱贫工作室。严格执行了"一把手"负责制，形成了省市县乡村五级书记一起抓扶贫的工作格局。

最后，精准扶贫作为自上而下的政策设计进入到最底层农村社会，最重要的是依靠基层组织和基层干部来具体落实。包村制度通过选派省市县各单位成员组成驻村工作队，不仅充实了基层扶贫的干部队伍，而且最大限度动员了全社会力量。青海省对扶贫队伍建设提出了具体实施方向，创新提出了驻村工作队 123 工作机制，优化编制资源配置，发挥大学生村干部积极作用等方案。与此同时，为了强化对驻村工作队的管理，青海省扶贫开发工作领导小组、组织部等部门联合下发《关于选派第一书记和扶贫（驻村）工作队的通知》（青组字〔2015〕180 号）、《第一书记和扶贫（驻村）工作队干部管理办法》（青组字〔2016〕10 号）、《关于进一步加强第一书记和扶贫（驻村）干部关爱激励的十条措施》等文件。

（三）"全域动员"：从常规工作到"头号政治工程"

在互助县，2014 年以前，扶贫开发只是常规工作，每年乡镇只笼统地布置一下，例行地放在报告内容之中。对于扶贫单位来说，扶贫更像是一次慈善行动，定期向贫困群体伸出援助之手。

> 我们原来搞扶贫的时候，下去以后给村里办点事，也给钱，然后对农民的一号文件进行培训，还比较轻松的工作。入乡驻村干部，过一段时间你给个名录，然后就可以了。（访谈资料：C20190917 互助石湾村访谈记录）

自 2014 年起，省级政府承担了国家的精准扶贫任务，制定了严密的作战计划。青海省开始绘制精准扶贫作战图，设定精准脱贫时间表,全省各地建立脱贫攻坚指挥部,以严密、高效的组织体系确保工作的进行。市级政府将精准扶贫重任下达给县级政府。县级政府将此当作一项体现执政能力的重大政治任务来抓,主要体现在以下三个方面。

第一,政治动员和宣传。首先,就政治动员而言,其基本方式是通过政治首长推动,打破按部就班的常规科层制治理模式,将行政问题转化为政治问题,在最短时间内将上级的意图和信号传递到各领域各部门①。自2015年以来,互助县政府在每一个精准扶贫关键时期召开动员大会,动员内容主要围绕精准扶贫的实施工作,强调精准扶贫工作的重要性,把精准扶贫作为党的"头号政治工程"和政治任务。

> 在10月8号之前,县委县政府开过好多会。首先这个是统一思想,提高认识,部署精准扶贫怎么搞。(访谈资料:Z20190917互助五峰镇访谈记录)

其次,就意识形态宣传而言,政府通常除了运用本部门内的宣传机构外,还会联合多种社会宣传机构对任务进行大力宣传,为该任务的全面发动或持续推进造势。在尚未出台明确的方案时,"精准扶贫"已经做到电视天天有影,报纸期期有名,互助县自上而下已经感受到一种热烈的政治氛围。

> 你政治学习的时候,看到总书记的讲话精神,扶贫的相关政策。你看看手机新闻,新华社、《人民日报》头条说什么,讲精准扶贫。其实你读完这些之后,你就明显地感觉到这将是几年来

---

① 徐岩等:《合法性承载:对运动式治理及其转变的新解释——以A市18年创卫历程为例》,《公共行政评论》2015年第2期。

一个非常重要的工作。（访谈资料：Z20190917 互助五峰镇访谈记录）

互助县政府则在多年扶贫工作中，不断创新宣传形式，采取多种渠道开展宣传发动：不仅在政府网站上持续公开扶贫相关信息，而且创建了名为"互助精准扶贫"微信公众号，用以发布最新的扶贫动态。此外，互助县还活跃在报刊和中央电视台。在《人民日报》、《青海日报》、《海东时报》、《西海都市报》等报刊上，互助县仅2018年就刊发了157条以互助县精准扶贫为主题的新闻稿。2019年，中央电视台播报了12条有关互助县脱贫攻坚的新闻。

第二，高效的组织形式。客观上讲，在实施精准扶贫之前，仅仅依靠扶贫部门来实施精准扶贫，力量明显不足。因此，必须充分运用"以党领政"的高位推动方式[1]，才能使多个部门积极配合，投身于精准扶贫之中。为顺利推进精准扶贫工作，2015年，互助县成立全县精准扶贫指挥部，县委书记担任总指挥长，县委副书记、县长担任副总指挥长，成员包括宣传部、组织部、公安局等部门的"一把手"，以及县委常委、人大、政协的县领导参与。整个领导小组级别空前提高，显示出精准扶贫的重要地位。

> 以前的扶贫工作只有政府部门发文。县委他一般不会介入这些常规工作的。而精准扶贫后，县委书记亲自主抓扶贫，担任扶贫领导小组组长。对于基层，政府抓是常规工作，县委抓那就是中心工作。（访谈资料：Z20190917 互助五峰镇访谈记录）

在公共政策执行中，如果各级党委将其作为一件大事来抓，精心组织，那么可以很好地动员下级执行政策。高规格的领导小组依靠高

---

[1] 贺东航、孔繁斌：《公共政策执行的中国经验》，《中国社会科学》2011年第5期。

位推动，极大调动了各部门的力量。从行业部门的帮扶力度来说，各个部门开展了卓有成效的工作。

> 像以前精准扶贫，在（20）11年、（20）12年搞的时候有碰到困难，行业部门就是一个隔行如隔山，有些困难都是互相衔接是有困难的。但是精准扶贫以来，这个行业部门配套。村上的基础设施、道路、交通、水、电，如果有问题，那么县上马上就会协调，马上就会配套进行调整。各村还要落实产业项目资金，马上到位，一户5400，那之前是从来没有的。这样看，这个工作确实非寻常工作。（访谈资料：Z20190917互助五峰镇访谈记录）

不仅如此，互助县除了动员了县级政府之内的组织资源，还动员了县级政府之外大量的组织和资源参与互助县的脱贫攻坚工作。纵向来看，来自省、市的第一书记成为脱贫攻坚的重要力量，第一书记均为抽调自省市级各个单位的优秀干部。

> 什么工作需要派出第一书记，而且一派就是要三年，而且整个省委省政府它都是抽调的，这个规格，工作重视程度不言而喻，对吧？一个普通的工作哪需要从省上抽调第一书记过来，而且是省组织部门抽调的。（访谈资料：Z20190917互助五峰镇访谈记录）

横向来看，作为原有的"援建项目"的延续，东西部协作也是互助脱贫攻坚的重要力量。随着"结对子"的对象从辽宁省丹东、朝阳两市更换为江苏省无锡市新吴区，资金帮扶力度不断提高。根据文件规定，帮扶地区按照年度的财政收入按6‰的比例转移到被帮扶地区，经济高速发展的新吴区援助资金从2017年2000万元增长到2018年3000万元。（访谈资料：X20190918互助县政府访谈记录）

第三，扶贫军令状。为了将政策目标落实，指挥部将任务进一步分配和细化，通过科层体系下达，并结合考核评估来进行掌控和管理。目标责任制是最有效的方式，"扶贫军令状"是扶贫工作领域目标责任制的极端体现，其本质是形成倒逼机制，通过外部加压和自我施压，在有限资源和有限时间的条件下超常规地实现扶贫攻坚的任务目标。互助县以《互助县精准脱贫攻坚实施方案（2016—2020年）》为主要内容，将精准扶贫的各项指标和任务分解到各部门，由上至下层层签订军令状。在实际工作中，明确责任分工，强化责任落实。

自此，精准扶贫不仅从常规工作升级为中心工作，而且上升为政治任务。随着精准扶贫作为"头号政治任务"被提出，随着以县域为基础的所有的党政部门都参与到精准扶贫过程中，在原有的扶贫制度基础之上，互助县需要在原有的分散的扶贫体制之下，实现制度整合，以实现精准扶贫这一复杂的政治任务。这一制度化整合的过程主要包括两个维度：一是需要以互助县为基础，重构其组织体系；二是需要整合多样性的政策资源和政策工具，以完成精准扶贫的目标。

二、从全域响应到动员的制度化：政府组织再造

在政策执行过程中，中央政策能否顺利通过层层政府组织性过滤达到基层社会，关键在于相应的组织结构保障[①]。为了精准扶贫的有效落实，从中央到地方重构了一套加强层级、部门之间协调合作的嵌入机制（见图2.3）。首先体现为自上而下的组织结构的重塑。从纵

---

① 穆军全、方建斌：《精准扶贫的政府嵌入机制反思——国家自主性的视角》，《西北农林科技大学学报》（社会科学版）2018年第3期。

向组织结构看，从中央政府到各级地方政府，建立了一个上下对口、职责专属的庞大的扶贫组织机构，即中央、省、市、县扶贫办以及乡镇扶贫专干。同时，建立了严格的组织层级扶贫目标责任制。在党的高位推动下，每一级政府都构建了精准扶贫指挥部，由各级党委书记任指挥长，五级书记自上而下签订脱贫攻坚责任书、立下军令状。

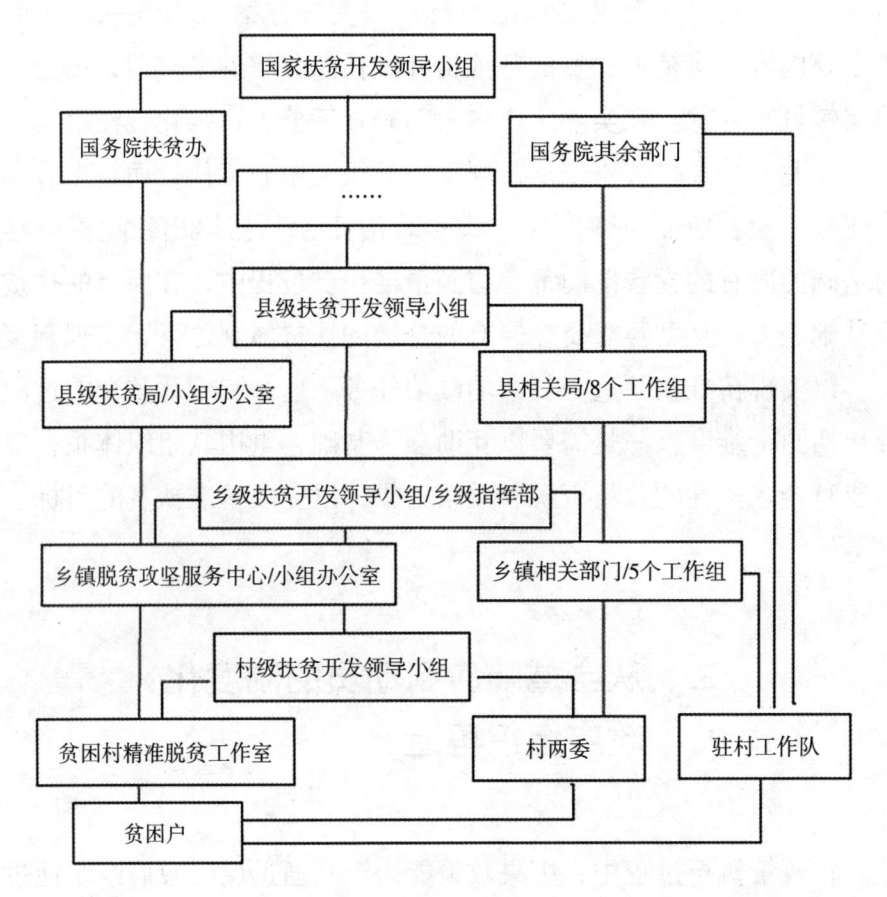

```
                    国家扶贫开发领导小组
                    ┌──────┴──────┐
     国务院扶贫办                  国务院其余部门
           │          ……                │
           │                             │
                县级扶贫开发领导小组
           ┌──────────┴──────────┐
     县级扶贫局/小组办公室      县相关局/8个工作组
                                         │
                乡级扶贫开发领导小组/乡级指挥部
           ┌──────────┴──────────┐
  乡镇脱贫攻坚服务中心/小组办公室  乡镇相关部门/5个工作组
                                         │
                    村级扶贫开发领导小组
           ┌──────────┬──────────┐
 贫困村精准脱贫工作室    村两委        驻村工作队
           │
         贫困户
```

图 2.3 扶贫组织体系

其次，从横向组织间协调机构看，从中央到地方都建立起由党委书记牵头负责的跨部门扶贫领导小组。各层级扶贫领导小组主要负责制定扶贫实施方案、政策和规划，协调解决扶贫开发中的问题，督促、检查和交流经验。这种科层制的纵向组织结构和横向的协调机构，能够有效地再分配基层的注意力，保障精准扶贫政策落实所需的资源。但是，仅仅依赖横纵联合的组织嵌套机制是远远不够的，精准扶贫需要动员更为广泛的资源进入扶贫领域。因此，在常规的层级制之下，形成了一个超越原有组织结构的包保体系和跨区域合作的东西扶贫协作制度，从而进一步制度化被动员的资源。

（一）纵向压责：五级书记抓扶贫

1. 扶贫组织架构

扶贫政策要在农村落实，必须经过基层政府的具体执行。政策的实现程度取决于组织资源是否充足，使用是否便利而有效。就扶贫政策而言，基层的组织资源是指其实施政策所依赖的各方面条件，主要包括人力资源、财力资源、权力资源[①]。受限于客观因素，互助县过去投入扶贫领域的组织资源十分短缺。一是人力资源的短缺。我国各级行政机构的人员配备呈倒金字塔结构，越到任务繁重的基层，人员队伍反而越弱小。2015年以前，互助县乡两级扶贫办组织力量薄弱，无法形成较强执行力。二是财力资源的短缺。一方面，互助县长期属于贫困县，地方经济发展滞后，缺乏财政配套资金用于投入扶贫事业。另一方面，中央对扶贫项目缺乏足够的资金支持，制约"易地搬迁""整村推进"等扶贫项目的实施。三是协同能力有限。由于致贫因素的综合性和复杂性，贫困户需要多方面的扶持。但是，扶贫工作过去未得到足够的重视，相应的，扶贫部门无法调动各方资源，以完成政策目标。

除了面临组织资源严重短缺的窘境，互助县还面临传统扶贫模式边际效益逐年减弱的难题。自1986年以来，"大水漫灌"的开发式扶贫模式使贫困状况得以改善。但随着贫困发生率的下降，贫困人口

[①] 杨爱平、余雁鸿：《选择性应付：社区居委会行动逻辑的组织分析——以G市L社区为例》，《社会学研究》2012年第4期。

的集中程度同时趋于下降，传统扶贫模式的效应逐渐减弱。尤其是像互助县这类长期处于自然经济状态的民族地区，因历史起点低、社会发育迟缓，与其他区域相比存在较大差距。普惠式的扶贫政策已难以触及并消除深度贫困人口[①]。因此，农村扶贫工作仍然面临巨大的压力和严峻的挑战。

自2015年起，精准扶贫成为基层政府的"中心工作"。为了完成中心工作，互助县积极动员大部分组织资源全面介入精准扶贫工作，同时重构自上而下的组织体系。一方面，在组织体系内部，互助县各级的扶贫组织机构得到强化，以应付艰巨的扶贫任务。另一方面，在党的高位推动下，互助县把精准扶贫作为一项自上而下的县、乡、村三级"书记工程"，建立起"抓书记，书记抓"的工作制度。

（1）职责专属的扶贫部门

在不同的历史阶段，随着扶贫任务的重要程度的差异，扶贫机构的设置和级别也随之进行调整。从历史上看，扶贫组织机构从内设走向单列，机构级别升为正科级（见表2.2）。自2005年的机构改革后，县扶贫办升格为县扶贫局，成为独立的正科级单位。县扶贫局主要负责全县扶贫各项工作的规划、监督与实施。内设综合股、项目股、财务股、社会股、异地股和统计信息股等6个股级部门。虽然扶贫组织结构的行政级别有所提升，但组织力量十分薄弱。从组织职能来看，县扶贫办仅仅是协调性部门，负责协调上级以及其他部门的扶贫资源，没有部门专属的资金和项目，因此拥有的权力资源和财力资源较少，在县级政府机构中处于相对边缘的位置。从人员配置来看，相比同级别的部门，县扶贫局存在严重的人员短缺问题。县扶贫局人员配备不足20人，曾是人数最少的部门。

2015年，随着精准扶贫的推进，县扶贫局的组织力量得到实质

[①] 耿小娟：《民族地区贫困问题及多元化扶贫开发模式选择》，《兰州学刊》2015年第7期。

性提高。一是政治地位的提高。中央赋予精准扶贫非常重要的政治地位，对贫困地区的党政"一把手"实行精准扶贫一票否决制。由于精准扶贫是县里考核中"一票否决"的内容，故县领导十分重视作为扶贫工作的执行部门——互助县扶贫局，并使其承担指挥协调职责。原有的县扶贫局仅仅是一个科级单位，在行政权力上不能指挥和协调其他部门，更无法完成艰巨的脱贫任务。面对巨大的脱贫攻坚压力，互助县立即成立了脱贫攻坚指挥部，县委书记挂帅，通过高位推动确立了扶贫的重要地位。在此基础上，互助县设置了指挥部的执行机构——脱贫攻坚办公室。在实际运行中，扶贫局采取"两块牌子，一套人马"的方式，肩负着指挥部办公室的重要职责。指挥部办公室由副处级的副县长担任办公室主任，扶贫局局长担任办公室副主任。权责范围的扩张和领导地位的提高均体现了扶贫局的权力资源的增加。

表2.2 互助县扶贫组织机构变迁

时间	扶贫机构名称	编制组织形式	扶贫机构负责人	负责人行政级别
1984年4月5日	县扶贫办公室	内设	县民政局局长兼任	正科
1996年1月26日	县扶贫办公室	合署	县计划委员会主任兼任	正科
1998年6月1日	县扶贫开发办公室	单设	扶贫开发办公室主任	正科
2002年3月12日	县扶贫开发办公室	内设	县农业局副局长兼任	副科
2005年	县扶贫局	单设	县扶贫局局长	正科

资料来源：参见《互助土族自治县志（1986—2005）》。

二是人员配备的强化。精准扶贫以来，扶贫局的规模开始扩大，参与人员几乎涵盖了县级各个行业部门。通过借调、挂职等多样化方式，县扶贫局的人数急剧扩张。县扶贫局总人数翻了一番，一跃增长至40—50人，其中从各个行业局抽调了十余人。就领导职数而言，与其他局一正两副的领导班子相比，县扶贫局领导班子配置为一正两副加两副。额外增加的两位副局长，一位挂职，一位兼职。

(2)"以党领政"的扶贫指挥体系

面对艰巨的脱贫任务，既有的扶贫体系难以实施精准扶贫工作。互助县贫困人口规模大、贫困程度深、致贫原因复杂、减贫难度大、脱贫成本高，是难啃的"硬骨头"[1]。互助县的任务是要在三年之内使得48523名贫困人口脱贫，118个贫困村摘帽，在2018年实现整体脱贫。这无异于加大了互助县脱贫攻坚任务的艰巨性和紧迫性。为了完成脱贫攻坚任务，扶贫领域亟须吸纳大量的各个部门的项目和资金。然而，扶贫局仅仅是常设的业务部门，在行政职能上无法动员各个行业部门，整合资源，也远远不能胜任高难度的脱贫攻坚任务。

精准扶贫是政府常规工作之外的新增工作，如果依靠之前的扶贫体系，基层政府难以按期实现脱贫任务。因此，基层政府必须突破原有的科层体系。"以党领政"的高位推动方式已被很多省份的实践证明是有效的。同时，2015年，国务院出台的《中共中央国务院关于打赢脱贫攻坚战的决定》明确要求严格执行脱贫攻坚"一把手"负责制，形成省市县乡村五级书记一起抓的工作格局。

于是，互助县成立脱贫攻坚指挥部，采用"书记挂帅"的高位推动方式，以动员更多的人员和资源投入到扶贫领域，如图2.4。互助县精准脱贫指挥部，严格落实"双组长""双指挥长"制。县委书记担任县脱贫攻坚指挥部总指挥长，县委副书记、县长担任县脱贫攻坚指挥部副总指挥长。指挥长由县委常委、副县长、人大常委会副主任、政协副主席、人民法院院长、检察院检察长等17人组成，共19人。指挥部成员单位包含了各个县直部门、事业单位和社会组织等

---

[1] 宋才发：《民族地区精准扶贫基本方略的实施及法治保障探讨》，《中央民族大学学报》（哲学社会科学版）2017年第1期。

49个单位，以及19个乡镇的党委书记和乡镇长。

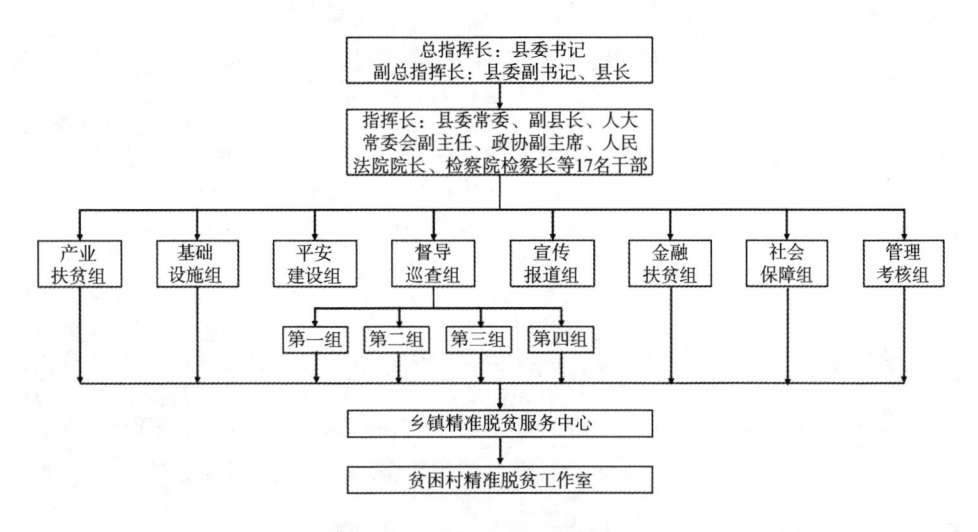

图 2.4 县级扶贫指挥部示意图

在《互助县人民政府关于调整互助县精准脱贫攻坚指挥部成员及工作组职责的通知》中，规定了指挥部下设指挥部办公室和八个工作组。指挥部办公室负责脱贫攻坚日常工作，设立在扶贫局，由副县长担任办公室主任，扶贫局局长担任办公室副主任。扶贫办公室主要职责：负责指挥部日常工作；负责指挥部政策文件出台，会议筹备、信息编发、办法制定；负责与省、市衔接和指挥部各工作小组的综合协调、联络沟通；完成指挥部交办的其他工作任务。八个工作组包括产业扶贫组、基础设施组、平安建设组、督导巡查组、宣传报道组、金融扶贫组、社会保障组、管理考核组。

表 2.3 脱贫攻坚工作组主要职责

组别	组长职务	主要职责
产业扶贫组	副县长	指导用好人均5400元到户产业发展项目资金，充分发挥项目资金使用效益；根据已下达的产业扶贫项目规划，做好种养业、乡村旅游等项目的扶持指导、培训、实施、检查等工作；协调做好光伏扶贫项目和电商扶贫项目；负责扶贫产业园方案编制、申报、项目实施；完成指挥部交办的其他工作任务。

续表

组别	组长职务	主要职责
基础设施组	副县长	负责全县贫困村基础设施项目申报、组织、协调和对接等工作；做好贫困村道路、饮水安全、村级服务中心、村卫生室、卫生厕所、电力、通信网络、燃气等基础设施和公共服务设施建设；负责危旧房改造、易地扶贫搬迁、美丽乡村建设、农村环境综合整治、旅游基础设施等项目建设；完成指挥部交办的其他工作任务。
平安建设组	县委常委、政法委书记	负责农村社会综合治理、法制教育、矛盾纠纷排查化解、反邪教、农民工维权、安全生产、道路交通安全、食品药品安全等工作；加强维稳重点村转化工作指导；负责开展群众来信来访接待及各类信访案件的处理工作；完成指挥部交办的其他工作任务。
督导巡查组	县委常委、政法委书记	负责对全县脱贫攻坚工作开展督查、巡查，定期通报重点工作完成情况；做好第一书记和扶贫（驻村）工作队到位履职和职责履行情况的督查；定期向指挥部汇报督查情况；督查巡查工作每季度不少于1次，并形成督查专报报指挥部；完成指挥部交办的其他工作任务。下设四个督导小组，负责对各乡镇、各部门、各单位和扶贫（驻村）工作队工作开展情况的督导检查。
宣传报道组	县委常委、宣传部部长	及时宣传中央和省、市、县出台的扶贫相关政策，报道全县精准脱贫工作动态、举措、经验、成效，教育引导贫困群众主动参与脱贫攻坚；总结推广先进经验和典型事迹等，充分激发贫困群众内生动力；负责组建脱贫攻坚宣讲团，大力开展政策讲解和宣传工作，努力营造全社会关注精准脱贫、参与精准脱贫攻坚战的良好社会氛围；收集整理各类影像、文字材料及归档工作；完成指挥部交办的其他工作任务。
金融扶贫组	县委常委、副县长	负责涉农资金整合、互助资金、扶贫小额信贷、创业担保贷款、贷款贴息等金融扶贫工作；做好年度扶贫专项资金下达拨付、项目贷款协调、资金运行监管等工作；完成指挥部交办的其他工作任务。
社会保障组	副县长	负责做好低保兜底、医疗救助、临时救助、就业救助、贫困人员救助、教育资助、残疾人救助、法律援助、社会保险和社会捐助等各项工作；负责做好社会力量捐助统计工作；完成指挥部交办的其他工作任务。
管理考核组	县委常委	负责对全县脱贫攻坚工作开展指导、检查、考核；负责做好第一书记和扶贫（驻村）工作队的管理；加强基层组织建设，开展干部队伍培训等工作；完成指挥部交办的其他工作任务。

指挥部采用工作组的组织形式有利于推动精准扶贫政策的实施。

首先，工作组的分工符合功能分殊原则，能提高政策实施效率。扶贫政策承载了"一有两不愁三保障"等多项政策目标，涉及多个部门的参与合作。围绕精准脱贫的子目标，对多个部门进行分门别类，能够明确各主体的权责分工，确保精准扶贫的有效展开，为精准扶贫提高组织保障。

其次，工作组的设置能够广泛动员各部门力量。从工作组的成员构成可见，互助县几乎所有的职能部门都被纳入扶贫序列。以产业扶贫组为例，如表2.4，工作组内的所有成员单位都有责任和义务为互助县的扶贫工作进行配合或妥协，必须服从指挥部的统一指挥和集中协调。

表2.4 产业扶贫组成员

	职 务
组长	县人民政府副县长
副组长	县农牧局局长
成员	农业示范园区管委会、扶贫开发局、发展和改革委员会、林业局、文化旅游体育局、工业和商务局、就业服务局、金融办主要负责人

（3）县直部门的参与

纵向压责的同时，大量的扶贫任务是由各个县直部门完成的。或者说，对于县级政府而言，在"扶贫作为一项政治任务"的结构之下，各县直部门的业务工作也深深地参与到了扶贫之中。在层层压责之下，不同部门需要完成多样化的扶贫。为了更好地完成扶贫任务，几乎所有的县直部门在原有的组织基础之上，也建立了自己的扶贫工作领导小组。

但是，对于县直部门而言，由于各部门肩负的扶贫任务不同，任务量、复杂性以及自身的组织特色不同，各部门的"协调机制"存在差异。有的直属单位，特别是行业部门，规模较大，肩负扶贫重任，设立领导小组扶贫办公室，如县水务局（设在党政办）、县医保局（设在综合办公室）、县文体局。办公室充裕的部门专门为精准扶贫设立扶贫办公室，如县交通局成立了项目办，主要负责扶贫相关工作。相对的，有的单位规模较小，只能安排一人负责扶贫工作。如县发改局，由内设的业务二室的一名成员负责扶贫项目备案汇总。

（4）多重压力下的乡镇

乡镇是纵向压责中的一环。虽然很多的扶贫项目和资金是直接到村或户的，但是在自上而下的扶贫实践中，乡镇占据着承上启下的位置。精准扶贫成为中心工作以后，乡镇处于上级科层制压力和大量基层治理任务之中。资源有限的乡镇不得不动员各方力量，全力以赴执行扶贫政策。实践证明，成立扶贫领导小组、书记挂帅在动员过程中具有较强的组织优势。

精准扶贫开展以后，互助县19个乡镇均成立了扶贫工作领导小组，由乡镇党委书记担任组长，下设精准扶贫服务中心，乡镇长担任中心主任。精准扶贫服务中心下设领导小组办公室和基础设施建设组、扶贫产业培育组、组织管理组、督导考核组等四个工作组。

虽然有明确的组织架构和职责分工，但是乡镇脱贫攻坚的实际运作方式与文本不同。在资源匮乏的情况下，乡镇一级的扶贫工作是嵌入在其原有的组织体系之中的，没有多余的资源另起炉灶。虽然从组织架构来说，精准扶贫中心下设一个办公室、四个工作组，但是，由于权力有限，对于乡镇一级，其工作仅限于信息的收集、整理、报送和保管，以及项目、资金、政策资源的对接与落实。所以只有扶贫领导小组办公室作为实体性质的机构承担着扶贫工作，其下设两名工作人员和一间办公室进行日常资料的管理和政策对接。其余四个工作组均采取了"一套班子两块牌子"的运行方式，分别由主管此类任务的乡镇班子成员负责。因此，在执行具体扶贫任务时，现有的扶贫组织结构嵌入在乡镇本身的组织体系之中。

在此基础上，乡镇只能尽可能提高扶贫机构的专业化程度。在人员方面，乡镇提高了扶贫干事的专业性。精准扶贫开展以前，乡镇只有两个人负责扶贫，一个是主管扶贫的领导，一个是扶贫干事，而扶贫干事往往是兼职。自2015年起，领导小组办公室设立一名扶贫专干，专门负责扶贫的相关事项。在机构方面，有的乡镇强化了领导小组办公室的独立性。如五十镇，为了方便扶贫工作的开展，2017年把领导小组办公室从党政办公室中分离出来，单独成立了领导小组办公室。

（5）村两委

村级是纵向压责的最后一环。村委会是基层群众性自治组织而非国家的正式行政机构，但大量的扶贫资源的落地需要经过行政村一级。所以国家委托作为代理人的村干部处理与贫困户直接相关的事项。由此，在层层压力之下，互助县在各村设立了精准扶贫领导小组，由村支书担任组长，签订脱贫攻坚责任状。村级效仿县级、乡级，也成立了临时的扶贫组织机构——精准脱贫工作室。

但是仅依赖村两委难以有效执行精准扶贫政策。一方面是因为村干部的"双重代理人"的特殊身份会干扰国家政策的落实。村干部既是国家权力在乡村社区的代理人，又是法律意义上乡村社区全体村民的代理人。在作为村民代理人时，村干部代表的利益可能会与政府的职责相冲突。另一方面是因为村干部的知识素养普遍偏低，难以推进依托大数据等新型技术的精准扶贫工作。大数据是实施"六个精准"工作和创新"瞄准"机制的重要抓手[①]。把大数据技术运用到扶贫领域，需要扩大信息采集范围。虽然村级是重要的信息来源，但是村两委普遍学历偏低，年纪偏大，对电脑技术不太熟练，难以胜任扶贫信息传递的工作。

因此，为了推进精准扶贫工作，国家对贫困村的干预越来越强。2015年，中共中央组织部出台《关于做好选派机关优秀干部到村任

---

① 杜永红：《大数据背景下精准扶贫绩效评估研究》，《求实》2018年第2期。

第一书记工作的通知》，要求向每个贫困村派驻第一书记和驻村工作队，以协助村干部开展精准扶贫工作。此外，贫困村的扶贫工作也离不开乡镇的管理和支持。乡镇根据文化习俗、地理区位等因素划分片区，每个片区都有一个乡镇的班子领导作为包片干部，每个村都有一名乡镇工作人员作为驻村联络人。

2. 扶贫组织建设

基层公务员处于县乡基层行政单位，是执行政策的直接主体。公共政策最终是否能得到切实有效的实施，很大程度上取决于政策执行末梢的基层公务员。但是，基层公务员的素质和能力普遍不高，尤其是在贫困地区。一方面，基层公务员本地化比例高，思想观念滞后。另一方面，基层公务员文化素质偏低，学习能力较低。县乡公务员具备本科以上学历的极少，对专业知识和信息技术往往知之甚少，难以应付日益复杂的扶贫任务。即便地方政府大力引进高素质人才，由于多种原因，具备高学历的专业技术人才和业务骨干也大量流失。对于贫困县而言，在公务员队伍整体素质和稳定性偏低的情况下，保证中心任务的完成异常艰难。为了落实精准扶贫政策，提高贫困地区基层公务员队伍的素质、能力和稳定性势在必行。于是，互助县从集结精兵强将和强化能力建设这两个方面着手解决基层公务员问题，从而为政策实施提供坚实的扶贫组织力量。

(1) 集结精兵强将

选优配强扶贫队伍对于保持扶贫组织的执行力是至关重要的。首先，好的"带头人"能够发挥"领头雁"的作用，带领工作人员顺利完成脱贫攻坚工作。面对艰巨的扶贫任务，扶贫局作为关键的扶贫组织，利用干部遴选机制，配备了一套能力强素质高的领导班子。扶贫局局长经历了两次更替，2015年，第一位局长因为工作能力不足，随着扶贫强度的增加，逐渐不能胜任工作，最后被替换。2016年，从就业局调来新一任扶贫局局长。2018年，由于身体原因，第二任扶贫局局长不能继续扶贫攻坚事业，从司法局调来第三任扶贫局局长。乡镇也会选择优秀的党委成员负责扶贫工作。例如五十镇在安排精准扶贫服务中心负责领导时，鉴于党委成员王部长工作细致认真、扶贫经验丰富，将其选为扶贫负责领导人。

其次，领导能力再强，也需要配备得力干将。能力强的干部能够高效完成扶贫任务。为此，县扶贫局从各处挖掘精英骨干。比如从蔡家堡乡抽调了扶贫专干到统计办工作。乡镇也会选用能力强、责任心强的干部作为扶贫专干。乡镇缺乏人手时，也会从村中抽调村干部完成工作。例如2016—2018年，五十镇从两个最小的村中抽调了两名干部，协助精准扶贫中心办公室的两位干部。

村级是落实精准扶贫政策的最基本的实施单位。过去部分基层党组织存在软弱涣散、村两委学习能力不强、基层党组织作用发挥不明显的问题。据五十镇朱书记介绍：

> 有村委觉得学习太吃力了，一些政策下来，需要他去讲解，给群众去讲解的时候，他的转化的能力就弱。（访谈资料：X20190912互助五十镇访谈记录1）

精准扶贫开展后，组织部对这类学习能力不强、组织纪律涣散的村两委进行了整顿调整。如"互助县2017年村（社区）'两委'换届选举工作总结"所述，由于组织部对选举的高度关注，与往届相比，2017年的村两委换届选举呈现出重视程度之高前所未有、工作要求之严前所未有、推进力度之大前所未有、选举结果满意度前所未有的特点。互助县严格按照"十选十不选"人选条件，采取双推双选的方式，例如五十镇就做到，"我们选的时候严格把关，把不称职不努力的干部抓出名单"。首先，选出的新一届村两委整体年龄结构更为年轻化，越来越多的年轻人被纳入村两委的班子中。支委委员和支部书记平均年龄分别为45.8岁和46.3岁，较上届分别减小0.2岁和 0.6 岁，村委会委员和村主任平均年龄分别为 44 岁和 44.3 岁，较上届分别减小 2 岁和 2.7 岁。其次，在保持成员基本稳定的基础上，调换了学习能力更强，能够掌握一定电脑技术的能人上任。再次，2019 年组织部开展了"选举工作回头看"的巩固提升工作，对全县 14 名不称职的村两委成员进行了批评和教育，正如五十镇书记所言，"有整改的话，我们仍然把他留用。他不改的话，我们现在就策划撤换"。（访谈资料：X20190912 互助五十镇访谈记录 1）

（2）强化能力建设

学习是强化班子能力建设的重要工具。通过学习，干部可将自身经验和外部启示应用于政策执行，更好地解决问题。从学习源看，学习包括内生学习和外部学习两个方面：前者从自身实践中汲取经验教训；后者从其他地区实践获得启示。在外部学习方面，省级会组织县级各部门外出考察学习，例如文化厅组织县文化体育旅游局外出考察，给他们带来了新的工作思路。

> 这些作用是很大的，我们几年前搞的一些活动，都是我们出去考察学习回来以后，模仿别人做的，后来慢慢形成我们一个特殊的活动。（访谈资料：X20190911 互助文体旅游局访谈记录）

学习的内容也更为精准，据文体局介绍，由于客流量主要来自西南地区和华北地区，所以文体局主要向这两者学习先进经验。学习的途径也有了增加。自 2017 年无锡市新吴区与海东市互助县结对帮扶后，互助县每年选派优秀干部前往无锡交流培训。

乡镇层面的学习则主要通过党建品牌的建设，加强组织能力。同时，组织部带动村两委干部集中学习。发展村级集体经济，必须要有带头人。

> 你如果没有一个人做轴承，把这个项目实施下去，那么这个项

目哪怕来了之后，可能效果就会大打折扣。（访谈资料：X20190910 互助组织部组织科访谈记录3）

然而，村干部文化程度以初中学历为主，在实施项目方面经验非常欠缺。因此，互助县为村两委提供了多个学习途径。一是到乡镇跟班学习。村干部可以到乡镇的各个站所、办公室跟班学习、锻炼，从乡镇层面了解各个部门如何执行登记项目，项目周期需要多长等知识，从而吸收项目实施方面的经验。

二是到示范村实地观摩。互助县村书记、村主任以及后备干部可以分批次先后前往示范村组团观摩学习，一方面学习借鉴其他村的成功经验，通过学习发现问题，完善政策方案，更好地实现扶贫目标。

比如说哪个村搞得好，就带到我们村上听他们的经验介绍，听他们的工作中的困难，他们是怎么克服的？听人家讲这个东西，讲心路历程，讲工作的体会感受。然后他从这里面再反思自己村的情况，印证：我们村跟他们村差什么，感觉也不差，为什么我们村没搞起来，他要带着这种问题，然后他从观摩中找到一些经验，得到一些启示。（访谈资料：X20190910 互助组织部组织科访谈记录3）

另一方面，通过观摩示范村的推进成果，提振村两委脱贫攻坚的信心。例如威远镇卓扎滩的乡村旅游项目实施较为成功，不仅带动了本村集体经济的发展，而且增强了其他村干部发展乡村旅游的信心，从而许多村的乡村旅游项目也陆续发展起来。

三是到县委党校、轮训班学习培训。互助县委党校安排了老师，围绕农村集体经济发展、扫黑除恶、民族团结等各类主题，为村干部讲授课程，全面提升村干部的整体能力和素质。每年定期组织轮训班，也会给乡镇、村进行全覆盖的培训。

四是到无锡挂职锻炼。2019年,通过东西部协作的平台,互助县选派了40名优秀的村干部到无锡挂职副书记、副主任,跟着当地书记、主任进行为期一个月的跟班学习。

五是在村内采取"一对一"或"一对多"的传帮带学习方式。为了给换届选举打下坚实的人才基础,互助县打出后备干部储备培养工作"三定一评估"组合拳,即定岗推选、定员帮带、定期培训并建立专项评估机制。除了与村干部一同参加培训外,现任村两委成员还要与后备干部结成帮带对子,帮助后备干部尽快熟悉村庄治理工作。

(二)横向协调:扶贫领导小组

2014年以来,党中央高度重视精准扶贫工作。在纵向上,严格执行"一把手"负总责的脱贫攻坚责任制,形成了"五级书记"抓扶贫的工作格局。扶贫任务的增加也引起了各级地方政府的重视,强化了扶贫机构的配置,自上而下形成了庞大的专业化扶贫组织结构。但是,就精准扶贫而言,只通过高位推动打破纵向的科层制度的边界是远远不够的。

在精准扶贫过程之中,扶贫已经远远超出了原来扶贫组织机构的能力范围。为了完成精准扶贫任务,各级政府必须动员系统内部几乎所有部门投入到扶贫之中,从而形成强大的政策执行合力。缺少任何一个职能部门的配合,这个项目都难以落地。以农村文化广场项目建设为例,该项目能够带动地方旅游业发展,由文体局牵头,牵涉到水务、环保、国土等多个职能部门的协调合作,缺少任何一个的合作都不能实施项目。

> 我们也是绞尽脑汁去各种协调。比如说所有的口上都同意了,但是你环境过不去,我这项目就没办法立马实施。(访谈资

料：X20190911 互助文体旅游局访谈记录）

但是同级部门在互相寻求配合时，进展往往不那么顺利。例如发改委在牵头制定"十三五"规划时，需要收集各个部门的专项规划，然而配合的程度总是不尽如人意：很多部门的专项规划，要么报不上来，要么就是报上来质量不行。（访谈资料：X20190910 互助发改局访谈记录）这类情况下，发改局成员打电话通知催促的效果并不理想。在迫不得已时，只有发改局副局长出马，依靠非正式关系进行沟通交流。

> 都是平级单位，你老打电话发通知把这个资料报上来，时间长了人家也烦。所以只能直接他们私人这种，打电话的人一般至少是副局长，或者副局长领着我们干部到局里找他们相应主管工作的副局长去交流。（访谈资料：X20190910 互助发改局访谈记录）

在横向上，成立跨部门的扶贫开发领导小组是解决同级合作困境的突破口。扶贫领导小组作为议事协调机构，打破科层分化造成的条的界限，通过召开领导小组会议，动员各个职能部门投入到精准扶贫工作中。

扶贫领导小组发挥作用的关键机制在于采用了党的高位推动方式，即由县级最高党政领导人——县委书记担任扶贫开发领导小组组长。组长级别的最高规格设置带来的是扶贫领导小组相应权力的增加，扶贫领导小组的权力，此时近乎于县委书记的权力。最高的权力意味着，扶贫领导小组在与各个部门沟通过程中，拥有协调与统筹的绝对领导权。严格的自上而下式的命令—服从关系是科层制的特征，正如在发改局无法凭借自身力量解决协调问题时，最后如果求助更高一级的主管副县长出面开会，那么在上级的科层压力之下，县级部门将不得不重视上级提出的要求，优先将该问题提上议程。

党政领导的注意力是有限的。因此，为了充分利用注意力资源，政府会根据议题的重要程度，召开级别不同的扶贫领导小组会。最重要的议题通常涉及扶贫工作的整体布置、规划和总结等。例如审议《互助县全面巩固提升脱贫攻坚成果两年行动计划（2019—2020年）》，就需要召开最高级别的双组长会议，由县委书记主持。与会人员包括县长、五个副组长、扶贫局中层领导以及涉及议题的单位的骨干人员。

为了保证双组长会议处理的是最重要的扶贫议题，会议前期会对报送议题进行严谨的筛选。首先由扶贫局负责汇总相关乡镇、行业部门报送的议题，然后再由县长和主管副县长审核议题。

> 看这些议题是否有必要？因为县领导把握比较准，县委县政府有四重一大的决策机制，有些事情不是你领导小组会上要研究的，可能政府常委会研究就行。（访谈资料：X20190909 互助扶贫局访谈记录2）

审核之后，由扶贫局修改整理议题，最后再将确认议题交予县委书记。接着，扶贫局还要负责会议和文件的准备，然后再正式召开领导小组会。

次为重要的议题通常是涉及扶贫的专项工作，这一级议题通过主管扶贫的副县长主持、扶贫局局长主持的会议即可解决。针对更为细化的议题，各个职能部门内部也会召开领导小组会讨论解决。

随着扶贫的重要性和紧迫性显著提高，扶贫领导小组会召开的频率也愈加频繁。平日里，扶贫领导小组会每个季度召开一次，但是到了2018年脱贫摘帽冲刺阶段，每个月互助县各级班子都会召开扶贫领导小组会议。在关键时期，甚至每周都会召开领导小组会议。

第二章 | 动员式响应、制度化整合：互助县脱贫攻坚的战略结构

因为扶贫工作有些责任特别大，尤其是资金量大，政策性强的。所以把我们专业的，还有领导层面的都叫到一起好好地研究一下，这个工作怎样安排比较好。如果工作紧急的话，当天晚上搞。不紧急的话，一般是周一的晚上搞或者周四的晚上，周五尽量不要打搅。（访谈资料：X20190917 互助司法局访谈记录）

在精准扶贫过程中，商讨重要议题的各级扶贫领导小组发挥着多样化的作用，主要体现在以下四个方面：第一是集中学习国家政策。扶贫领导小组在每次会议召开时，第一项议程就是学习中央的扶贫政策方针和精神。在中央政策的基础上，结合当地情况，讨论并制定地方具体的扶贫政策。

根据国家的要求和规定，我们再寻找一些符合咱们县上实际的情况，比方说产业发展这一块，符不符合咱们县。（访谈资料：X20190917 互助司法局访谈记录）

第二是审议各项请示，起到"下情上达"的作用。在精准扶贫政策实施过程中，会有相当多的建议案和意见书要递交，这些建议往往牵涉多个部门的利益，牵头部门往往无法独立解决。如果召开领导小组会议，集体讨论，现场决策，这样能尽快作出统一有效的决策。

所以说你统一研究的话，基本上不像以前可能就是任务下来交给某个局他们来报，报了之后又不统一。研究会让他们把想法提出来再选，可能更好一点。（访谈资料：X20190917 互助司法局访谈记录）

第三是发挥协调沟通功能。精准扶贫政策的执行需要政府各部门

· 085 ·

配合参与。然而由于各部门的本位主义，降低了政策执行的效率，因此有必要成立一个协调机制以促使各个部门达成共识。领导小组组长由党政"一把手"担任，很好地提高了各个部门的配合力度。

> 精准扶贫的问题是必须解决的。各个部门都应该高度支持。不支持不行，尤其是我们基础设施这块，硬任务，必须得完成。所以每次有哪个会都是有啥问题都在会上讲。哪个部门需要配合，哪个部门需要支持，会上就可以解决。（访谈资料：X20190911互助交通运输局访谈记录）

> 打个比方，某村的道路损坏了，乡镇汇报到指挥部，指挥部协调以后就安排交通局，要求交通局表态，你几月份要解决？（访谈资料：X20190910互助农业局访谈记录）

会上暂时没有办法解决的有关项目实施的跨部门协调问题，会后，由该项目牵头局组织相关部门召开项目现场会，再集中决策。

> 你比如说农村里我要有一个项目要修对吧？住建局牵头，比如说把国土局、土地整理办，还有资源办，还有他们执法大队的人，都叫到一起。这个地方能不能修，要把各个口上的意见都要征求一致。确定能不能实施，能，我们就实施；不能，有争议的话，我们把这个项目退回去，或者是重新选址。（访谈资料：X20190911互助文体旅游局访谈记录）

第四是减少执行摩擦成本。由于精准扶贫政策涉及多样化的目标，在执行项目时，必然会出现一个部门牵头、多个职能部门参与的情形。但各职能部门在政府序列的重要性不同，可能会出现某些配合部门的地位比牵头部门的地位更重要，或者因部门利益冲突不愿配合，导致执行过程中产生摩擦，执行效率低下。例如发改局催收文件

第二章 | 动员式响应、制度化整合：互助县脱贫攻坚的战略结构

曾迟迟未到。这时，领导小组能够通过"高位推动"的方式，提高政策执行效率，减少部门之间的执行摩擦成本。因为党委牵头的领导小组与各个职能部门是上下级关系，所以以领导小组名义下发的文件能够得到最高效率的执行。

> 领导小组使这项任务提一个级别，最后在和部门协调的时候可能更顺畅。扶贫局为了保证工作的推行，本来可以通过扶贫局发的，他可能最后以领导小组指挥部名义发。因为领导小组它是双指挥长，相当于就是县委县政府给我们发的通知，不是扶贫局的。（访谈资料：X20190910 互助发改局访谈记录）

各个职能部门党政"一把手"被纳入领导小组后，会更积极地配合执行政策。以控辍保学政策为例。互助县宗教历史悠久，当地人民信仰藏传佛教的比例较大，许多学龄儿童和青少年主动辍学到寺庙修行。作为"三保障"的重要一环，"控辍保学"成为精准扶贫的重要任务。"控辍保学"由县教育局负责落实，但由于涉及宗教问题，需要联合民宗局、扶贫局共同解决。"民宗局和教育局是我们互助县成立的扶贫工作领导小组的成员单位，所以一旦有适龄儿童入寺，我们和他们联合，还有乡政府，一起去调查了解"。其中，对于寺庙，则由"民宗局去做工作"，宣讲民族政策和"六凡"必"一律"政策，"凡接受九年义务教育阶段少年儿童入寺学经或出家的寺院。清真寺一律吊销开学阿訇的阿訇证，佛教寺院取消住持和尚住持资格"。对于家长和孩子，则由教育局和扶贫局成员做思想工作。一方面是讲解义务教育法，另一方面通过"四不办理政策"[①] 对有辍学学生家庭的成员加以限制。

---

① 由互助县教育局提出的"四不办理政策"是指不送适龄儿童少年接受义务教育的：一不办理贫困补助或社会救助；二不办理住宅审批手续；三不办理外出打工证明；四不办理工商营业执照。

你违法之后，做事要受到约束。就是说你要是不愿意来，那行，把你有些享受的惠民政策取消了就行了。反正必须要有点强制手段，不然的话，人家也不愿意。（访谈资料：X20190911 互助教育局访谈记录）

（三）超越条块：扶贫资源的嵌入机制

精准扶贫任务越往基层，对于工作能力的要求就会越高。上级政府把扶贫工作以责任包干的方式分配给县级、乡级，然后再由县乡分配给村级。最终，扶贫工作落在了村级。精准扶贫工作是非常复杂且繁重的。仅就推行精准扶贫的前提而言，要求基层收集所有贫困户的基础信息。为此，要求为所有贫困村和贫困户建档立卡。"建档"，就是为贫困村和贫困户建立关于生产生活的纸质版和电子版的信息档案，主要是人口、土地及收入等明细信息。"立卡"是建立并发放贫困村和贫困户的帮扶卡册，所有帮扶措施、帮扶绩效都必须呈现在帮扶卡册中。在建档立卡的基础上，从精准识别到精准帮扶，从精准管理再到精准考核，所有过程都要通过资料、档案立体地呈现出来。因此，单是收集精准扶贫所需的信息，就是一件体量庞大的工作。

面对艰巨的扶贫任务，既有的村级组织难以胜任这项工作。因为基层的治理能力普遍偏低，尤其在贫困地区。一方面体现在村干部素质和能力偏低。就信息能力而言，精准扶贫需要建立电子化的信息系统。村干部普遍不能充分利用现有的信息工具。他们传播信息的主要渠道还是依靠传统的社交方式，通过面对面口头交流传达信息，对如何使用计算机网络传递信息，并没有熟练掌握。另一方面体现在村级组织建设薄弱、组织涣散。在市场经济的影响下，农村人口中年轻力壮、文化水平较高的青年人都纷纷离开村庄，前往更加发达的地区工作。因此，愿意留下做村干部的人才少之又少，人才资源匮乏。长期薄弱的村集体经济造成村级组织财力资源匮乏，导致村级组织运转困难，无法承接和应对公共事务。此外，经济的薄弱进一步引发村级组织涣散危机。村集体经济是维系村级组织有效运行的重要基础。集体经济的缺失，使得村级组织不仅没有了有效治理的经济基础，而且缺乏有效治理的动力，从而导致村级组织内部缺乏凝聚力，没有严格落实坐班制度。在与民众打交道时，村级组织也缺乏威信和号召力。

精准扶贫所需的大量资源，也是村级组织难以争取到的。越贫困的村庄，争取项目资源的能力往往越弱。一是因为村级集体经济薄弱。扶贫项目尽管本身是针对贫困群体展开的，但是由于大部分的扶贫项目都需要地方政府的配套资金，而大部分贫困地区多数没有财政能力拿出足够的配套资金。所以贫困村往往无法达到项目配套的门槛，即使贫困村能够获得扶贫项目，也不一定能够完成项目的要求。二是因为村级缺乏足够的信息资源。很多情况下，扶贫项目的信息并不依赖于正式的科层体制，而是依赖于非正式的社会关系结构。而贫困村往往缺少从上级政府获取扶贫项目信息的信息渠道和人际关系[①]。

面对难度日益增大的扶贫任务，纵向的"高位推动"和横向的协调机制固然能够动员起多方力量参与到扶贫领域之中，但是却不能确保被动员的大量扶贫资源能长期稳定且精准有效地投入到扶贫对象上。因此，为了实现全方位的广泛动员，必须要进一步打破条块界限，超越原有的科层体系。一方面体现在地方行政系统内部构建的复杂的包保体系，另一方面体现在跨越地区的协作制度——东西部扶贫协作。

1. 跨越科层：包保体系的建立

互助县的包保制度体现在以下三个方面：

第一是"部门包村"制度，也是最为关键的制度。部门包村原

---

① 邢成举、李小云：《精英俘获与财政扶贫项目目标偏离的研究》，《中国行政管理》2013年第9期。

则取决于贫困村的贫困程度、致贫原因和扶贫历史。一是贫困程度。根据贫困村的等级，每一级政府负责相应的贫困村。省直、市直单位结对重点贫困村，县直单位结对一般贫困村。二是致贫原因。单位包村参考"党政部门帮难村、政法部门包乱村、经济部门包穷村、专业部门包产业村"的原则。三是扶贫历史。驻村工作队的选派由省市县组织部门统筹安排，会将原来联姻结对关系的连续性纳入考量。

部门包村的核心职责包括三个方面，一是选派驻村工作队，并定期听取第一书记工作汇报，适时到村调研，指导促进工作。二是落实"单位结对共建帮村，干部结对认亲帮户"帮扶制度，落实"双帮"工作机制，安排单位开展党组织共建帮村和全体干部职工认亲帮户；统筹规划"双帮"工作，制订实施方案，明确结亲时限、帮扶内容、帮扶形式和责任分工等，建立"双帮"工作台账，确保"双帮"工作落到实处。三是为帮扶村对接项目和资源。包村单位会通过多种方式为结对村注入资源，一是协调项目落地，二是单位自掏腰包。

第二是"干部包户"制度。除了单位为贫困村输入资源，还需要实现对贫困户的精准施策。这时，党员干部的"结对认亲"就成为帮助贫困户精准脱贫的关键机制。为了尽快完成脱贫攻坚任务，各部门会选择责任心强、能力强的年轻干部担任第一书记，选派干部组成驻村工作队。扶贫工作队扮演着"信息传递者"和"输送者"的角色，一方面，需要向贫困户宣讲扶贫政策并收集贫困户的信息。另一方面，根据贫困户和贫困村的情况，向相关单位争取资金和技术。

第三是党支部联姻帮扶制度。精准扶贫上升为政治任务后，党组织形式也成为重要的动员机制。凡是设立了党支部的组织，都有义务参与到精准扶贫的工作中来。通过党的方式，不仅党政部门被纳入精准扶贫的实施过程，事业单位、国有企业、社会组织，乃至私人企业都被动员起来参与到精准扶贫的工作之中。主要帮扶方式有：一是组织帮扶村党员培训和学习。二是将单位党支部活动下放帮扶村，包括固定党日活动、月党课、党员座谈会等。三是注入资源，包括资金帮扶、项目承诺或赠送书籍等物品。

2. 跨越地区：东西部扶贫协作

互助县原本就是东西部扶贫协作政策对象之一。东西部扶贫协作是"东西对口扶贫协作"的简称，在20世纪80年代的中央有关文件中大多采用"对口帮扶"或者"对口支援"一词对其加以表述。东西部扶贫协作可以概括为：改革开放以来，党和国家动员组织东部经济相对发达省市，对西部相对不发达地区提供经济、技术、人才等援助，促进贫困地区发展和带动贫困人口脱贫致富的一项战略决策和扶贫政策。作为西部的贫困地区，互助县长期以来接受了辽宁省丹东、朝阳市的东西协作对口帮扶，得到了大力的支援。就援建资金而言，据《互助县扶贫局2014年总结》显示，2014年丹东、朝阳两市援建资金达147万元。

精准扶贫开展以来，为了加大跨区域的动员力度，国家进一步完善了东西部协作政策，相继出台了《关于进一步加强东西部扶贫协作工作的指导意见》（中办国办发〔2016〕69号）和《东西部扶贫协作考核办法（试行）》（国开发〔2017〕6号）。根据国家政策，互助县在东西部协作方面，一是实现了对口帮扶单位的调整。对口帮扶单位由辽宁省丹东、朝阳市，调整为经济发展势头强劲的无锡市新吴区。相比过去得到的援建资金，经济发达的新吴区对互助县的资金帮扶力度大幅度提升。根据文件规定，帮扶地区按照年度的财政收入按6‰的比例转移到被帮扶地区，新吴区2017年财政总收入可达335.33亿元，援建资金超过2000万元。随着地区经济的发展，资金投入还在不断提高。

国务院扶贫办一通报说哪几个省做得好，说帮扶地区的资金帮扶力度都已经超过了3000万了，其他地方没达到的马上就达到了，今年就水涨船高，已经超过4000万了，3000万都不行

了。（访谈资料：X20190918 互助县政府访谈记录）

二是加强了组织建设。作为被帮扶单位，互助县成立了专门的扶贫工作领导小组和办公室，由书记挂帅，显示出对该项工作的重视。同时，制定了详细明确的东西部扶贫协作考核办法。作为帮扶单位，新吴区也成立了对口支援领导小组和办公室，并对领导小组会议召开次数提出了硬性指标。例如规定每季度至少召开一次对口支援领导小组工作例会，每年至少召开一次与互助县的高层联席会议。此外，新吴区还建立了对口援建互助县工作组，制定了相应的管理制度。工作组由新吴区的两名挂职干部组成，是实施东西部协作项目的主要组织力量。

三、政策整合

（一）扶贫问题界定：从区域问题到身份问题

在过去漫长的扶贫历程中，我国反贫政策主要是区域性投放，简而言之就是按照标准选择一定的贫困区域进行重点扶持，比如西部大开发、集中连片特困区开发、老区建设、整村推进等政策。在这种选择视角下，我国圈定了大批贫困县、贫困村，在 2011 年发布的《中国农村扶贫开发纲要（2011—2020 年）》中，我国保留了 592 个扶贫开发工作重点县和 12.8 万个贫困村和 14 个集中连片特困区域。这种整体性的开发式扶贫在过去 30 年里取得了较为显著的工作成效，我国减少了近 7 亿的贫困人口，基本解决了整体性贫困和区域性贫困问题。但从全国来看，原有的扶贫政策在新的发展阶段却有些后劲不足。一是瞄准单位过大，难以解决插花式贫困和深度贫困人群的贫困问题；二是扶贫方式单一，虽然调用了贴息贷款为主的信贷扶贫、区域开发、对口支援等多种政策工具，但本质上仍然是单向的资源投入，没能形成脱贫的内生动力和持续的脱贫能力。

2015年，脱贫攻坚战在全国打响，精准扶贫作为一项重要的政治任务自上而下逐级发包，成为集政治、经济、社会、文化、生态等多个政策领域的综合性、系统性工程。无论是瞄准单位还是扶贫工作方式都更加精细。这反映了我国的扶贫政策在面对农村、农业人口贫困状况的新变化时，扶贫机制上由主要依赖经济增长的"涓滴效应"到更加注重"靶向性"对目标人群直接加以扶贫干预的动态调整①。而这种扶贫模式的改变和政策体系的丰富都从本质上体现了扶贫政策研究者和制定者对贫困和反贫困内涵认识的更新。

这一轮精准扶贫工作以"精准识别"为基础，将评判标准指标化、具体化，对贫困户和贫困村进行精准识别，再针对性地、差异化地制定帮扶政策，引导各类扶贫资源优化配置，实现扶贫到村到户。这轮识别工作的精准性在于：一是让老百姓充分享有知情权、参与权和表决权，充分发挥了老百姓的自主性；二是设置了公开、严格的衡量标准，通过大数据比对确保真实性，并且实行动态调整。对贫困村和贫困户进行精准识别的重要意义在于为精准施策奠定基础，这轮识别覆盖了以往的区域性扶贫政策可能忽略的边缘性贫困村和贫困户。从扶贫政策上来看，绝大部分资金、项目和资源都指定投向贫困村和贫困户，这实际上在贫困村与非贫困村、贫困户与非贫困户之间形成了区隔，赋予了贫困村和贫困户特殊的权利和机会。在精准扶贫政策体系中，贫困问题从农村问题、区域问题转化为身份和权利问题。

---

① 左停等：《精准扶贫：技术靶向、理论解析和现实挑战》，《贵州社会科学》2015年第8期。

（二）精准扶贫政策制定：从中央到地方

2015年11月29日，中央颁布了《中共中央国务院关于打赢脱贫攻坚战的决定》，标志着脱贫攻坚战在全国范围内正式打响。文件指出，我国扶贫开发已经进入啃硬骨头、攻坚拔寨的冲刺期，要求各级党委和政府必须把扶贫开发工作作为重大政治任务来抓，确保2020年全面建成小康社会之前7000多万农村贫困人口全部脱贫，并且把精准扶贫、精准脱贫上升到国家基本方略。

该文件在全国层面搭建了精准扶贫工作框架——首先抓好精准识别、建档立卡这个关键环节；其次按照"六个精准"的要求，使建档立卡贫困人口中有5000万人左右通过产业扶贫、转移就业、易地搬迁、教育支持、医疗救助、生态保护等措施实现脱贫，其余完全或部分丧失劳动力的贫困人口实行资产收益脱贫或者社保政策兜底脱贫；再者，加大对贫困地区交通、水利、电力、互联网、住房等基础设施建设投资力度，破除贫困地区发展瓶颈制约；最后把政府财政、金融政策、土地政策、科技和人才、东西部协作、定点扶贫、社会力量动员作为重要的政策工具和保障机制推进精准扶贫工作。

在精准扶贫的政策中，"形成政策合力"是国家对粗放式扶贫战略模式的一大突破[1]。在精准扶贫过程中，不仅要求看收入问题，还要关注扶贫对象的住房、饮水、交通、教育、医疗和社会保障等方面。这就需要充分调动各部门扶贫参与度，发挥协同作用。从扶贫政策数目看，国家先后发布10个关于《中共中央国务院关于打赢脱贫攻坚战的决定》配套文件，中央国家机关各部门出台101个政策文件

---

[1] 王朝明、王彦西：《中国精准扶贫、瞄准机制和政策思考》，《贵州财经大学学报》2018年第1期。

和实施方案,政策体系不断完善①。从扶贫政策的参与主体来看,提及或制定扶贫政策的国务院直属机构及国家部委等数目总体呈上升趋势。可见精准扶贫政策高度重视统筹协调,基本形成了扶贫攻坚合力。

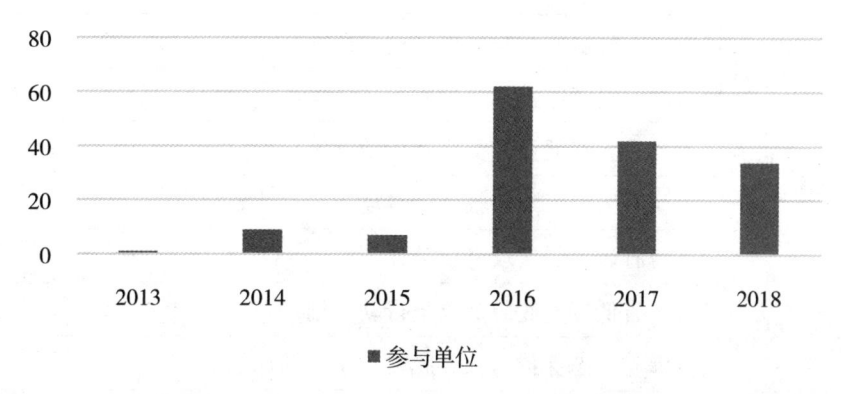

图 2.5 2013—2018 年参与制定扶贫政策主体统计

各省都充分意识到精准扶贫基本方略在国家战略中的重要地位和历史性意义,纷纷响应国家的号令。青海省在 1 个月内迅速结合前期调研,制定了青海省扶贫工作规划,于 2015 年 12 月 25 日颁布了《中共青海省委青海省人民政府关于打赢脱贫攻坚战提前实现整体脱贫的实施意见》,提出青海省"四年集中攻坚,一年巩固提升"的总体部署,并在次年 3 月将其细化为:发展产业、易地搬迁、资产收益、生态保护与服务、转移就业、医疗保障和救助、教育、低保兜底"八个一批脱贫攻坚行动计划",交通、水利、电力、医疗卫生、通信、文化惠民、金融、科技、电子商务和市场体系建设"九个行业部门扶贫专项方案"。随后又将"危旧房改造"纳入行业部门扶贫专项,初步形成了"1+8+10"精准扶贫政策体系。

---

① 杨宜勇、杨泽坤:《习近平精准扶贫思想探究》,《武汉科技大学学报》(社会科学版) 2018 年第 1 期。

表 2.5 "1+8+10" 政策清单

	政策名称
一个实施意见	《中共青海省委青海省人民政府关于打赢脱贫攻坚战提前实现整体脱贫的实施意见》
八个一批脱贫攻坚行动计划	《青海省发展产业脱贫攻坚行动计划》
	《青海省易地搬迁脱贫攻坚行动计划》
	《青海省资产收益脱贫攻坚行动计划》
	《青海省转移就业脱贫攻坚行动计划》
	《青海省医疗保障和救助脱贫攻坚行动计划》
	《青海省教育脱贫攻坚行动计划》
	《青海省低保兜底脱贫攻坚行动计划》
	《青海省生态保护与服务脱贫攻坚行动计划》
十个行业部门扶贫专项方案	《青海省交通扶贫专项方案》
	《青海省水利扶贫专项方案》
	《青海省电力扶贫专项方案》
	《青海省医疗卫生扶贫专项方案》
	《青海省通信扶贫专项方案》
	《青海省文化惠民扶贫专项方案》
	《青海省金融扶贫专项方案》
	《青海省科技扶贫专项方案》
	《青海省电子商务和市场体系建设扶贫专项方案》
	《青海省农牧民危旧房改造扶贫专项方案》

精准扶贫政策从省一级到市一级再到县一级传递的过程中，其核心政策结构没有发生改变。虽然从政策执行过程来看，县级政府只是精准扶贫政策执行链上的重要一环，但随着扶贫资源和事权的下沉，县级政府在整个政策过程中拥有了较大的自由裁量权，即在政策制定、决策和执行中都有极强的自主性。互助县委县政府根据属地管理原则，结合本辖区经济社会发展状况和前期调研的贫困情况，分别制

第二章 | 动员式响应、制度化整合：互助县脱贫攻坚的战略结构

定辖区内的整体脱贫攻坚实施方案，形成了各自辖区内的"1+8+10"政策体系。

其中，"1+8+10"政策体系中的核心文件《互助县精准脱贫攻坚实施方案（2016—2020年）》是"扶贫局[①]结合省市的一些工作要求、县上的实际，以及相关部门的职责制定的"（访谈资料：X20190910 互助发改局访谈记录）；"8"和"10"则分别由对应的牵头单位制定，县扶贫开发领导小组审核通过。

> 首先是通过咱们的下面（各牵头单位）起草，起草了以后，然后是（县扶贫局）反复讨论、酝酿。参加讨论的人员有县上的行业部门、乡镇的（干部）、村书记等等都在里面，然后把这些讨论的结果发给他们（各牵头单位）以后，咱们让他们再修改，修改完以后再上来，再讨论再修改。一个制度最少要4遍。像这个方案的话是通过县扶贫开发领导小组，他们表决之后再来实施。（访谈资料：X20190917 互助司法局访谈记录）

精准扶贫以来，地方财政切块资金增加，互助县整合了大量的扶贫专项资金[②]，这些资金是精准扶贫相关工程最重要的资金来源，由扶贫、发改、民宗等部门负责分配和指导编制年度计划，其使用的流程是：由项目所在乡（镇）审核把关，报县扶贫局审定签字，再报县财政局进行报账核销。扶贫局掌握了重要的资金分配权，也意味着县扶贫局能够从根本上统筹全县精准扶贫工作。通过权力和资源的集

---

① 互助县脱贫攻坚指挥部办公室和脱贫攻坚领导小组办公室合署办公，都设立在扶贫局，三者实际上是一套班子。所以大多数时候扶贫局是代表扶贫开发工作领导小组和脱贫攻坚指挥部的。

② 根据《2017 海东市财政扶贫专项资金管理暂行办法》，本办法所指的财政扶贫专项资金是中央补助和省、市县各级财政预算安排用于支持农村贫困地区、少数民族地区、扶贫产业园、扶贫龙头企业等加快经济社会发展、改善扶贫对象基本生产生活条件，增强自我发展能力，帮助提高收入水平，促进消除农村贫困现象的专项资金。

中，互助县以"1+8+10"政策体系为核心，几乎调动了全县所有职能部门和相关单位，参与到精准扶贫工作中来。在"1+8+10"核心体系之外，充分整合东西部协作、定点扶贫、村集体经济发展、农村综合环境整治等政策资源，服务于互助县脱贫攻坚任务。

（三）精准扶贫政策整合：从碎片化到一体化

早在1984年，互助县人民政府就在县民政局内部设立了扶贫办公室，由民政局局长兼任办公室主任。1993年，互助县被国家确定为"八七扶贫攻坚计划"重点贫困县，随后根据《国家八七扶贫攻坚计划（1994—2000年）》开始了大规模开发式扶贫。互助县首先将扶贫办公室从民政局拆除，并入县计划委员会，与计划委员会合署办公；随后又将其调整为单设机构，成为县人民政府科级行政职能部门，专门成立了互助县扶贫开发办公室。

在这一阶段，互助县将获得的扶贫资金和资源投入到产业发展和基础设施建设等领域，旨在通过资源开发、发展商品生产、移民、劳务输出等方式解决民众的温饱问题，尤其注重通过经济和市场手段改善贫困人口的生存条件，如鼓励发展个体经济、私营经济和股份合作制经济，减免农业税。这一阶段的开发式扶贫以贫困县为单位整体性地解决了温饱问题，但扶贫停留在解决基本生存问题的阶段，且仍有少数贫困人口的温饱问题没能得到解决。

进入21世纪，国务院发布了《中国农村扶贫开发纲要（2001—2010年）》，扶贫单位缩小和精确到贫困的农村地区，国务院扶贫办以贫困村为重点扶贫对象，以整村推进为手段开始了新一轮扶贫工作。互助县制定了《青海省互助土族自治县扶贫开发规划（2001—2010）》，并于2002年将县扶贫开发办公室整体划归县农业局，成为农业局内设机构，这成为互助县扶贫工作真正的起点。起初，由于各方面的限制，"开发"效果并没有达到，实际上仍然停留在救助阶段。

第二章 | 动员式响应、制度化整合：互助县脱贫攻坚的战略结构

2002 年以后就是着力实施这个规划，那个的规划其实搞得大，产业发展、基础设施，方方面面全都有，那个是针对全县的经济发展、社会发展，基本全部涵盖的……但是，那时候就是一些捐款、捐物、捐资什么的，其他扶贫项目资金没有，财政资金也就是给的工资经费，只有运行经费。然后你搞个统计，然后给这些相对这些贫困的那些贫困家庭，那时候就是特困家庭这样的，捐款捐物啊，去资助一下，救济一下，救助一下。其实当时的职能跟民政上那个差不多。（访谈资料：X20190909 互助扶贫局访谈记录1）

实际上从 2002 年到 2005 年，扶贫规划还处于摸底和试验阶段，2005 年之后，随着国家拨付的资金增加、项目增加，扶贫任务也加重了，互助县将原归属农业局的扶贫开发办公室单列出来，成为独立的政府职能部门，人员也翻了一倍，达到 20 人左右。扶贫局以整村推进、产业扶贫、劳动力培训、异地搬迁①为工作抓手。在整村推进阶段，扶贫的对象更加精准，扶贫政策也更加多元，定点扶贫和东西部协作也在这一阶段开始推行。② 省市县各级政府机关和企事业单位都承担了一定的包村任务，部分职工还承担了连户帮扶的责任。2010年，随着东西部对口帮扶体系的调整，互助县成为辽宁省朝阳市、丹东市的共同帮扶对象。朝阳市和丹东市在基础设施建设、易地扶贫、

---

① 当时采用"异地搬迁"的说法，同"易地搬迁"。
② 《中国农村扶贫开发纲要（2001—2010 年）》实施后，2003 年省委、省政府确定省委宣传部、省工商银行、省计生委、省建行、省民航局等 5 个单位分别帮扶互助县 5 个省定贫困乡；海东地委、行署确定海东地委宣传部、团地委、地区政协办公室、畜牧局、文化和广电局、审计局、工会、劳动保障和人力资源局、计生委、邮政局、供电局、建设银行海东分行、中国银行海东分行、财产保险公司海东分公司、海东报社等 15 个单位分别帮扶互助县 15 个地定特困村；128 个县直机关、企事业单位联姻结对帮扶 128 个县定贫困村，548 名股级以上干部及中级以上职称专业技术人员连户帮扶 548 名特困户，当年，各级帮扶单位及个人向贫困村和贫困户提供面粉、大米、化肥、衣物、桌凳、电教设备、水泥、木材等资源和资金。后来这些数据又有一定的调整。

产业发展、美丽乡村建设、教育等方面为互助县提供了大量的扶贫资金，并动员社会各界的爱心人士为互助县贫困户捐款捐物。由此可见，2002年以来的扶贫工作已经广泛调动了体制内资源，教育、科技、国土、电力、水利、农业、卫生、林业等部门也都从各自政策领域支持贫困村整村推进工作，① 这是精准扶贫动员体系的前身，但除了自上而下有限的项目开发外，其他力量主要以物资援助为主，扶贫方式和资源有限；各帮扶对象的资源和目标相对分散，没能形成合力，所以扶贫成效有限。

在学习整村推进阶段的扶贫工作经验基础上，精准扶贫政策的资源力度更大、动员范围更加广泛、帮扶体系更加健全、监督工作更加到位。作为实现2020年全面建成小康社会宏伟目标的重要攻坚战，精准扶贫成为一项全国性的政治任务。从中央到地方进行了一次系统性的政策整合，对各单位和资源的调用已经不只停留在简单的动员阶段，而是将精准扶贫任务通过政策整合转化成一项囊括政治、经济、文化、社会、生态等多要素，基础设施、公共服务、医疗卫生和社会保障以及乡风建设等多领域的综合性工程，通过条块体系和压力型体制嵌入到各级政府、各单位和部门的责任和考核体系中去，在不改变基本政治体制结构的情况下完成了一次社会改造。《中共中央国务院关于打赢脱贫攻坚战的决定》在全国层面搭建了精准扶贫工作框架，列出了脱贫攻坚的多种方式和相关保障措施，在2016年国务院发布的《"十三五"脱贫攻坚规划》中，将脱贫攻坚的主要举措整合为产业发展（农林产业、旅游业、电商、资产收益、科技）、转移就业、易地搬迁、教育、健康扶贫、生态保护、兜底保障、社会扶贫（东

---

① 2008年5月，国务院扶贫开发领导小组办公室与中央精神文明建设指导委员会办公室、教育部、科技部、工业和信息化部、国土资源部、交通运输部、水利部、农业部、卫生部、国家广播电影电视总局、国家林业局、国家电力监管委员会等13个单位联合下发《中央关于共同促进整村推进扶贫开发工作的意见》，要求各级政府相关部门加大对贫困村的整村推进工作力度，并确保在2010年底前完成其规划实施。

西部扶贫、定点扶贫、企业扶贫、军队、社会组织和志愿者、国际交流）八个方面，这几乎调动了所有体制内和体制外资源，全员、全力参与扶贫。

根据自上而下的政策要求，互助县制定了《互助县精准脱贫攻坚实施方案（2016—2020年）》（互发〔2016〕21号），即"1+8+10"体系中的"1"。该方案首先明确了精准扶贫工作的意义和政治地位——"全力推进精准扶贫、精准脱贫，是深入贯彻落实习近平总书记关于扶贫开发系列重要指示精神的战略举措，是党的宗旨的具体体现、人民政府的重要职责、社会主义的本质要求，是贫困群众的最大期盼，是建设绿色、开放、清正、和谐互助的重要内容和紧迫任务。因此，要把脱贫攻坚作为最大的政治责任、最大的民生工程、最大的发展机遇"，这突出了精准扶贫的政治属性和政治站位。

其次，方案确立了脱贫攻坚的分布目标"三年集中攻坚，两年巩固提高"和到2018年实现贫困人口"两不愁、三保障、一高于、一接近、两确保"的整体目标。通过统一目标，将各项任务相关部门的工作目标和工作理念统一到全县扶贫工作上来，凝聚共识，减少部门协调的阻力。再者，要求脱贫规划要精确到村、精确到户，确保一村一策、一户一册，这就使得相关部门可以根据每村每户的规划提供支持，能够将资源精准集中到贫困村和贫困户。同时，扶贫局还根据各乡镇、村和户的实际情况，制定出了全县脱贫攻坚的"路线图"和"进度表"，确保相关部门行动节奏的统一性和一致性。此外，精准扶贫方案使扶贫工作彻底突破了扶贫局，但实际上确立了以扶贫局为第一责任人和指挥者的执行体系，其他单位的扶贫工作由扶贫局统一规划和协调，受扶贫局的监督，扶贫资源也由扶贫局牵头整合和集中分配。互助县精准扶贫成效得益于制定了恰当的规划并充分落实了规划要求，通过上述方式，互助县扶贫局对长期以来"碎片化"的扶贫政策和"碎片化"的扶贫行动体系进行了缝合，切实调动、整合和利用各方力量推动精准扶贫任务的完成。

再次，文件"1"的面向对象包括各乡镇党委、人民政府，县委各部门，县直各单位，绿色产业园管委会，北山景区管委会，农业示范园区管委会，土族故土园景区管委会，省驻县各单位，各科级事业单位，各人民团体。因为精准扶贫是一项需要全体总动员的综合性任务，所以涉及的范围之广是空前的。

最后，互助县又根据项目和行业的不同，将其拆解为"8+10"（共18项）政策，每一个政策由一个主体部门或机构牵头制定和执行，与全县脱贫攻坚行动计划共同构成县级"1+8+10"脱贫攻坚政策包，成为全县精准扶贫工作的纲领性文件。除18项政策之外，各部门也通过东西部扶贫协作制度、包保体系被卷入精准扶贫责任体系。

县委宣传部、县委组织部、县民宗局、县财政局等虽然不承担专项扶贫或行业扶贫任务，但作为支撑性单位，也从自身的工作内容出发，全面参与精准扶贫工作，成为精准扶贫的责任单位，每年完成精准扶贫工作总结。这形成了包绕在"1+8+10"核心体系外围的扶贫政策（如图2.6）。当这些任务被分配到各部门后，针对一些重点任务成立了以分管副县长为组长的领导小组，确保核心任务得到高度重视，如安全饮水工程领导小组。还有一些行业部门的任务虽然没有成立以分管副县长为组长的领导小组，但"1+8+10"政策体系实际上也对其进行了赋权，赋予其要求其他平级部门和乡镇政府配合工作并对其进行考核的权力。这种制度设计能够确保跨部门、跨层级的任务得到落实，加强各部门、各级政府的配合。

从互助县内部来看，"1+8+10"实际上是将各行业扶贫行动上升为县委县政府的意志，便于全县各单位统一工作思想和工作重点，凸显了精准扶贫这一政治任务的重要性。互助县扶贫开发领导小组办公室（扶贫局）成为精准扶贫工作的核心，通过完善的组织体系和监管机制，确保相关单位对精准扶贫任务和扶贫开发领导小组的责任面向。通过建立完整的扶贫政策体系，互助县的政策资源和政策工具得以整合，扶贫政策从碎片化步入一体化阶段。

其他：支撑性政策

"8+10"：八个一批，十大工程

"1"：《互助县精准脱贫攻坚实施方案（2016—2020年）》

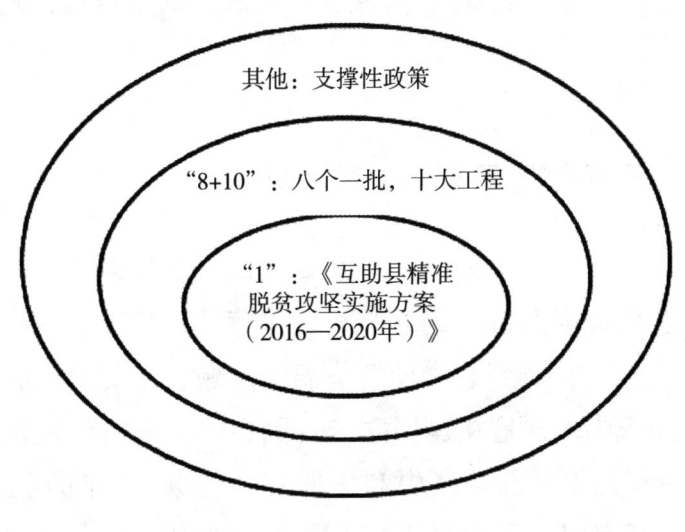

图2.6 "包绕型"扶贫政策结构

四、互助县脱贫攻坚的阶段安排

青海省在"四年集中攻坚，一年巩固提升"的总体部署下，对省情进行摸底排查，安排各县分步脱贫，把88%的县摘帽时间规定在2019年。互助县作为整个海东市六个县中唯一的非国家级贫困县，相对而言脱贫基础较好。2018年互助县和省市对接脱贫计划，决定把互助县初步定位为2018年完成摘帽任务，确定了互助县脱贫"三年集中攻坚，两年巩固提升，到2020年与全国同步全面建成小康社会"的脱贫攻坚总体目标。

为落实目标，互助县扶贫局结合省市工作要求及实际县情，以及每一个部门的职责，通过内部的办公系统，向各个部门发送文稿征求意见，各部门领导与项目负责人针对文稿及本部门实际情况反馈建设性意见，先后形成了《互助县精准脱贫攻坚实施方案（2016—2020年)》和《互助县全面巩固提升脱贫攻坚成果两年行动计划（2019—2020年)》。

（一）三年集中攻坚（2016—2018）

《互助县精准脱贫攻坚实施方案（2016—2020年)》指出，到2018年，实现贫困人口"两不愁、三保障、一高于、一接近、两确保"的目标。"两不愁"，全面解决温饱问题，让贫困家庭不为吃穿发愁。"三保障"，就是在建档立卡贫困户中，全面普及包括学前三年、义务教育九年、普通高中和中职三年的共15年的免费教育[①]，不让一个贫困家庭孩子因贫辍学失学；将贫困人口全部纳入医保范围，总体解决看病就医问题；全面改善贫困群众住房条件，让贫困户住有所居。"一高于、一接近"，就是精准识别扶贫对象人均可支配收入增速高于全县平均水平，2018年全县96%以上贫困人口人均可支配收入达到4000元以上；基本公共服务主要领域指标达到全县平均水平，接近全省平均水平。最终实现"两确保"，即确保现行标准下贫困人口实现脱贫，确保118个贫困村全部退出。2016年，互助县实行了挂图作战，围绕118个贫困村，48523名贫困人口的精准脱贫目标任务，制定了2016—2018年的"作战图"。

（二）两年巩固提升（2019—2020）

《互助县全面巩固提升脱贫攻坚成果两年行动计划（2019—2020年)》指出，2019—2020年的目标是持续巩固脱贫攻坚成果，稳定提

[①] 《青海省15年免费教育补助资金管理办法》所称15年免费教育，是指从2016年春季开学起，完善城乡义务教育经费保障机制，对六州所有学生和西宁、海东两市贫困家庭学前三年、义务教育九年、普通高中和中职三年实施15年免费教育。

高脱贫质量,确保全县未脱贫人口全部脱贫。在巩固提升脱贫攻坚的基础上,注重脱贫攻坚与实施乡村振兴战略相互衔接,注重脱贫攻坚与"一优两高"①战略协同推进。

在2019年内,高质量完成全县绝对贫困"清零"目标。到2020年底,实现贫困人口人均可支配收入增长幅度高于全县平均水平,脱贫群众稳定持续增收,逐步达到富裕。脱贫户年人均可支配收入增幅不低于9%,综合贫困发生率控制在1%以内。完善基础设施,基本公共服务领域主要指标接近全县平均水平。力争为乡村振兴战略奠定坚实基础,建设"产业兴旺、生态宜居、乡风文明、治理有效、生活富裕"的社会主义新农村。

五、小　　结

实施精准扶贫面临着严峻的困难和挑战。因此,在基层治理能力薄弱的情形下,"政治动员"成为中国有效实现政策目标的关键机制。以高位推动作为政治动员的核心机制,首先体现在从中央到地方对精准扶贫自上而下的积极响应。随着精准扶贫任务的提出,每一级政府都建立了严密高效的组织形式。其次,随着精准扶贫成为"书记工程",精准扶贫的政治地位得到提升。在科层制压力之下,作为政治任务的精准扶贫一跃成为地方政府的中心工作和头号工程。

在高位推动下,党政系统内的所有资源也被动员到精准扶贫的目标达成过程中。为了高效利用这些被动员起来的大量资源,互助县需在原有的分散的扶贫体制之下,实现"制度化"。制度化的过程主要

---

① 一优是指坚持生态保护优先,两高是推动高质量发展,创造高品质生活。2018年青海省委十三届四次全体会议作出的"一优两高"战略部署具有时代意义和现实意义。

包括两个维度。首先是扶贫组织的整合，互助县重构了复杂的扶贫组织体系。从纵向组织结构看，互助县强化了县、乡两级的扶贫机构的专业性，并采用负责人挂帅的高位推动方式，建立了从县到村"一竿到底"的县级脱贫攻坚指挥部体系。为了提高指挥部成员单位的组织力量，互助县从集结精兵强将和强化能力建设这两个方面着手解决组织保障问题。从横向组织结构看，互助县成立了扶贫开发领导小组，通过召开领导小组会议、高位推动等方式，动员各个部门共同参与到扶贫工作之中。为了将被动员的大量资源精准、有效地投入到扶贫对象中，互助县成立了超越科层体制的组织体系。一是地方行政系统内部构建的复杂的包保制度，主要由部门包村、干部包户、支部联姻等三个方面构成。二是东西部扶贫协作制度，互助县成立了专门的扶贫工作领导小组和办公室。其次是扶贫政策的整合。互助县通过构建"1+8+10"的政策体系，确保了各个部门政策制定的统一性和一致性，整合了扶贫领域的政策资源和政策工具，形成了强大的扶贫政策合力。

第三章

复杂目标体制化分解：多重目标何以系统化

精准扶贫虽然看上去是一个资源分配上的问题，但是它的背后同时涉及政治性问题。为人民服务、追求共同富裕本就是中国共产党使命。精准扶贫一经提出，就以政治的高度，成为政府部门必须完成的一项政治性任务。但是没有任何一个政府部门的原有目标是实现如此庞大、复杂和多样性的扶贫任务，因此精准扶贫的实施是从动员到制度化的一个过程。当扶贫目标与部门原有目标产生差异时，就必须通过自上而下的目标拆解方式实现目标清晰化。精准扶贫目标在互助县是按照时间、横向部门间、纵向层级间拆分为3个维度得以在体制内明确化，且不偏离部门原有目标任务。

一、总体目标："县摘帽"

2015年，互助县建档立卡贫困村118个，精准识别贫困户1.3万余户、4.8万余人，贫困发生率14.1%，脱贫攻坚任务十分繁重。为了尽快实现"县摘帽"，2016年至2018年，互助县要实现贫困人口"两不愁、三保障"目标。"两不愁"，即全面解决温饱问题，让贫困家庭不为吃穿发愁。"三保障"，即在建档立卡贫困户中，全面普及15年免费教育，不让一个贫困家庭孩子因贫辍学失学；将贫困人口全部纳入医保范围，总体解决看病就医问题；全面改善贫困群众住房条件，让贫困户住有所居。到2020年，农村生产生活条件明显改善，基本公共服务水平大幅度提高，农民自我发展能力显著增强，脱贫攻坚质量和巩固成效显著提升。

互助县在"摘帽"过程中也同步关注助力乡村振兴这一派生目标。由于2018—2020年精准扶贫和乡村振兴存在三年交汇期，通过深化乡村振兴可以进一步带动乡村经济社会的可持续发展，促进解决相对贫困的问题。乡村振兴实施内容的覆盖维度是精准扶贫覆盖维度的有机延伸。互助县通过精准识别和八个一批①来推动精准脱贫任务的有序展开，而乡村振兴战略除了精准扶贫方略重点关注到的"生活保障"维度，还关注到了"发展保障"维度。完成精准扶贫可以为乡村振兴夯实发展基础。

所以，实现互助县"摘帽"总体目标的核心任务即完成"两不愁、三保障"和助力乡村振兴。

（一）总体目标的技术分解：村出列、户销号

互助县脱贫"摘帽"总体目标的实现，依赖于纵向层级间目标体系的拆解分配。"县摘帽"由县级指标和"村出列"指标构成；"村出列"由村级指标和"户销号"指标构成。

1."村出列"

互助县为完成"摘帽"目标，首先必须实现"村出列"。贫困村退出以贫困发生率为主要衡量标准，统筹考虑村内基础设施、基本公

---

① 八个一批：发展产业脱贫一批、易地搬迁脱贫一批、资产收益脱贫一批、转移就业脱贫一批、医疗保障脱贫一批、生态补偿脱贫一批、发展教育脱贫一批、低保兜底脱贫一批。

共服务、产业发展、集体经济收入等综合因素。

首先，保障贫困发生率低于3%。这是在完成贫困户脱贫销号目标基础上实现的，所以首先要保障精准识别，完成贫困户真脱贫。其次，有村特色产业和集体经济。每个村可选择一个有一定发展基础和潜力的优势产业，作为村级扶贫产业进行扶持，采用"企业+专业合作社+农户"或"专业合作社+农户"方式，鼓励创新机制循环使用扶贫资金，滚动放大发挥扶贫效应，培育并做大做强扶贫产业，增加贫困村及贫困户收入。再次，完善基础设施，服务于产业发展和生活。县交通局、水务局、供电公司等部门积极参与扶贫工作，保障人们正常的生活和生产工作。最后，实现贫困村有标准化卫生室和村级综合办公服务中心，重视社会民生问题，提升公共服务水平。

2. "户销号"

贫困户脱贫销号是实现贫困村出列的前提保障。互助县2018年在国家和青海省制定的统一退出标准和程序基础上，结合实地发展情况，进一步完善补充贫困户脱贫目标。

首先，贫困户年人均可支配收入稳定超过国家扶贫标准。根据"两不愁"整体目标导向，增加了"稳定"两个字。强调收入不仅要满足吃饱穿暖需求，且要使脱贫效果具有可持续性。不能只有一时之间的收入，而是要有稳定的收入，收入还要能够吃饱穿暖，使得脱贫效果具有可持续性。在这一目标下，村两委和驻村工作队开展精准识别，将贫困户分为有劳动能力家庭、无劳动能力或部分丧失劳动能力家庭，确保扶真贫。对于完全或部分丧失劳动能力、生活自理能力的家庭，享受农村低保政策，可获得A类或B类低保金。有最低生活保障，视为有稳定的收入。对于有劳动能力家庭，要通过依靠种植、养殖、务工、商铺或其他途径实现获得稳定性收入目标，有意愿的劳动力（含两后生）要在就业局的指导下参加职业教育或技能培训。总之，贫困户（不含低保兜底户）至少有一项产业。这是互助县在国家和省市脱贫标准之上的新增标准，目的是保证产业发展的持续性，防止产业中断导致后续出现大规模返贫现象。

其次，为了实现"三保障"目标，"户销号"需要做到安全住房有保障；义务教育阶段学生无因贫辍学；确保建档立卡户贫困人口参加城乡居民基本医疗保险比例达到100%。

综上，"县摘帽"在技术维度上首先要在"两不愁、三保障"的总体目标指引下实现"村出列"和"户销号"。具体做到通过精准识别和产业发展确保稳定收入；通过完善基础设施保障住房安全；通过公共服务的覆盖保障医疗、教育的普及。

（二）总体目标的时间维度："三年攻坚，两年巩固"

脱贫攻坚战是一场极其重要而且极为艰苦的长期战役。2015年互助县领导和省市对接脱贫计划，确定了互助县"摘帽"的总体思路为"三年集中攻坚，两年巩固提升"，分步推进实施。按照时间序列目标任务划分为：2016—2018年，通过集中力量攻坚，实现贫困人口"两不愁、三保障"目标。2019—2020年，通过集中扫尾、巩固提升、长效机制建设，补齐脱贫指标和小康指标的差距，为与全省同步实现全面建成小康社会目标创造必备条件。而所有目标得以有效实施的前提是做好精准识别工作。由此，复杂的脱贫攻坚目标可以依据时间维度划分为三大阶段，如表3.1所示。

表3.1 互助县脱贫攻坚目标的时间序列体系

时间段	2015.10—2016.03	2016.03—2018.12	2019.01—2020.12
核心目标	精准识别	三年集中攻坚	两年巩固提升
按照横向部门和纵向层级进行目标的体系化拆解	互助县贫困人口识别的程序是自下而上按照纵向层级推进。 (1) 农户：自愿申请。 (2) 村两委和驻村工作队：入户按照"五看法"和"八不准"的原则进行实际比对，针对符合条件的农户申请召开评审委员会，并把评议结果名单在村里一榜公示和上报乡镇政府。 (3) 乡镇政府：根据各村上报的初选贫困户名单核实贫困户是否占三条红线，并二榜公示，上报县扶贫开发领导小组办公室。 (4) 县扶贫开发领导小组办公室：复审，公告，并录入国家扶贫开发业务管理系统。	实现县"摘帽"总目标的核心是村出列。以"村"为单位按照条块结构对"两不愁、三保障"目标进行体系化拆解。 两不愁：增加村、户收入 (1) 发展多元产业：以县各行业部门和东西部协作单位为资金与技术来源主体，以驻村工作队和村两委为执行主体。 (2) 培训职业技能：县教育局、就业局分别发挥职业教育和县职业培训中心统筹管理作用，将城乡劳动力技能促就业计划统筹纳入当地贫困劳动力培训计划。 (3) 开发公益性岗位：县林业局、新农办、交通局等分别设置护林员、保洁员、园林绿化及管护员、公路养护员等其他公益性岗位。 (4) 提供金融服务：县财政局、人民银行互助支行牵头建立精准扶贫金融服务档案。由贫困户、各类经营主体提出申请，扶贫部门认定，主办银行发放贷款。主要包括互助资金和530贷款两种。 三保障：提升公共服务水平 (1) 普及教育，因贫失、辍学"零"发生。县教育局和民宗局配合做好"控辍保学"工作。 (2) 加强贫困人口医疗救助：由县医保局负责，实现"四优先"和"十覆盖"。 (3) 危房改造：由住建局牵头负责。 由此，将"两不愁、三保障"目标以村为单位在各个部门和各个层级之间明确化。 最后，实现"村出列"指标还需要做到： (1) 完善基础设施：县交通局、水务局、国网互助县供电公司等相关行业部门相互配合，方便村、户的生产生活。 (2) 落实最低生活保障制度：由县民政局负责，在精准识别大数据的基础上，做到应保尽保。 最终将三年攻坚任务横纵向拆解清晰。	2019年5月15日，互助县完成了脱贫攻坚任务，实现了"县摘帽"目标。其后，两年巩固目标转变为两个方面： (1) 通过集中扫尾、巩固提升、长效机制建设，补齐脱贫指标和小康指标的差距，为与全省同步实现全面建成小康社会目标创造必备条件。 (2) 重视"扶志"。主要包括：由县宣传部牵头，民宗局和文体旅游局配合，由乡镇、村级干部主持开展"六学六育"宣讲；乡镇指导、村级主导成立红白理事会和修订村规民约。开展移风易俗活动助力精神脱贫。

当用动员的方式去实现多目标的时候,实际上就是把更多部门的目标纳入扶贫体系中来。最终将动员性目标拆解为条块结构下每一个部门、每一个层级,甚至每一个扶贫干部、每一个人的目标,进而将精准扶贫这一复杂多重目标沿着时间、横向部门间和纵向层级间3个维度自上而下拆解,使其具有明确性和可行性。

二、"精准识别":"情"与"理"的耦合

互助县的精准识别工作也是一个探索的过程。自2015年开始,从之前的模糊识别,到通过"五看法""八不准"和"特殊情况灵活处理"等方法过渡到了精准识别。抓好精准识别、建档立卡这个关键环节,为打赢脱贫攻坚战打好基础,为推进城乡发展一体化、逐步实现基本公共服务均等化创造条件,是首要任务。

(一)2015年之前识别"瞄偏":民主评议的"人情"所致

费孝通提出,中国社会是一个"熟人社会",人与人之间通过私人关系联系起来,构成一张张关系网。这种社会格局就是一种"差序格局",在差序格局中,血缘、家庭亲属、私人关系、人情在传统农村社会发挥着极大的影响[1]。基层干部在执行精准识别机制的过程中会受到差序格局影响,从而加入个人以及社会的"人情"色彩,导致精准识别机制在落实过程中产生了政策的变通执行。这些农村社

---

[1] 费孝通:《乡土中国》,人民出版社2008年版。

会的血缘、家族、私人关系等构成了精准扶贫中的"情"①。

基层干部将扶贫资源作为一种村庄治理与维护的手段，通过对扶贫资源的整合和利用来维护村庄的治理，从而便于推行由上级下达的其他政策任务。这也是农村扶贫政策在执行过程中，由于基层治理资源匮乏而导致的政策执行违背政策设计初衷的变通执行现象。例如，村干部为了政策实施的便利，往往会将有限的"贫困户"名额给予村内与村干部有利益牵连的农户。产生这一现象的原因可以追溯到村级层面精准识别民主评议的过程。以互助县五峰镇 2015 年之前的识别过程为例，可以看出贫困对象识别的模糊性。

> 建档立卡户在 2014 年就已经出来了，已经把贫困户的档案资料已经建起来了，但是那时候没有配套政策，没有资金支持，最后只是做了一个档案。而且那个时候村上没有具体的识别方案，就是村上评选出来的。大家一开会就说给选个贫困户，大家举手表决。也没有具体的标准，评选出来只能叫建档立卡，不能叫精准识别。（访谈资料：Z20190917 互助五峰镇访谈记录）

在贫困户识别过程中，民主评议是为了修正贫困户综合考核结果，2015 年之前互助县普遍做法主要采用举手投票方式进行。如果所有参与民主评议的人员都是公平公正的，则投票结果也是公平公正的。现实情况是村民的参与程度不高，参与民主评议的人员多数因亲友关系而具有偏向性，熟人社会规则发挥主导作用，从而导致识别结果的偏离。

---

① 余梦洁、丁东洋：《情与理的耦合：精准识别的基层实践逻辑与案例分析——以江西省 X 县实践为例》，《中国农业资源与区划》2018 年第 4 期。

（二）2015 年之后精准识别："情"与"理"的有效结合

1. 互助县精准识别的"理"："五看法"+"八不准"

2015 年 10 月 16 日，习近平总书记在 2015 减贫与发展高层论坛上强调中国扶贫工作实施精准扶贫方略。互助县原有识别结果的偏离使得 2015 年 10 月驻村工作队进驻贫困村后，又重新开启了一轮贫困户识别工作，"我们下去以前已经有个贫困户的名单，但是当时下去以后这些全部推翻了，没做任何的参考。"（访谈资料：X20190909 互助扶贫局访谈记录 1）这项工作持续至 2016 年的年初。本轮精准识别有着严格的评定标准、评定流程以及组织规范，识别出需要救助的困难农户是精准识别机制制定的初衷。这些因素构成了精准扶贫中的"理"。精准识别流程是纵向层级间相互配合的过程，如图 3.1 所示。

驻村工作队开展精准识别的第一步即进行入户摸底调查和宣传动员。

> 精准识别，因为这个工作比较杂，牵扯到的是挨家挨户的老百姓，你首先第一个要开始就是入村入户去调查家里的事，你要每家每户情况也了解到。第二个你要宣传动员老百姓，要讲清楚精准扶贫到底是怎么回事。派出第一书记工作队到村上，他们是来干什么来的，你要让老百姓要知情。然后党中央的政策，国家省市这个政策，这些都要给他们宣传到。这些基本工作搞完之后，还牵扯到一个培养和群众感情的问题，你如果在村上不吃不住，经常不打交道，老百姓都不认识你，更别说支持这份工作了。（访谈资料：X20190909 互助扶贫局访谈记录 2）

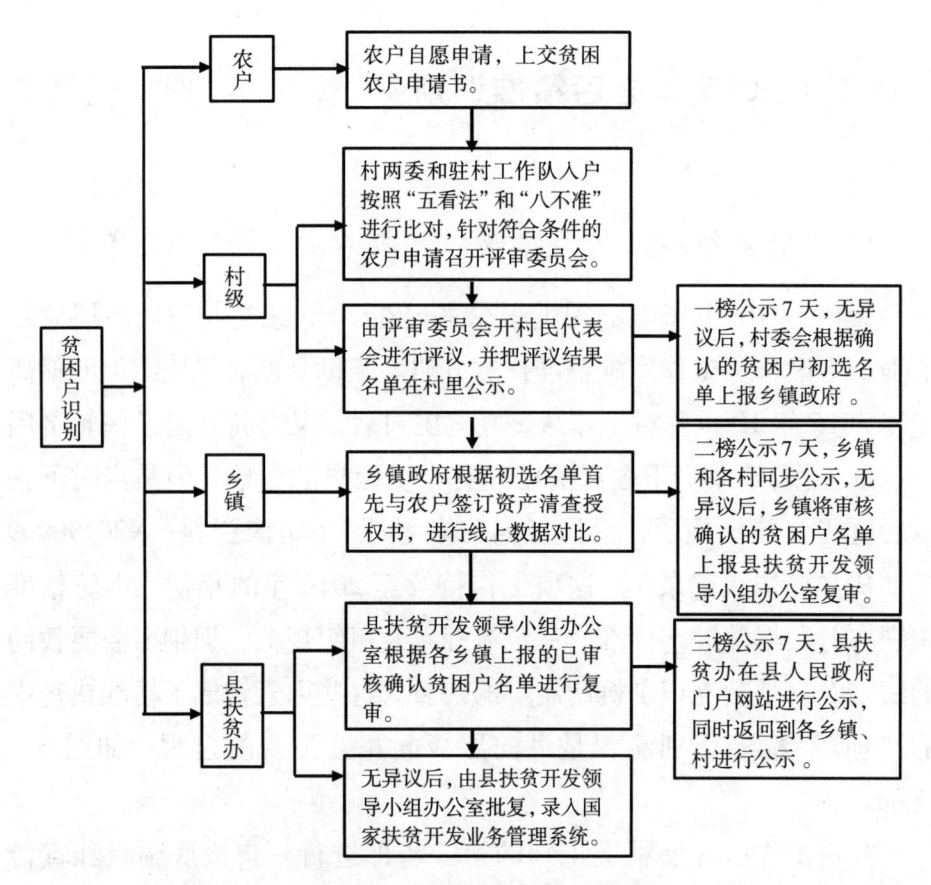

```
贫困户识别 ──┬── 农户 ──→ 农户自愿申请，上交贫困农户申请书。
             │
             ├── 村级 ──→ 村两委和驻村工作队入户按照"五看法"和"八不准"进行比对，针对符合条件的农户申请召开评审委员会。
             │        └→ 由评审委员会开村民代表会进行评议，并把评议结果名单在村里公示。 ──→ 一榜公示7天，无异议后，村委会根据确认的贫困户初选名单上报乡镇政府。
             │
             ├── 乡镇 ──→ 乡镇政府根据初选名单首先与农户签订资产清查授权书，进行线上数据对比。 ──→ 二榜公示7天，乡镇和各村同步公示，无异议后，乡镇将审核确认的贫困户名单上报县扶贫开发领导小组办公室复审。
             │
             └── 县扶贫办 ──→ 县扶贫开发领导小组办公室根据各乡镇上报的已审核确认贫困户名单进行复审。 ──→ 三榜公示7天，县扶贫办在县人民政府门户网站进行公示，同时返回到各乡镇、村进行公示。
                          └→ 无异议后，由县扶贫开发领导小组办公室批复，录入国家扶贫开发业务管理系统。
```

图 3.1 互助县精准识别流程图

入户摸底调查主要遵从两个原则：一个是青海省提出来的"五看法"①，另一个是互助县为确保识别精准，创新加码制定的"八不准"。"五看法"即依照"两不愁、三保障"而制定：看粮食、看发展技能，确认家庭是否吃穿不愁；看房、看学生郎、看是否有病人躺在床，来确认是否满足住房、教育和医疗保障。"八不准"可归为四类情况不准纳入贫困户范围。第一类是家庭收入达到稳定及以上水平的，例如县城、集镇建（购）商品房的；拥有非生活必需的高档消费品的，如小汽车、大型农用车、工程机械、高档电器等；家庭成员

---

① 五看法：先看房；次看粮；再看学生郎；还要看技能强不强；最后看残疾病重躺在床。

中有在国家机关、事业单位、社会团体等由财政部门统发工资的，或在国有大中型企业工作，收入较稳定的。第二类是家庭成员含有公职人员的，例如现任村两委干部或其家属的；家庭成员有担任私营企业及各类专业合作社负责人的。第三类是家庭成员品行不端者，例如因赌博、吸毒、好逸恶劳等原因致贫的；法定赡养、抚养人具有赡养、抚养能力，但拒不履行赡养、抚养义务的。第四类是家中长期无人，无法提供其实际居住证明的，或长期在外打工，人户分离的。通过"五看法"和"八不准"完成农户摸底情况。

开展精准识别的第二步即通过民主评议和群众大会核实，以此确定贫困户初选名单。具体过程以访谈中蔡家堡乡的东家沟村为例：

> 就是每家每户派一个代表，然后我们在村上搞民主评议大会。当时我在东家沟村——那是第一个我驻的村。当时去的时候，我们设计了一张表投票，匿名投票。按照县上给本村的指标是50户，我们对所有家庭情况困难的进行初选，根据收入和老百姓推荐结果把所有人从条件最差的开始往上排，按照投票的顺序，选择50户最困难的，然后进行公示。（访谈资料：X20190909互助扶贫局访谈记录2）

但是民主评议会也并非都是一次就能确定贫困户名单，如果群众对公示结果无异议，即可确定，但是如果群众对第一次公示结果不满意，则需要二次民主评议会的召开。东家沟村即是如此。

> 又召集群众过来，然后你再认为还有这50户里面没纳进来的，你再推荐。这里面你觉得不应该放进去的，我们投票可能有误差，你认为应该踢出去的，让老百姓自己选。（访谈资料：X20190909互助扶贫局访谈记录2）

二次民主评议中，对于50户中排序后面那两户条件相对比较好的，老百姓意见比较大，所以二次民主评议公示改为48户名单。

开展精准识别的第三步即驻村工作队针对公示名单再次入户核实。

> 我们这两次评议完之后，然后我们村上再进行核实，把这些初选名单一户一户的再核一遍，确确实实符合我们的扶贫标准，收入低于当年标准。（访谈资料：X20190909 互助扶贫局访谈记录2）

经过这种反复核实确认，最终将名单逐级上报至县扶贫开发领导小组办公室，县级审核无异议后出公告在全县公示，并将贫困户信息录入全国扶贫开发信息系统中。

2. 互助县精准识别的"情"：特殊情况灵活处理

绝对贫困户的评定往往不会产生异议，但相对贫困户往往是精准识别过程中的复杂工作。那些家庭人均年收入略超过贫困线划定标准的相对贫困户目标群体大，扶贫资源又具有有限性。由此所产生的"不公平"感可以解释为农民对稀缺扶贫资源的争夺，"落选"农户也会对这种分配不均表现出失望和相对剥夺感。因此，相对贫困户的评定往往会导致基层干部对政策的变通执行。这体现为国家行政秩序与传统农村秩序的嫁接，也是基层干部将政策之"理"与农村社会之"情"相结合的政策执行方式。

> 精准识别过程中，怎么样识别他成为是贫困户，到底是年收入界定多少。比方说是刚开始是界定2700，2699就是了，2701就不是了，这两块钱之差这个怎么办？其实很多时候，咱们执行的人也有很多疑问都经常来问应该怎么搞。在具体考量的过程中

还得看实际情况对吧？你即便是2710，如果家庭困难确实有问题，大家开个会把他拉进来。如果他今年的收入就算是低了，但是他的家庭生活水平还是可以的，那么我觉得这个还是应该把他排除在外。（访谈资料：X20190909 互助扶贫局访谈记录2）

但是具体的剔除过程会有会议记录、投票存根等证据存档，以便后期对被剔除老百姓进行解释。

另外，识别过程中特别开发"征信系统"针对"胡搅蛮缠"老百姓做思想工作。扶贫对象识别过程中总有一些老百姓"见不得别人好，认为别人有的，我也要有"。针对这种情况，扶贫干部首先对百姓进行政策解释，如果还是存在不满情绪，就启用"征信系统"。让那些自认为符合贫困户条件的百姓写承诺书和资产清查授权书，上报县级进行清查。如果不符合要求，即影响家庭信用，对以后看病、学生上学、参加考试各方面都影响比较严重。先给他讲一下这个事情的严重性，然后让他心里面有一个顾虑，就是说你要胡搅蛮缠的话，是这样，但是实际上操作不一定会去这样做。（访谈资料：Z20190912 互助五十镇扶贫访谈记录2）

同时，针对落选农户也会做好"感恩教育"思想工作。

实际上我们搞精准扶贫不是说仅仅是针对贫困户的。比如说区域性的基础设施，还包括危房改造，非贫困户也在路上走，村里通了这个路灯你也享受到，村里搞了高原美丽乡村，你也享受到。你比如说九年义务教育，贫困户有非贫困你也有。我们讲一讲他得到的。另一方面就是针对年龄大一点的做对比，以前你是什么生活状况。交纳粮食税什么的，现在国家反过来给你钱。虽然我们是一个少数民族偏远地区，但是我们以前是什么样一种生活方式，现在是什么生活方式？你要知道感恩。（访谈资料：Z20190912 互助五十镇扶贫访谈记录2）

以此缓解落选农户的不公平感。

所以精准识别除了依靠固定规则外，还需要扶贫干部灵活多样的工作方式。为此互助县各个村特别成立评审委员会，人员包括工作队、村两委，还有一些是村上德高望重的一些老党员。评审委员会起了很大的一个作用就是居中协调。比如说"八不准"中规定家中长期无人、无法提供其实际居住证明的，或长期在外打工、人户分离的不准纳入贫困户识别范围中，但是在访谈中也有谈到这样一个特殊案例。

> 像我们当时去（入户摸底）的时候，有一户人家，他一开始的时候经常在外打工，家里面基本上只有孩子，他媳妇在家里面。当时我们去家里几次都没见到人，他媳妇带着娃娃回她娘家了。最后给打电话，然后他一直顾不上回来。他家条件确实还挺困难的，房子也不太好。我们一开始的时候没有纳进来，后面就是村上的一个人，他对这家情况特别了解，他说这家就是常年生病，一直在吃药，然后到我们村委办公室给我们专门反映这个事情。后面我们村上就把这个人又纳到里面了。因为有时候，对外出务工的一些家庭，你可能开会叫不过来，但是我们还是要积极主动地去了解他们家里的情况，确实家庭有困难，老百姓又同意，我们评审委员会还要平衡。我们当时村上的工作还是比较细一点。（访谈资料：X20190909互助扶贫局访谈记录2）

通过"情"与"理"的有效结合，将应该纳入贫困户名单的家庭如数纳入，不仅保障了老百姓的参与权和知情权，也借助老百姓对村上各家各户情况的了解，通过民主评议和反复核实，确保识别结果的精准性。

（三）从模糊到精准：工作机制的转变

1. 全国扶贫开发信息系统提高核查可靠度

完善扶贫开发信息系统，建立大数据平台，提高对贫困户财产、收入和消费等信息核查的可靠性。2014年完成建档立卡工作，全国建设统一的应用软件系统——全国扶贫开发信息系统，如图3.2所示[①]。相关数据录入系统，联网运行，实现动态管理。已联网运行的数据是以户口簿为基本单元建立的，主要包括贫困户社会关系信息、收入支出信息、房产信息、银行储蓄信息、投资信息、借贷信息、各类保险业务信息、治病医疗信息、就业信息、就学信息、购物消费信息、出行信息、刑事处罚信息，为贫困户精准识别和精准帮扶提供依据和决策支持。

2. 分类识别提高准确性

2015年之前，互助县针对扶贫是整村推进，"他是村里边贫困比例达到70%，70%的贫困面就是搞整村扶贫，整村推进项目。当时的70%识别是粗略的识别，没有这么详细的。"（访谈资料：X20190911互助教育局访谈记录）

2015年底互助县精准识别建档立卡贫困村118个，贫困户13796户，贫困人口48523人。经过三年动态调整，全县实有建档立卡贫困户12626户43678人。"现在精准扶贫的最大的受益就是说兼顾到户，这个工作就细致，更加精准，就突出一个精准识别。"（访谈资料：Z20190917互助五峰镇访谈记录）将贫困户的致贫原因进行分类总结为表3.2。

[①] 郑品芳、刘长庚：《贫困户精准识别困境及识别机制构建》，《经济地理》2018年第4期。

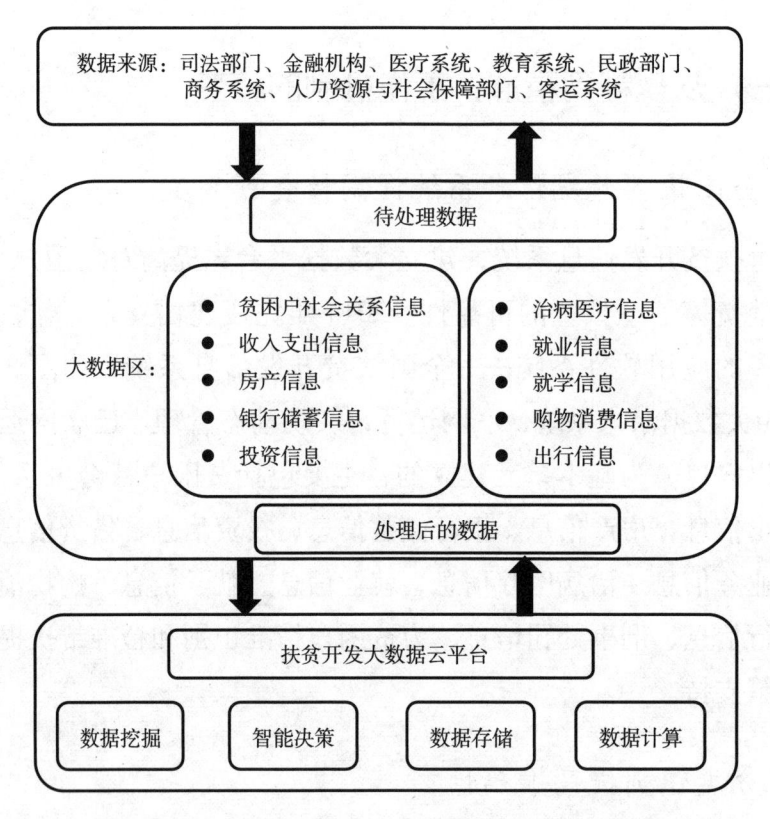

```
数据来源：司法部门、金融机构、医疗系统、教育系统、民政部门、
         商务系统、人力资源与社会保障部门、客运系统
```

```
                        待处理数据

大数据区：  • 贫困户社会关系信息      • 治病医疗信息
           • 收入支出信息            • 就业信息
           • 房产信息                • 就学信息
           • 银行储蓄信息            • 购物消费信息
           • 投资信息                • 出行信息

                        处理后的数据

                    扶贫开发大数据云平台

         数据挖掘    智能决策    数据存储    数据计算
```

图 3.2　贫困户精准识别大数据云平台示意图

表 3.2　互助县贫困人口精准识别结果统计表

致贫原因	贫困户数	占比
因病致贫	2756	22.9%
因缺技术致贫	2522	20.7%
因残致贫	2004	16.4%
因缺资金致贫	1879	15.4%
因学致贫	1140	10.3%
因缺劳力致贫	1300	6.5%
因自身发展动力不足致贫	610	4.5%
因灾致贫	200	1.6%
因其他原因致贫	215	1.7%
合计	12626	100%

资料来源："互助县脱贫攻坚工作情况介绍" 2019 年 9 月 9 日。

从表中可以看出，互助县致贫的主要原因是因病因残、缺乏资金和技术。分类识别是为了更好做到精准帮扶。针对识别出来的以上致贫原因，互助县有针对性地做好产业扶持和技能培训，以及医疗保险和兜底保障等工作。同时也注重教育扶贫的重要性，避免贫困的代际传递。

3. 民主评议："地方性知识"的整合

2015年之前民主评议的举手投票表决中，熟人社会规则发挥主导作用。2015年之后民主评议机制有了更完备的监督和追责体系。现有贫困户认定机制是"农户申请、民主评议、公示公告和逐级审核的方式"，其中民主评议的目的就是为了防止个人申报时造假、防止乡村干部权力寻租。相比之前，不仅有了"五看法""八不准"的量化识别标准，而且配合以"征信系统""感恩教育"等思想引领工作，互助县评审委员会的居中协调、监督审核，使得互助县现有的识别工作更加公正公开和精准有效。

（四）作为精准帮扶保障的"精准识别"

扶真贫必先识真贫。精准扶贫有别于过去的扶贫开发，它重点在"精准"二字。实现精准扶贫、精准脱贫，精准识别是前提与保证。通过合规的程序，了解贫困状况，分析致贫原因，摸清帮扶需求，为扶贫开发瞄准对象提供科学依据，才能有效地保证后续项目安排精准、资金使用精准、措施到位精准、因村派人精准和脱贫成效精准。总之，实施"精准扶贫"，首先要"精准识别"。

2015年之后这轮识别工作的精准性在于：一是设置了公开、严格的衡量标准，通过大数据比对确保真实性，并且实行动态调整。二是让老百姓充分享有知情权、参与权和表决权，充分发挥了老百姓的自主性。"因为我们群众工作，你虽然说是有一个很明确的标准，但是干部是没法定的。所以只能是通过民主评议,群众的眼睛是雪亮的,因为他们也在村上比较的各家各户的情况都非常了解,所以还是他们推选出来的,应该是比较准确的,我们还是要依靠群众的力量。"(访谈资料:X20190909 互助扶贫局访谈记录2)对贫困村和贫困户进行精准识别的重要意义在于为精准施策奠定基础,这轮识别覆盖了以往的区域性扶贫政策可能忽略的边缘性贫困村和贫困户。互助县在 2015 年精准识别的基础上制定三年集中攻坚脱贫任务计划表如表 3.3 所示。

表 3.3 互助县精准脱贫年度计划表（单位：个、户、人）

乡镇	行政村数	农业人口 户数	农业人口 人数	2015年建档立卡基数 贫困村数	2015年建档立卡基数 贫困户数	2015年建档立卡基数 贫困人数	2016年减贫任务 脱贫村数	2016年减贫任务 户数	2016年减贫任务 人数	2017年减贫任务 脱贫村数	2017年减贫任务 户数	2017年减贫任务 人数	2018年减贫任务 脱贫村数	2018年减贫任务 户数	2018年减贫任务 人数
合计	294	89998	360643	118	13796	48523	28	2758	9507	43	5883	20718	47	5155	18298
东和乡	17	4669	17602	8	1323	4743	2	256	865	4	647	2413	2	420	1465
东沟乡	16	5271	21732	8	868	2699	2	188	593	2	420	1353	4	199	585
南门峡镇	14	5137	19659	7	826	2851	2	301	1084	3	316	1151	2	209	616
林川乡	21	6541	24978	10	934	3087	2	112	340	5	493	1632	3	390	1283
巴扎乡	8	1274	5250	3	172	557	0	39	122	0	30	82	3	103	353
东山乡	12	2905	11362	5	430	1504	0	75	252	1	114	390	4	241	862
哈拉直沟乡	13	4266	16678	5	859	3112	1	125	483	2	278	963	2	456	1666
高寨镇	8	3780	14935	0	237	935	0	10	37	0	87	321	0	140	577
西山乡	17	4852	18989	7	803	2998	4	348	1278	2	218	817	1	237	903
威远镇	23	8513	33365	8	912	3234	2	150	529	1	376	1370	5	386	1335
五十镇	19	4627	17911	9	1083	3930	0	128	419	4	389	1407	5	566	2104
红崖子沟乡	17	5268	20311	5	780	2826	2	139	470	2	396	1407	1	245	949
丹麻镇	17	5560	22627	7	686	2439	0	74	247	3	238	834	4	374	1358
松多乡	8	1542	5417	4	617	2017	0	39	96	2	433	1432	2	145	489
加定镇	6	1969	11778	2	228	726	0	18	51	2	143	448	0	67	227
五峰镇	18	5692	23454	7	943	3531	0	54	173	2	358	1306	5	531	1952

第三章 | 复杂目标体制化分解：多重目标何以系统化

续表

乡镇	行政村数	农业人口 户数	农业人口 人数	2015年建档立卡基数 贫困村数	2015年建档立卡基数 贫困户数	2015年建档立卡基数 贫困人数	2016年减贫任务 脱贫村数	2016年减贫任务 户数	2016年减贫任务 人数	2017年减贫任务 脱贫村数	2017年减贫任务 户数	2017年减贫任务 人数	2018年减贫任务 脱贫村数	2018年减贫任务 户数	2018年减贫任务 人数
塘川镇	28	9994	39505	10	979	3595	4	302	1084	5	493	1838	1	184	673
台子乡	19	5779	23120	8	693	2405	3	237	848	3	274	917	2	182	640
蔡家堡乡	13	2359	12170	5	423	1434	4	163	536	0	180	637	1	80	261

资料来源：《互助县精准脱贫攻坚实施方案（2016—2020年）》2016年5月27日。

时间维度上，如图3.3所示，互助县脱贫任务在2016—2018年三年内整体上呈现出逐年递增趋势。2015年底互助县精准识别建档立卡贫困村118个，贫困户13796户，贫困人口48523人。对于没有精准脱贫先例经验可以借鉴的互助县而言，2016年也是保守脱贫阶段，通过较少精准脱贫任务量来收集经验，摸索适合当地的脱贫模式。2017年在2016年脱贫经验基础上增加任务量，加大扶贫脱贫力度，2018年完成剩余脱贫任务量。确保完成"三年集中攻坚"总目标。

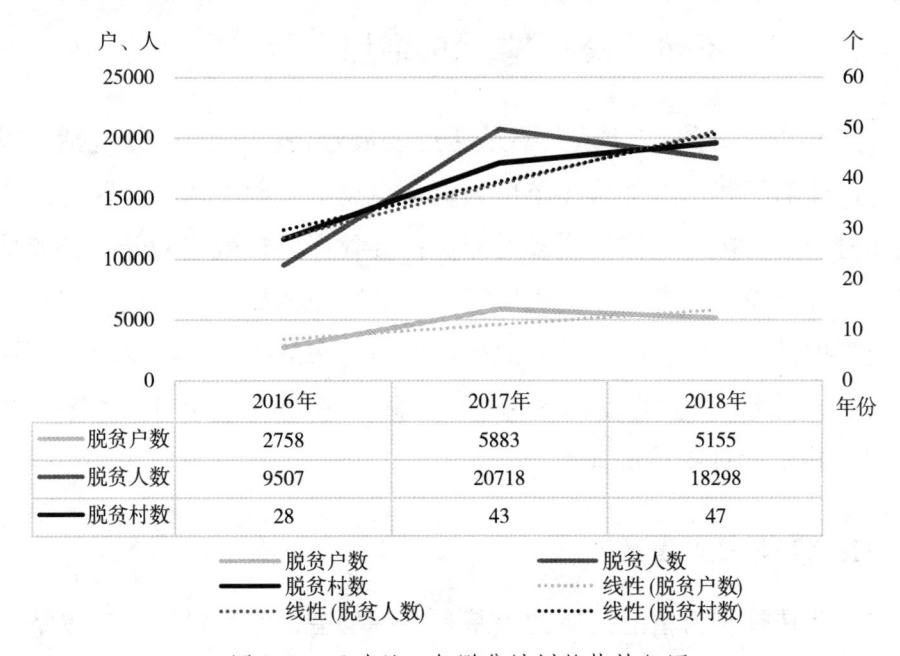

	2016年	2017年	2018年
脱贫户数	2758	5883	5155
脱贫人数	9507	20718	18298
脱贫村数	28	43	47

图3.3 互助县三年脱贫计划趋势特征图

区域维度上，精准识别和减贫实现地区全覆盖。2015年精准识别针对全县19个乡镇118个村进行挨家挨户入户摸底核实，保证"精准脱贫，不落一人"。

由此，互助县精准掌握了贫困信息，为开展精准帮扶工作夯实了基础。

三、"三年集中攻坚"：全部贫困村"出列"

实现"县摘帽"总目标的核心是"村出列"。以"村"为单位按照条块结构对"两不愁、三保障"目标进行体系化拆解，使目标在每个部门、每个层级，甚至每位干部、每个人身上都分解清晰。

（一）"两不愁"：村户收入的增加

实现"两不愁"目标主要是通过发展经济，具体途径包括：以县各行业部门和东西部协作单位为资金与技术来源主体，以驻村工作队和村两委为执行主体发展多元产业；县教育局、就业局开展技能培训，县林业局、新农办、交通局等分别设置护林员、保洁员、园林绿化及管护员、公路养护员等其他公益性岗位来解决剩余劳动力；县财政局、人民银行互助支行牵头提供金融服务，包括互助资金和"530"贷款两种支持产业发展。

1. 推进产业发展

产业扶贫作为精准扶贫的根基和关键举措，作为打赢脱贫攻坚战的重要支撑，不仅在带动贫困群众致富方面发挥出主力军的作用，也为一些乡村的振兴发展提供了思路、打开了局面。产业发展可以分为两大块内容：村级产业和到户产业。

(1) 整村推进成效低

2015年之前，互助县通过整村推进发展产业，要求"一村一品"。具体推进过程以班彦村养猪场为例来分析。

> 要给班彦村搞个整村推进的项目，这个项目定下来，比方说就是养猪的产业，那就是家家户户都有，所谓的就是散户，胡椒面的那种，然后家里每个人是5000块钱。但这个钱是不直接发到农户手中的，它是通过给你盖猪圈，盖猪舍，然后抓仔猪、配饲料这种方式。也有一种方式是入股投资，把这个村上的所有的资金，每人5000的资金整合起来，跟某一个企业合作。原来是这么搞，但风险挺大。企业一旦经营不善，这个钱就很难保证。我们县上也有很多这样的例子，最后都亏损得特别惨！（访谈资料：X20190909 互助扶贫局访谈记录1）

由此可见，2015年之前整村推进成效低的原因有两个：首先是扶贫资金没有且不能落实到户，难以调动农户参与积极性；其次是"一村一品"风险大，一旦"一品"缺乏市场会导致整村亏损。所以2015年之后，整村推进政策变为村集体产业发展和到户产业。

(2) 多元村级产业格局的形成

2015年之后，拓宽贫困地区增收渠道成为降低产业发展风险的一个路径。原有的整村推进政策，通过投资产业分红收益，现在多部门协调支持，形成村级产业多元格局。例如互助县班彦村的村级产业布局。如表3.4所示，包括种植、养殖、手工、旅游和商铺多个领域。

表 3.4　班彦村村级产业布局

产业类型	涉及部门	资金来源	执行主体	如何执行
商铺经营	国土资源厅	国土资源厅出资	驻村工作队及村两委	国土资源厅出资在新村修建10间商铺，为发展集体经济，增加村级资产。3000元/间/年
肉驴养殖基地	东西部协作	村内出资、东西部协作出资200万元	驻村工作队及村两委	利用五社、六社退耕还林的土地，兴办肉驴养殖场，且对外承包："合作社+致富带头人+农户"，第一年收取费用10000元
连栋温室大棚	县蔬菜办	县蔬菜办出资100万元	县蔬菜办、驻村工作队及村两委	县蔬菜办负责投资和修建大棚，第一书记村两委负责从村民手中流转土地，每亩地给村民800元，共流转15年。在班彦新村周边建设5座节地型日光节能温室大棚，每座温室大棚360平方米。对外承包："合作社+承包者+农户"，每年共收取承包费用25000元
土族盘绣园基地	县文体旅游局	县文体旅游局出资240万元	县文体旅游局、驻村工作队及村两委	互助金盘绣投资文化传播有限公司投资并修建班彦村盘绣园，按照"公司+基地+绣娘"的模式经营，班彦村每年收取30000元费用
酩馏酒酿造作坊	市农牧局	市农牧局出资300万元	市农牧局、驻村工作队及村两委	市农牧局投资并负责修建酩馏酒坊，对外承包："承包者+基地+农户"，班彦村每年收取50000元承包费用
特色旅游业	高原美丽乡村项目所有部门（县政府、扶贫局、文体旅游局等）	县文体旅游局出资第一期200万	县文体旅游局、驻村工作队及村两委	县文体旅游局负责投资和修建网红桥、游步道等，第一书记和村两委主要是协作

村级产业的实施，主要是有关部门在班彦规划实施某个项目，再征求驻村工作队和村两委的意见，后续工作由投资的那个部门进行具体的设计、科研、技术和施工，村在此时已经没有发言权，当然在非

技术用工时会优先考虑村内贫困户。建设完毕后,部门退出,转化为村级集体资产和产业,由村负责后续经营事项。以此来实现贫困村收入增加。

(3) 产业到户、精准施策

从救济式扶贫到开发式扶贫,最大的转变就是从被动"输血"向主动"造血"转变。而实现贫困户思想从"要我脱贫"到"我要脱贫"的转变最有效的两个途径即:自选产业发展和扶贫资金直接发放到农户手中。激发农户脱贫内生动力,动员贫困户主动脱贫。

首先是群众自选产业,尊重群众意愿,调动群众积极性。"首先是听取贫困户的发展意愿,了解他的实际情况基本上是由村上的第一书记、工作队去做这个事情。"(访谈资料:X20190909 互助扶贫局访谈记录2)但是群众自选产业也面临多种需要解决协调的问题。

面对不知道自己发展意愿的贫困户,扶贫干部要引导选择。

> 绝大多数人因为地处大山深山里,也是浅山地区,靠天吃饭的,考虑到他们那个地方只适合种植。养殖一是缺水,搞大规模的养殖是不现实的。种植的话,它那里地多,而且我们互助县的马铃薯也是一个主打的品牌,所以他那个地方就适合种马铃薯。(访谈资料:X20190909 互助扶贫局访谈记录2)

对于自选产业不合适的,扶贫干部及时劝退调整。

> 比如他要发展养些羊,但是它那个地方不适合。首先是禁牧,由于那个林业上保护相关的一些要求啊,它是不能放养,只能是在家圈养,这样的话那个根本不符合我们这个地方的实际。所以这种情况下,作为我们当时第一书记的话就是对他进行一个引导。给你算个账,你养十只羊,现在不能散养,你要进饲料,

饲料价格是现在多少钱一只羊？从收购到育种成本大概是多少，给他算了这个账以后，他自觉放弃。（访谈资料：X20190909 互助扶贫局访谈记录2）

对于没有能力发展产业的贫困户，指导参与投资分红。

部分贫困户穷的原因是因为智力或懒惰，搞不了或者不想搞产业发展，像这种情况他只是想国家给了5400的扶持资金，直接把钱发给我就行了，他是这个想法。但是这个国家政策也不允许这么搞，所以我们对这部分农户，我们就是有些是乡镇组织的，有些是县上统一安排，投资相对稳定的企业。就是像北山景区管委会，投资每年按10%给他分红。这个10%的这个比例应该算是，政府给这个企业强行施压的，毕竟是政府的企业嘛。（访谈资料：X20190909 互助扶贫局访谈记录2）

其次，扶贫产业资金分批发放，保证产业发展连续性。扶贫产业资金全省统一制定标准，农区是每个贫困人口5400元的扶持资金，牧区是6500元，按人算。

群众的发展产业的积极性也不可能说是像我们理论上想的那么好，给到钱就干什么。我们定了一个资金拨付办法，简单地来说，就是442。产前先给40%，让你启动资金给你发展，然后发展到中间我们还要去看一次，入户之后，看你的产业中期怎么样，发展的好，我们再给你40%。最后年底了，猪出栏了，卖了得到收益了，我们再把剩余的20%打给你。（访谈资料：Z20190912 互助五十镇扶贫访谈记录2）

保证产业扶贫资金必须要持续发展。

(4) 因地制宜布局全县产业发展目标

经济发展是脱贫攻坚战的排头兵。通过产业发展，互助县计划到2019年，使每个有劳动能力的贫困农户有1项稳定增收的特色产业，实现贫困户长期稳定增收，发展动力进一步增强。到2020年，实现全县13796户贫困户、48523人贫困人口通过发展产业全部脱贫，人均可支配收入高于国家扶贫标准，为贫困村摘帽打牢基础。这一整体目标的实现，需要依据实地情况分解为具体目标来实现。互助县计划产业布局如表3.5所示。

表3.5 互助县产业发展计划布局统计

地区	乡镇	贫困村数	贫困户数	贫困人数	适宜种植业	适宜养殖业	适宜第三产业	适宜乡村旅游业
川水地区	高寨、红崖子沟、哈拉直沟、塘川、加定等	22	3083	11194	蔬菜、蚕豆、玉米青储、多汁饲草、树莓	生猪生产、仔猪繁育、奶牛养殖	餐饮、商铺、宾馆	北山国家森林公园
浅山地区	蔡家堡、西山、东山、松多等	21	2273	7953	全膜马铃薯和蚕豆、优质燕麦	葱花土鸡、肉牛和肉羊养殖	农产品初加工业和流通业	无
半浅半脑地区	威远镇、五峰、台子、东沟、丹麻、五十等	47	5185	18138	油菜、蔬菜、蚕豆、马铃薯、中藏药材	生猪生产、仔猪繁育、牛羊育肥、奶牛养殖	农畜产品精深加工	美丽田园、农家乐
脑山地区	南门峡、林川、东和、巴扎等	28	3255	11238	油菜、中藏药材、树莓、饲草	牛羊育肥、奶牛养殖	饲草加工业	美丽田园

全县产业发展以第一产业和第三产业为主，其中主要为第一产业。可见互助县的扶贫产业现阶段处于培育和发展阶段，距离转型升级还有较远的路要走。

2. 破除贫困户就业难困境：技能培训、公益性岗位

互助县通过开展职业教育、就业技能培训和开发公益性岗位安置

等措施，充分解决贫困户就业难问题，破除贫困户就业困境。

(1) 技能培训促就业：实用技术培训和职业技能培训

2015年之前，互助县实行整村推进时期就已经开展技能培训活动，但那个时期主要是实用技能培训。"那时候搞整村推进，你要去搞种植，搞养殖，这些实用技术培训，肯定要同步跟上来。"（访谈资料：X20190909 互助扶贫局访谈记录1）2015年之后，开发式扶贫使贫困户发展的选择性增多，除了实用技能培训之外，农户也需要职业技能培训。

一方面加强职业教育培育。互助县在职业教育方面深入实施"雨露计划"、"农民工进城务工计划"、新型职业农民培训等劳动力技能培训工程，计划利用三年时间，实现建档立卡贫困户技能培训全覆盖，确保每户至少有1名技能明白人或接受中职及以上学历教育培训，开展新型职业农民培训1000人以上。在"互助县教育脱贫攻坚行动计划"中，规定到2018年底职业教育体系更加完善，中职毕业生就业率达到98%以上。

另一方面加强职业技能培训。互助县积极发挥县职业培训中心统筹管理作用，将城乡劳动力技能促就业计划统筹纳入当地贫困劳动力培训计划，整合各类培训项目，依托当前开展的精准扶贫工作，深入贫困户家庭开展培训需求调查，侧重培训周期短、易学易会、脱贫增收见效快的"短平快"职业技能；调整培训方式，利用农闲时间，开展就业技能培训，使务农和技能培训"两不误"，实现技能和收入"两提高"。"我们村每年搞两三期的贫困户技能培训"。（访谈资料：C20190915 互助班彦村第一书记访谈记录3）2016—2018年每年计划各类职业培训1200人。

(2) 创新解决闲置劳动力：开发公益性岗位

互助县为解决农村剩余劳动力，坚持"岗位开发以公益服务为主、解决对象以困难群体为主"的原则，实施农村公益性岗位"千人计划"项目，县林业局、新农办、交通局等分别设置护林员、保洁员、园林绿化及管护员、公路养护员等其他公益性岗位。在充分征求部分乡镇意见的基础上，编制了《互助县农村公益性岗位"千人计划"实施方案》。分配松多乡花园村和前隆村公益性岗位50个；分配全县18个乡镇279个行政村公益性岗位950个。优先扶持和重点为就业困难贫困人员妥善解决好就业问题，进一步壮大农村公益性服务力量，建立就业援助的长效机制。

互助县在破除贫困户就业难题上多措并举，在"互助县转移就业脱贫攻坚行动计划"中，2016—2018年，在巩固上年已转移就业人员的基础上，每年转移就业1.1万人。

3. 建立金融服务体系：互助资金和"530"贷款

加大金融支持力度，建立多元化的精准扶贫、金融服务体系，可以切实发挥金融对精准扶贫的撬动、支撑和保障作用。

建立金融服务档案是前提。县财政局牵头相关单位首先摸清贫困户基本情况，建立精准扶贫金融服务档案。由人民银行互助支行牵头，主办银行针对全县建档立卡118个贫困村、13796户贫困户、48523名贫困人口精准识别，建立金融服务档案，包括贫困户生产、生活、资产、发展情况，贷款需求额度、用途期限等信息。完成118个贫困村精准扶贫金融服务档案建档并启动贷款发放工作。由贫困户、各类经营主体提出申请，扶贫部门认定，主办银行根据有关规定和程序负责发放贷款，简化贷款流程，提高放贷效率。

科学应用扶贫资金，建立互助资金组织。互助资金村级发放标准是118个贫困村每村50万元；22个贫困户40户以上的非贫困村每村30万元。贫困户借款标准规定每户最高限额2万元。政策要求使用率达到100%；按期回收率达到100%；贫困户入会率达到100%；常住户入会率达到40%以上；建立四本账，即总账、明细账、银行存款日记账、会员台账。3年内118个贫困村全部安排互助资金项目，覆盖面达到100%。

同时，动员贫困户利用"530"贷款发展产业项目。按照扶贫开发风险防控资金1300万元1:5的比例，主办银行互助县农村商业银行拿出6500万元资金为贫困户提供5万元以下、3年以内、0利息（财政贴息）的"530"信用贷款，但建档立卡户要满足有生产经营能力、有资金需求、有劳动能力、无欠贷欠息的"三有一无"条件。贷款用于支持有意愿贷款的建档立卡贫困户发展产业，增加收入；不能用于盖房子、娶媳妇、还债、吃喝等与脱贫无关的支出。通过加大信贷支持力度，为精准扶贫提供精准金融服务。以扶贫开发各类经营主体为主要对象，逐步让贫困农户在2.5公里的半径内享受到金融服务。

（二）"三保障"：提升公共服务水平

在"两不愁"的同时，完成"三保障"任务，也即意味着完成了"户销号"指标。"三保障"以村为单位拆分给各个部门，目标细化为：县教育局和民宗局配合做好"控辍保学"工作，普及教育，因贫失、辍学"零"发生。由县医保局负责，实现"四优先"和"十覆盖"，加强贫困人口医疗救助。由住建局牵头负责危房改造，保障贫困户安全住房。

1. 教育发展：全面改薄、控辍保学

互助县现有教育情况是：贫困家庭在校学生数6176人，其中学前教育874人，义务教育阶段共3406人，普通高中生740人，中职生306人，大学生850人。教育扶贫建设项目涉及13个乡镇31个贫困村中小学"改薄"建设项目，18个乡镇67个村学前教育建设项目。在"互助县教育脱贫攻坚行动计划"规划中，这些项目的实施将为全县贫困村8072名小学生和4327名幼儿的就近入学创造相对优质的条件。

全面抓好"改薄项目",大力改善办学条件。基础教育把提高贫困人口文化素质作为治本之策,保障贫困家庭子女在接受义务教育的基础上,接受高中及以上教育。互助县全面改薄项目建设年度目标如表3.6所示。

表3.6 义务教育学校全面改薄项目建设年度目标计划表

	中小学改薄建设项目		学前教育改薄建设项目	
	乡镇（含重复）	贫困村	乡镇（含重复）	贫困村
2016	6	8	8	14
2017	8	13	13	21
2018	8	10	18	32
合计	22	31	39	67

资料来源：互助县教育脱贫攻坚行动计划。

同时,通过资助计划和"六长责任制"① 实现全县因贫失、辍学"零"发生。"这样的（因学致贫）不存在,只要考上大学,你家庭贫困,我们资助政策是非常好的,雨露计划,工会,团委,教育局,包括省上的,还有社会的各种资助政策特别多,特别是建档立卡户这些都有。"（访谈资料：X20190911互助教育局访谈记录）"控辍保学"工作除了实行"六长责任制"之外,由于民族地区特性,教育局还与民宗局合作,针对辍学入寺庙的学生进行劝返工作。多项举措并行,实现最终目标：全县因贫失、辍学"零"发生。

2. 医疗救助：四优先、十覆盖

互助县强化医疗救助,目的是保障贫困人口不得病、少得病、早诊治,有效缓解因病致贫、因病返贫问题,提高贫困家庭健康和幸福指数。目标任务是实现"四优先"和"十覆盖"。

---

① 六长责任制：县长分别与乡长、村长、校长、师长（老师）、家长签订"六长控辍保学"责任书。

"四优先"目标可分为强化医疗设施和基本装备两大类。强化医疗设施包括优先实施贫困村卫生室基础设施建设；优先做好贫困村卫生人才资源培养和配置，定向免费培养医学生分配向贫困乡镇倾斜。强化基本装备包括优先支持中医药在贫困村落地生根，使全县90%以上的乡镇卫生院、75%以上的社区卫生服务站和村卫生室能够提供中医药服务；优先提供优质公共卫生服务，加大鼠疫、包虫病、碘缺乏病、结核病等防治服务体系建设力度。

"十覆盖"目标可分为大病急病和倾斜老弱孕两大类。"大病急病"包括建档立卡贫困人口免费白内障手术全覆盖；资助贫困先天性心脏病患儿手术全覆盖；包虫病免费药物治疗和手术费用补助全覆盖；贫困人口疾病应急救助全覆盖。"倾斜老弱孕"包括全覆盖贫困村孕产妇住院分娩补助、贫困村育龄妇女补服叶酸、贫困村计划生育免费技术服务、贫困村免费孕前优生健康检查、新生儿疾病筛查和儿童营养改善项目，以及全覆盖贫困村65岁以上老年人免费健康体检和对"三无"人员及时给予医疗救治。

3. 危旧房改造：保障农户安全住房

危房改造是从2009年全国搞试点时开始的。2009年至2013年底，互助县由民政部门承担危旧房改造工作。后来，基于职责分工更为专业化的考虑，从2014年3月开始，危旧房改造工作从"民政口"调整到"住建口"。

对于危旧房改造任务目标的制定原则，住建局坚持政府引导，农民自愿。安排各乡镇人民政府制定本乡镇切实可行的实施方案。项目实施前乡镇及村委会要对项目实施村内住房现状逐户进行调查评估，登记房屋现状，拍照记录房屋及院落情况，确定项目内容、测算工程量，并填写《农牧民居住条件改善工程入户调查及项目确认表》，由户主签字确认，建立农牧户档案，相关信息录入"青海省农牧民居住条件改善工程管理信息系统"。实施项目要按照村、乡、县"三级审核、三榜公示"的规范操作程序，经过农户个人申请、村申报、乡镇审核和县审批来确定目标任务，签订目标责任书。

危旧房改造目标制定的特征有两个：第一，优先保障解决由于火灾、水灾等自然灾害而新现危房改造；第二，兼顾目前住房安全，但已经老旧且农户有意愿改造的住房。改善农户居住条件，提档升级。

最终互助县形成的目标是：计划"十三五"期间完成3837户不包括易地搬迁的建档立卡贫困户危旧房改造。其中，2016年完成目标任务40%，2017年完成35%，2018年完成25%，到2019年全面完成贫困户危旧房改造任务。

（三）"村出列"

"两不愁、三保障"的完成只是实现了"户销号"的指标，而要完成全部贫困"村出列"，除了实现"户销号"外，还需要达到完善基础设施和低保养老制度此类村级指标。

1. 完善基础设施

水、路、电、网等基础设施是扶贫开发的基石，强化贫困地区基础设施建设，有助于改善贫困地区生产生活条件，促进当地经济增长，为农民增收奠定基础，有利于提高扶贫综合效益。因而，扶贫应以贫困地区基础设施建设为突破口，这样，才能进一步夯实扶贫根基，为扶贫注入活力。

互助县成立了规划编制办公室，同时将这些扶贫基础设施建设规划纳入"十三五"规划中，相关行业部门特别成立项目办，水、路、电、网等基础设施的目标任务也来自项目办的制定。例如水务局在访谈中描述的排查目标过程如下：

(省市县对规划的)具体指标没有,但是制定规划的时候,它的方向和投资的意向这一块有,像水利部"十三五"期间重点的投资去向就是中小河流治理、农村人畜饮水安全等。它给你定了重点的方向,做规划的话,就尽量往这方面,不然的话以后这个投资可能就保证不了。

(规划中具体目标的来源)是根据我们县上的发展,县域经济的发展现状,参照上一个五年计划的投资额度,大概估算一个投资。需要调查的东西,我们下面的四个流域所,还有下面的乡镇站所收集资料,因为他们长期管理,对实地情况比较了解,同时就是专业人员下去调查。(访谈资料:X20190917 互助水务局访谈记录)

其他行业部门如交通等的流程相似,由此制定出基础设施建设规划,如表3.7所示。

表3.7 互助县基本建设设施年度目标分解表

行业部门	主要建设内容	2016 年	2017 年	2018 年
交通局	建制村通畅工程	全县 294 个村全部实现通畅		
	农村路网改善工程	加快推进"三路一危"(断头路、瓶颈路、年久失修路以及危桥)改造		
水务局	自来水入户全县覆盖率	86.72%	97.26%	100%
国网互助县供电公司	下户线涉及贫困户	6510 户	13839 户	3406 户
鼓励基础电信、广电企业和民间资本通过竞争性招标方式公平参与宽带建设和运行维护	行政村通宽带比例	94%	96%	98%

资料来源:根据相关行业部门脱贫攻坚规划方案自制。

从表 3.7 中可以看出，互助县力图通过水、路、电、网建设确保农村生产生活条件明显改善，农民自我发展能力逐年增强，脱贫攻坚质量和巩固成效显著提升。

2. 最低生活保障制度：应保尽保

按照国家推进精准扶贫、精准脱贫要求，进一步加强最低生活保障制度与扶贫政策和其他社会保障制度的衔接，落实最低生活保障政策和各项扶贫帮扶措施，充分发挥最低生活保障制度的"兜底"作用。在精准识别大数据的基础上，将符合低保政策要求的贫困户纳入低保，做到应保尽保。

> 低保分为两档，低保一档是每年每人补贴3600，就每月300块钱。因为你无劳力，相当于是国家把你养起来。低保二档是3000块钱，就少部分劳动力。特别困难的称为五保户，孤寡老人没人养的。每年给的大概是8000块钱。但是低保户很少，一般占贫困户总量的2%。（访谈资料：C20190915互助班彦村第一书记访谈记录3）

3. 养老保险全覆盖：参保率实现100%

互助县关于养老保险扶贫还没有专门的政策，唯一目标任务是：参保率实现100%。"养老方面扶贫这块没有专门的政策，主要就是一个就是参保金，每个人参保金最低是100块钱，2019年是提高到200块钱，但是精准扶贫对象，这些人依然收100块钱。"（访谈资料：X20190911互助医保局访谈记录）

四、"两年巩固提升"：以"扶贫"促发展

按照全县确定的"三年集中攻坚，两年巩固提升，到 2020 年与全国同步全面建成小康社会"的脱贫攻坚总体目标，在 2018 年实现全县脱贫摘帽、贫困村退出、贫困人口脱贫，以及"两不愁、三保障"目标任务基础上，坚持"脱贫不脱政策、脱贫不脱帮扶、脱贫不脱项目"，始终保持攻坚态势，加大资金投入，持续加大 2019—2020 年财政涉农资金整合力度，县级配套资金年均增长率不低于 20%。继续对脱贫户在产业巩固、转移就业、教育扶持等方面进行扶持，保持脱贫户各项优惠政策的连续性。

（一）巩固成果：助力乡村振兴

乡村振兴和精准扶贫于 2018—2020 年存在三年交汇期。实施内容上，乡村振兴的覆盖维度是精准扶贫的有机延伸。互助县通过精准识别和"八个一批"推动精准脱贫任务的有序展开。乡村振兴战略除了精准扶贫方略重点关注到的"生活保障"维度，还关注到了"发展保障"维度，按照产业振兴、人才振兴、文化振兴、生态振兴、组织振兴的"五个振兴"策略实施。完成精准扶贫可以为乡村振兴夯实发展基础。2019 年 5 月 15 日，互助县作为成功完成精准扶贫任务的示范县，不仅在于其前期确定了正确的脱贫攻坚目标，且在于其立足长远，制定了 2019—2020 年全面巩固提升脱贫成果的计划，汇整内容如表 3.8 所示，预料到精准扶贫的外溢效应，进一步助力乡村振兴战略，为互助长远可持续发展打牢根基。

第三章 复杂目标体制化分解：多重目标何以系统化

表3.8 互助县两年巩固提升目标

巩固对象	2019—2020年巩固提升目标
贫困户脱贫成果	（1）产业：由县农牧局牵头，确保每一户贫困户都有1项稳定增收的产业；实现每个退出贫困村有1个以上运行规范、带贫能力强的合作社并辐射带动本村脱贫户。 （2）技能培训：由县就业局牵头，大力实施应需培训和订单培训，两年内，累计培训脱贫户600人以上，力求实现"掌握一技，就业一人"。 （3）资金：由县财政局牵头计划分两年对全县剩余的149个未发放互助资金的非贫困村每村发放一定数额的互助资金，用于扶持农户巩固产业发展项目，到2020年实现所有行政村互助资金发放全覆盖。 （4）教育：由县教育局牵头，对符合条件的脱贫户家庭学生严格按照"雨露计划"补助标准做到"应补尽补"；有意愿的"两后生"全部接受技能培训。 （5）医保：由卫计局牵头，2019—2020年继续为脱贫人口购买每人每年100元的"健康保"商业补充保险。2020年实现每个乡镇卫生院有1名全科医生。
贫困村退出成果	（1）基础设施：由县发改局牵头，各行业部门负责。到2020年，人畜饮水工程保障率达100%；实现"乡通油路、村通水泥路、户通硬化路"的目标；供电保障率达100%。 （2）乡村旅游：由县文化旅游体育局牵头，每年至少打造2个乡村旅游示范点，通过示范引领和辐射带动脱贫户200户以上，户均年增收8000元以上。 （3）电商：由县工商局牵头，到2020年，争取实现294个行政村村级电商服务站点全覆盖，带动群众12万余人，电商年交易额达到1000万元以上。 （4）科技服务：由县农牧局牵头，每个退出贫困村至少有1名科技人员服务，县内培育10至20个科技示范村、建成5至10个农业科技示范基地。 （5）人居环境整治：县新农村建设服务中心牵头，2019年的目标是打造10个具有示范效应的农村环境综合整治县级样板村。到2020年实现高原美丽乡村建设全覆盖，农村生活垃圾清运率达到88%、户用卫生厕所普及率达到85%、村庄绿化率达到100%、亮化率达到93%。 （6）东西协作：县扶贫局牵头，充分利用无锡市新吴区人才、技术、经济优势，积极争取东西部扶贫协作帮扶资金356万元，实施医疗卫生资源对口帮扶、贫困大学生资助、优秀教育人才互派等项目。
互助县摘帽成果	（1）提升扶贫干部能力：由县委组织部牵头，加大基层薄弱村村干部培训。加强对脱贫一线干部的关爱激励。 （2）广泛动员：由县委组织部牵头，继续推进"百企帮百村、百企联百户"精准扶贫行动，把退出贫困村资源优势转化为发展优势。切实发挥工会、共青团、妇联、工商联等组织的优势，整合产业、教育、服务、资金等资源。 （3）扶志：由县委宣传部牵头，开展"六学六育"和"移风易俗"活动。

由表3.8可以看出，互助县依旧在时间序列内，按照贫困户、贫困村、贫困乡纵向层级的脱贫成果为巩固提升对象，在横向各部门间进行目标的拆解和细化，使复杂多重的目标变得具体可行。

（二）重视"扶志"：抓好精神脱贫

2018年，互助县委宣传部、县文明办组成调研组，通过外出考察学习、深入乡镇村社调研、入户走访座谈等形式，紧紧围绕"推动移风易俗、树立文明乡风"进行了专题调研，发现已经脱贫的农村地区仍存在"天价彩礼"、"厚葬薄养"、红白喜事大操大办、讲排场比阔气等不良习俗，这些现象归根结底都是"精神贫困"的外在表现。因此，精准扶贫工作在解决了贫困人口的物质贫困问题后还应该关注"精神贫困"问题。物质脱贫不是小康，精神富裕也不是小康，只有二者的统一才是真正达到了小康。为此，互助县主要通过开展"六学六育"和"移风易俗"两项活动抓好精神脱贫工作。

1. 开展"六学六育"宣讲：提高老百姓政策知晓率

"六学六育"就是针对精神脱贫，增加贫困户的内生动力。它的主要内容就是学党的理论，育信念坚定的明白人；学核心价值，育时代精神的践行人；学惠民政策，育美好生活的感恩人；学脱贫典型，育圆梦小康的带头人；学文明新风，育移风易俗的垂范人；学传统文化，育中华道德的传播人。通过创新开展"六学六育"主题活动，打通宣传群众、教育群众、服务群众和关心群众"最后一公里"，为打赢脱贫攻坚战和推进乡村振兴战略提供坚强保障。

首先，通过夜校培训提高政策知晓率。

从（20）18年的8月份起，我们每周一晚上来组织我们每个村派驻的工作队员到我们镇上来进行集中的学习。我们有的时候是聘请县上的一些老师，或者是扶贫部门的一些专家，甚至我们正常的懂得政策多的扶贫办的人或者是领导，对这些工作队员进行集中的培训。他们通过培训以后，首先要提高他们对扶贫政策的掌握程度，然后他们下去以后给我们的群众进行宣传，保证政策宣传不走样。另外就是我们对驻村队员培训完了之后，他们回去到村里边也开办夜校，对我们的贫困户，最起码保证每个家庭要保证一个人到村集体办公室里边，村级服务中心里边。然后他们举办夜校，对贫困户进行培训。（访谈资料：X20190912 互助五十镇访谈记录1）

其次，通过农民讲习所学习脱贫典型。农民讲习所是设立在农村讲政策的机构。

在农民讲习所里我们挂了一个牌子，就是把我们的致富带头人、脱贫光荣户、移风易俗先进户邀请到这里，把群众聚集以后，由这些人来讲他们的经验，来讲他们的故事。通过群众自己身边的故事，自己讲故事方式来引导其他的群众提高认识。农民讲习所每个月必须要开展一次活动，并且每个月的活动都要有活动记录。（访谈资料：Z20190912 互助五十镇扶贫访谈记录2）

再次，结合民族区域特色，合理利用宗教力量引领信教群众。

我们在宗教领域里面，通过活佛、阿訇这些宗教代表人士，他们向信教群众宣传我们的精神。我们在信教群众较为集中的五十、松多、丹麻、巴扎、加定、高寨等乡镇，利用传统法规，活佛、阿訇给信教群众诵经祈福的这些机会就当前社会中存在的婚丧嫁娶方面，攀比之风严重这些东西给他们进行正面的宣传教

育，取得了很好的效果。（访谈资料：X20190910 互助民宗局访谈记录）

最后，用群众喜闻乐见的方式开展脱贫攻坚政策宣传教育。例如自主创作小品《迁居故事》、情景诗朗诵《班彦新村赋》、青海方言版动漫《阿舅外甥话扶贫》，提升了群众的政策知晓率，着力营造自力更生良好氛围，实现引导贫困户思想由"要我脱贫"向"我要脱贫"转变。

2."移风易俗"：红白理事会和村规民约

（1）成立红白理事会：改善不良习俗

2018年，在"推动移风易俗、树立文明乡风"专题调研基础上，互助县各乡镇党委指导建立红白理事会。（访谈资料：X20190910 互助宣传部访谈记录）

红白理事会成员由党员、村民代表选举，推选5至7名德高望重、热心群众工作的理事会成员，一般各社出一名，可吸收老党员、老干部、老教师和乡贤人士参加，负责办理本村婚丧嫁娶事宜。

而且我们同一个县城之内，红白理事会之间可以相互协调、相互对接。互助县所在的县城是威远镇，比如说威远镇的小伙子要娶我们五十镇的姑娘，这边的姑娘要的彩礼多，他们那边的人跑到我们这来找我们村里面的红白理事会，我们村的红白理事会就去跟女方讲。（访谈资料：Z20190912 互助五十镇扶贫访谈记录2）

红白理事会确实起到了有效抑制铺张浪费的作用。

以前没成立的时候，大家可能觉得无所谓，它主要起两个效果，一个是宣传，你说了之后不一定立马见效果，但是你说了之后大家心里面觉得有个数。比如彩礼一般控制在别超过6万块钱，实际上可能彩礼有的时候达到10万块钱。不像以前那样无所谓了。二就是太高了的话我们就去做工作。我也去做过工作。就是说彩礼不要太高了，以后还要过日子。这个事情就是有人管了，对吧？如果不移风易俗的话，这事没人管。所以红白理事会确实效果挺好的。（访谈资料：C20190915互助班彦村村干部访谈记录3）

(2) 修订村规民约：破除陈规陋习

2018年，针对调研中发现的不良习俗和传统美德衰落问题，互助县重新修订《村规民约》。各乡镇要指导各行政村通过召开支部会、党员大会、村民代表大会酝酿讨论，在原有村约基础上重新修订《村规民约》，但是要按照符合法规、因地制宜、群众参与、便于操作的原则。"和原来村上的村规民约相比，有的不适合的我们就去掉了，像以前禁止放牧这些都取消了。这边过来的话，像停车位还要写进去，不能乱放车子。"（访谈资料：C20190917互助松多花园村访谈记录）例如蔡家堡乡上刘家村实行了村规民约上墙，将村规民约张贴在村级活动中心的宣传墙上。新的《村规民约》主要包括家国情怀、规矩方圆、移风易俗、清洁家园和和谐村风五大内容，致力于建设"富裕、文明、和谐、美丽"新村。

就效果而言，在相对保守的农村地区，村规民约多数时候比法律更能起到约束作用。"因为村规民约是你老百姓自己制定的，互相监督。因为是你自己制定出来的，像以前就是不成文的习俗，谁家去世了，来了以后你干嘛，他干嘛，他有他的规定，有约束就顺理成章，他们执行的话比较好一点。"（访谈资料：C20190917互助松多花园村访谈记录）

互助县在整个"移风易俗"活动中，以村为实施主体，县直职能部门统筹推进，到2018年底，确定的"移风易俗试点村"及县级以上"文明村""最美乡村"要全部建立完善红白理事会和《村规民约》，并充分发挥示范带头作用；到2019年底，全县所有行政村建立红白理事会，完善《村规民约》，做到有人管事、有章理事、规范办事，结婚彩礼、婚丧喜庆等费用明显下降，农村陈规陋习蔓延现象得到有效遏制；到2020年底，实现农村移风易俗工作与全面建成小康社会协调发展，红白喜事简办，文明理事的社会风尚基本形成，移风易俗成为广大农民群众的自觉行动，促进乡风民风持续向上向好。

五、小　　结

互助县实现"摘帽"这一精准扶贫的总目标，根本任务就是完成"村出列"和贫困人口"两不愁、三保障"等多重目标。2015年互助县领导和省市对接脱贫计划，确定了互助县"摘帽"的总体思路为"三年集中攻坚，两年巩固提升"，分步推进实施。

县"摘帽"目标的实现必须立足贫困人口，做好精准识别工作，切实为最贫困的人群服务。所以作为精准帮扶保障的"精准识别"被安排在扶贫工作的最前端。由此县"摘帽"目标在时间维度上被划分为三大阶段：2015年10月至2016年3月，首先确保完成精准识别任务；2016年3月至2018年底，三年集中攻坚；2019年初至2020年底，两年巩固提升。

精准识别目标在具体拆解过程中按照纵向层级维度推进。由农户自愿申请；村两委和驻村工作队组织民主评议，确定初选名单；乡镇政府进行核实；最后由县扶贫开发领导小组办公室复审、公告，并录入国家扶贫开发业务管理系统。由此自下而上，各级政府层层对接完成精准识别目标。

三年集中攻坚时期的核心目标是村出列。以"村"为单位按照条块结构对"两不愁、三保障"目标在横向部门维度进行体系化拆解。"两不愁"的目标是增加村、户收入,动员县各行业部门和东西部协作单位作为资金与技术来源主体,以驻村工作队和村两委为执行主体,大力发展经济。"三保障"的目标是提升公共服务水平。由县教育局和民宗局配合做好"控辍保学"教育工作;县医保局和住建局分别牵头负责医疗保障和安全住房。将"两不愁、三保障"目标以村为单位在各个部门和各个层级之间明确化,首先达成"户销号"目标。在此基础上还需要县交通局、水务局、国网互助县供电公司等相关行业部门相互配合完善基础设施,方便村、户的生产生活。同时,由县民政局负责,落实最低生活保障制度,做到应保尽保。由此,将三年攻坚任务横纵向拆解清晰,也即完成"村出列"全部指标。

两年巩固提升时期,已经实现了县"摘帽"目标,主要是对贫困户、贫困村以及县的脱贫成果进行巩固稳定和提档升级。同时在解决了贫困人口的物质贫困问题后及时关注"精神贫困"问题,重视"扶志"。由县宣传部牵头,民宗局和文体旅游局配合,由乡镇、村级干部主持开展"六学六育"宣讲;由乡镇指导、村级主导成立红白理事会和修订村规民约,开展移风易俗活动助力精神脱贫。

在以上三个时间段的严格划定下,互助县以村为对象,将复杂目标沿着我国条块结构层层分解,通过动员整合各个部门、组织的资源,使目标清晰具体地落实到各层级、各部门、各干部甚至各农户家庭、个人身上,具有高度明确性和可行性。

第四章

扶贫政策整合：
多重政策目标何以实现？

从 20 世纪 90 年代互助县被国家确定为"八七扶贫攻坚计划"重点贫困县到 21 世纪初以整村推进为手段的新一轮扶贫工作，互助县经历了长期的大规模开发式扶贫，彻底改变了救济式扶贫模式。虽然扶贫政策涉及基础设施、教育医疗等公共服务领域，但仍然没能摆脱对经济手段的过度依赖；虽然开启了贫困户和贫困村识别工作，但配套政策却没能精确落实到贫困户和贫困村，扶贫成效有限。

党的十八大提出 2020 年实现全面建成小康社会的宏伟目标，以习近平同志为核心的党中央对我国三十余年的扶贫历程和经验进行了总结，结合对全国贫困状况的分析，在全国作出"打赢脱贫攻坚战"的重要战略部署。精准扶贫作为打赢脱贫攻坚战的制胜法宝，成为一项全国性的政治任务。从中央到地方进行了一次系统性的政策整合，各级政府将精准扶贫任务通过政策整合转化成一项囊括政治、经济、文化、社会、生态等多要素，基础设施、公共服务、医疗卫生和社会保障以及乡风建设等多领域的综合性工程，通过条块体系和压力型体制嵌入到各级政府、各单位和部门的责任和考核体系中去。精准扶贫的任务变得更加多元、更加复杂，参与主体增加、精确度提高，脱贫要求也大大提高，这加大了地方精准扶贫工作的难度。如何做到既精准又统一？为解决这一问题，确保脱贫任务如期完成，互助县对各时期、各行业、各部门碎片化的政策进行了系统性整合。围绕互助县脱贫攻坚的重要经验，互助县是通过哪些方式、使用哪些策略实现有效的扶贫政策整合的，我们有必要进行深入的探究。

本章对互助县政策整合的过程、逻辑和机制进行梳理，并以易地搬迁、东西部协作两项不同的政策任务为案例，深入剖析各部门是如何调用不同的整合策略来完成特定的扶贫任务的。

一、政策整合何以可能？扶贫政策整合的多重机制

（一）政策系统的建构

从脱贫攻坚政策体系来看，互助县形成了以"1+8+10"为核心的包绕型政策结构。通过"1"（即《互助县精准脱贫攻坚实施方案（2016—2020年）》）来架构任务体系、政策体系和组织体系，凝聚共识；通过拆分出"8+10"明确任务分工，压实行业和单位责任；再根据上级政府要求和地方实际情况，动员更多的外围资源参与精准扶贫。然而，公共政策系统是具有层次性的。在整个扶贫政策系统中，存在着许多不同层次的子系统，各子系统又可以进一步分成更小的子系统。这意味着，在完成特定任务的时候，扶贫机构和相关责任单位又需要整合政策资源，构建新的政策系统。因此，政策整合是在政策制定和政策执行中同时进行的。互助县各部门在完成具有时效性和阶段性的扶贫任务的过程中，高度重视政策整合工作，将精准扶贫工作全面嵌入到地方治理格局中，形成了制度化、稳定高效的政策系统。

作为互助县脱贫攻坚的总舵手，县扶贫开发领导小组办公室在决策过程中通过分工和授权来建构多层次的扶贫政策系统。首先，县扶贫开发领导小组办公室制定了最核心的全县扶贫纲领性文件《互助县精准脱贫攻坚实施方案（2016—2020年）》，随后将其拆解为18项扶贫任务，将任务属性与既有的政府部门进行匹配，每一项任务都交

由一个特定的部门牵头完成。与此同时，授予了相应部门制定任务规划的权力。这新一轮的政策整合，在政策制定过程中，各部门既要考虑政策传统，又要考虑大扶贫格局中可充分调用的其他政策资源和组织资源，其结果可能是对任务范畴进行了拓展，更多的部门被纳入这一政策子系统。通过这种方式，一部分单位可能被同时纳入多个政策子系统中，使得不同政策系统之间交叠起来。以"八个一批"中的"转移就业"为例，转移就业看似是一项较为明确和单一的工作，但为实现这一目标，就业局牵头制定的《互助县转移就业脱贫攻坚行动计划》对工作内容进行了拓展：组织劳动力技能培训、提供创业贷款资金扶持、开发和安排公益性岗位、鼓励企业吸纳就业、做大劳务品牌、加强用工岗位信息宣传对接等。可以看到，转移就业已经成为以"就业"为核心的一系列"任务包"，需要充分调动行政手段、经济手段和开发社会资源，涉及银行、企业、公益性岗位供应部门（如林业局）等多个机构，甚至与其他脱贫任务和政策如产业发展、金融脱贫、生态环境保护和服务脱贫产生了交叠。这种政策拓展和交叠并没有带来新的冲突，反倒是让多重任务和多重目标间起到相互匹配和强化的作用，使资源分配效率更高，帮扶更加精准到位。对业务范畴进行界定是组织体系构建和政策执行的重要基础，尤其是在解决具有悠长历史传统的扶贫问题时，更有必要对原有的政策进行清理和调整。像产业发展、易地搬迁、转移就业、东西部协作、定点扶贫都是传统扶贫政策的延续，但精准扶贫以来相关政策的强度加大、精细化程度更高、配套措施更加到位。从20世纪八九十年代到当前的精准扶贫新时期，易地搬迁和转移就业始终是一体化的。一方面，互助县直接组织一部分在当地没有工作机会的农户赴江苏省武进县、新疆等地短期或长期务工；另一方面还集中组织特别困难的农户迁移到海西州乌兰县、德令哈等地的农场工作，实现移民调庄。精准扶贫以来，产业发展和易地搬迁本身都成为系统化的工程，与基础设施建设和公共服务供给配套实施，转移就业的渠道大大拓展、技术培训和致富带头人培养等配套手段更加多元，这都需要扶贫领导机构对任务体系进行重构和明确化。

从政策执行体系来看，当分解后的特定扶贫任务被分配到各部门后，针对一些重点任务或综合性任务成立了以分管副县长为组长的领导小组，如安全饮水工程领导小组、易地搬迁领导小组，确保核心任务得到高度重视。还有一些任务则由某一职能部门牵头完成。这意味着，在以特定任务为核心的政策再整合过程中，组织体系重构也是一项重要的工作。扶贫任务的复杂性和政策举措的多样性都决定了特定扶贫政策的执行需要多部门合力，需要通过组织结构调整来统筹各项工作，建立部门间协调机制，强化部门合作，提升工作效率和资源配置效率。以"八个一批"中的《互助县医疗保障和救助脱贫攻坚行动计划》和"十个行业扶贫专项"中的《互助县医疗卫生扶贫专项方案》为例，虽然两项任务被分别拆解出来，但实际上都属于医疗卫生领域的扶贫计划，业务范畴基本重叠，组织体系也是一致的。首先，互助县建立了由县级扶贫开发领导小组办公室牵头，卫生计生、人社、民政、财政共同组成的工作机制，统筹安排和整体推进各年度、各阶段的工作，协调解决行动计划实施中出现的新情况、新问题。其次，各部门责任也进行了明确的划分：人社部门依据扶贫部门的信息，协调民政、财政部门及时拨付资助资金，确保贫困人口全部参保，及时兑现贫困人口医保待遇；卫生计生部门致力于提高贫困地区基层医疗机构卫生服务能力建设，落实各项减免政策，加强对医疗服务行为的监管，控制医疗费用过快增长；民政部门负责落实贫困人口医疗救助政策，及时落实相关待遇，拨付贫困人口参加城乡居民医保个人缴费的资助资金；财政部门负责拨付城乡医疗救助资金，做好贫困人口医疗保障和救助脱贫行动计划的资金保障和监管工作。在扶贫任务完成的过程中，各部门既分工又协作，形成扶贫合力。

政策整合是一项复杂的工作，贯穿政策制定与执行的全过程。李奎认为，政策整合就是对公共政策进行体系建构、过程调试和措施完善①。互助县扶贫开发领导小组办公室、扶贫局②以及特定扶贫任务相关的责任单位是扶贫政策整合的重要主体。但由于任务属性和各部门工作性质的不同，其政策整合的机制也会存在差异。

（二）政策整合的多重机制

在建立以特定扶贫任务为核心的政策体系和组织体系的过程中，县扶贫开发领导小组办公室首先要充分考虑可利用的传统扶贫政策资源，其次要充分考虑任务特点和政府职能部门的业务性质，将扶贫任务在既有的县域治理体系内分解。为确保扶贫任务的完成，各责任单位还要充分发挥自主性进行政策调整和再整合，将扶贫任务恰当地纳入业务体系。如何对政策和组织资源进行整合，充分挖掘、发挥和利用各职能部门的优势是一项重要的工作。

一种最基础的整合机制就是"叠加扶贫目标"，基础设施和公共服务类的行业通常是通过这种方式被整合进扶贫政策体系的。交通、水利、电力、医疗卫生（防控和治疗）、通信、电子商务、文体、金融、科技、教育等行业都有各自特定的业务范畴、工作流程，有着较强的技术刚性，扶贫任务相对来说具体且集中，而且工作成果容易量化。对相应的行业部门来说，在精准扶贫前后他们的工作内容和业务范畴并没有发生改变（除了"双帮"责任），只是资源投入向贫困村和贫困户集中、工作进度与脱贫规划相一致，并且精准扶贫任务也为

---

① 李奎：《我国扶持低碳经济发展的公共政策整合问题研究》，中国社会科学出版社 2017 年版。
② 互助县脱贫攻坚指挥部办公室和脱贫攻坚领导小组办公室合署办公，都设立在扶贫局，三者实际上是一套班子。所以大多数时候扶贫局是代表扶贫开发工作领导小组和脱贫攻坚指挥部的。

各行业部门提供了更多的计划外①项目资金和支持。在互助县教育局的访谈印证了这一点：

> （扶贫不会影响我们的常规工作）……实际上我们教育扶贫主要的工作就是做好控辍保学和职业教育这一块，实际上他的个性问题并不多，我们只要推进我们的教育质量向更强方向发展就可以了。（访谈资料：X20190911 互助教育局访谈记录）

再以互助县水务局为例。从工作内容来看，人畜饮水（包括农村人饮巩固提升）、农田水利、水土保持（包括坡改梯）、小流域综合治理等工程都是水务局的传统业务。精准扶贫以来，由于"安全饮水"是县摘帽、村出列、户脱贫的明确指标之一，水务局将更多的注意力集中到人畜安全饮水设施建设上，通过建蓄水池、户内井等方式实现了"人均水量达到标准、饮水水质达标、取水方便程度便捷、供水保证率达标"的目标，彻底解决了群众饮水安全问题；而贫困乡村的坡改梯工程则有利于提升农户耕作条件，助力脱贫产业发展和农户增收，也成为水务局脱贫成效和经验的一部分。从工作流程和责任来看，县扶贫开发领导小组办公室（实际上是扶贫局）统揽全县脱贫攻坚工作，水务局需要向其作脱贫攻坚工作计划的总结，并接受其考核。原属于行业计划内的项目申报、审批、建设、验收都由行业自身完成，但涉及贫困村和建档立卡贫困户的项目以及从扶贫口

---

① "计划外"中的"计划"通常是指国民经济和社会发展规划纲要，这里指"十三五"规划（也包括特定时期国家自上而下出台的专项规划，如中小河流治理专项规划）。交通、水利、电力等部门都编制了各自行业部门的"十三五"发展规划，如互助县"十三五"水利发展规划，是未来五年（2016—2020）政府工作重点和行动纲领。这一规划一方面根据全省、全市的"十三五"行业规划制定；另一方面根据县内具体情况分配和规划。由于这些行业资金都属于中央预算内资金，因此在实施前，通常只能依据规划内项目申报资金。所以，互助县水利扶贫方案基本上也只能根据县"十三五"水利发展规划制定，除非扶贫政策能带来更多可用的切块资金。

划拨资金的项目，扶贫局都有监督考核权，这在精准扶贫中占了较大比例，但并不会从根本上影响水利行业的工作流程，实际上只是在水利项目建设中叠加了扶贫的目标。

第二种最常见的整合机制是"政策转换"。这类政策原本有自身的政策指向和意图以及目标群体，但精准扶贫以后，互助县通过动员和转化将其彻底整合进扶贫体系，这改变了原本的政策标准、政策目标以及业务内容和范畴，完成了政策的再生产。这种政策整合形式是最常见的，在《互助县精准脱贫攻坚实施方案（2016—2020年）》中，互助县政府着重强调和布局了"8+10"专项和行业扶贫政策，其中有少部分政策，如医疗保障和救助、低保兜底、生态保护和服务脱贫，是通过转换成为扶贫政策的；另外，方案还对其他部门如县委组织部、宣传部、县财政局、民宗局、绿色产业园管委会、农业示范园区管委会、土族故土园景区管委会等其他职能部门和工作单位提出了扶贫工作要求，这些组织也从各自业务领域融入精准扶贫工作，形成了党建脱贫、精神脱贫、农村综合环境整治和高原美丽乡村建设、村集体经济发展、涉农资金整合、民族和宗教脱贫政策、示范园区建设等外围脱贫政策体系。以示范园区建设为例，互助县提出"三园引领三县建设"的口号，意思是"以高原现代农业示范园、绿色产业园和土族故土园'三园'引领现代农业示范县、生态经济强县和高原旅游名县'三县'"，这是县域发展的指向标。从"三园"的内容来看农业、生态、旅游都是"8+10"的重要政策领域，这就是示范园区建设与扶贫工作的契合点。例如，在高原现代农业示范园建设过程中，互助县以项目建设为支撑，鼓励农民、企业、金融等积极参与园区建设。大力培育种养大户、家庭农牧场、合作社、龙头企业等新型经营主体，加快构建以农牧户家庭经营为基础、合作与联合为纽带、社会化服务为支撑的主体式复合型现代农牧业经营体系，逐步形成了"示范园区+生产合作社+产业服务队""示范园区+营销合作社+经纪人队伍""示范园区+加工合作社+家庭作坊""示范园区+龙头企业+合作社+农户"等多种形式的生产营销组织模式,做到了市场与农户、企业与基地的有机联结,持续带动农户增收。以县域为单位的园区建设突破了以村为单位发展产业的弊端,有助于扩大规模、延长产业链和提升品牌效应,在产业发展和转移就业方面为全县扶贫工作作出了突出贡献。

  还有一些任务需要通过政策创新来实现,因为传统的政策手段可能无法解决这些遗留问题。例如,资产收益作为一种脱贫方式,被视为精准扶贫机制的重大创新。党的十八届五中全会提出,"探索对贫困人口实行资产收益扶贫制度"。《中共中央国务院关于打赢脱贫攻坚战的决定》进一步明确要求探索资产收益扶贫,"在不改变用途的情况下,财政专项扶贫资金和其他涉农资金投入设施农业、养殖、光伏、水电、乡村旅游等项目形成资产,具备条件的可折股量化给贫困村和贫困户,尤其是丧失劳动能力的贫困户"。这种创新体现在两个方面,一是市场机制与政府主导的结合,通过改变传统的财政资金定点投入方式,转向以股权投资的方式引导贫困者参与合作社等市场主体的经济活动,通过企业、农民专业合作社和村集体、农户民主协商资源参与,通过协议明确权责利,实现了政府和市场的合理分工和职能互助,减轻政府财政负担的同时进一步提高扶贫资金的使用效率;二是密切了当地群众与产业发展的利益联结,强化了产业发展的辐射带动作用。以往政府通过补贴、补助等方式支持贫困地区产业发展和基础设施建设,实际上难以将缺乏劳动技能的贫困户纳入其中,而资产收益则弥补了这一不足,丰富了对深度贫困人口的精准扶持措施。互助县大胆改革,积极探索"折股量化、配股到户、收益共享、分红到人"的资产收益扶贫新路径,初步取得了村集体资产保值增值、贫困户从中获得稳定收益的效果,走出了一条保障贫困人口长期稳定脱贫新路子,用资产收益撬动精准扶贫。

（三）政策整合如何重构县域贫困治理的政策目标？

随着精准扶贫从区域性发展问题转移到贫困身份问题，扶贫的目标也变得更加明确而复杂。整体来看，互助县精准扶贫的总体目标是"三年集中攻坚，两年巩固提升"和实现贫困人口"两不愁、三保障"。通过目标叠加、政策转换和政策创新等多重整合机制，互助县构建了覆盖产业发展、基础设施建设、公共服务供给、乡风建设等方方面面的扶贫政策体系。精准扶贫彻底取代了开发式扶贫模式，系统性重塑了乡村发展的目标。

发展产业是以往开发式扶贫模式下最为常见的政策手段，基础设施建设和公共服务供给作为发展产业必要的配套设施，也是重点关注的领域。但精准扶贫以来，相关政策的强度加大、精细化程度更高、配套措施更加到位。以贫困村和贫困户的精准识别为基础，互助县将政策资源针对性地、有计划地、分步骤地投向目标群体，整体性地提高农村基础设施水平和推进农村基本公共服务均等化，为农村地区的长远发展和乡村振兴打下坚实的基础。

乡风建设是农村社会建设的一部分，在过去的扶贫开发中是相对边缘的领域。在精准扶贫中，互助县委宣传部、组织部、教育局、民宗局等部门积极开展"精神脱贫"工作，注重培养贫困群体脱贫的内生动力。党建工作、健康宣传、教育宣传、政策宣传、民族宗教事务管理等工作都被融合进"精神脱贫"政策体系，转换为扶贫政策的一部分。互助县以精准扶贫为契机、以"每户培养一个政策明白人"为目标，逐步改变农村地区传统的、落后的习俗和观念，加快城乡文明一体化建设。

互助县通过整合各项政策构建了以"1+8+10"为核心的包绕型扶贫政策体系，将精准扶贫的政策内涵和目标体系都进行了拓展。在这样一个庞大的政策系统中，互助县扶贫开发领导小组通过不同的机制和形式将各职能部门纳入精准扶贫政策执行体系中,形成了"全域响应"的动员体系。

在以一项项"任务"为核心的政策子系统中,政策体系建构、组织结构调整、协调联动机制构建和目标叠加、政策转换、政策创新等一系列政策整合策略又会被选择性地调用,确保政策目标得以实现。在互助县扶贫政策体系中,易地搬迁和东西部协作是两项重要的政策。易地搬迁是解决深度贫困群体生计问题的重要方式,互助县以易地搬迁为抓手,通过基础设施、公共服务等多重政策叠加,拓展了易地搬迁的政策内涵,以此推动农村全面发展。在东西部协作任务中,互助县将东西部协作与精准扶贫任务有效对接,通过组织重构和政策创新在最大程度上发挥了东西部协作政策的"外部资源链接"功能,成为互助县精准扶贫工作的重要支撑。这两大重点工程充分体现了互助县在精准扶贫工作中的自主性、创造性和务实性。下面以这两大重点工程为例,对互助县在面对不同政策任务时如何选择有效的政策整合策略作进一步阐释。

表4.1 互助县精准扶贫主要政策清单及其整合方式

	政策	责任单位	政策整合方式
十大扶贫工程	交通扶贫	交通运输局	目标叠加
	水利扶贫	水务局	目标叠加
	电力扶贫	国家电网(互助县供电公司)	目标叠加
	医疗卫生扶贫	卫生和计划生育局	目标叠加
	通信扶贫	电信公司;县电子商务进农村工作领导小组	目标叠加
	电子商务和市场体系建设扶贫	工业和商务局;县电子商务进农村工作领导小组	目标叠加
	文体惠民扶贫	文化旅游体育局	目标叠加
	金融扶贫	财政局;互助县农村商业银行、县人民银行	目标叠加、政策创新
	科技扶贫	农牧局;县科技、科协部门	目标叠加
	农牧民危旧房改造扶贫	住房和规划建设局;县农村住房建设领导小组	目标叠加、政策转换

续表

	政策	责任单位	政策整合方式
八个一批	发展产业脱贫	农牧局	目标叠加、政策转换
	易地搬迁脱贫	扶贫局	目标叠加、政策转换
	资产收益脱贫	扶贫局	政策创新
	转移就业脱贫	就业局	政策转换
	医疗保障和救助脱贫	县扶贫开发领导小组；卫生计生、人社、民政、财政	目标叠加、政策转换
	教育脱贫	教育局	目标叠加
	低保兜底脱贫	民政局	政策转换
	生态保护和服务脱贫	林业与草原局	政策转换
其他	东西部协作	县东西部扶贫协作工作领导小组	政策转换、政策创新
	定点扶贫	组织部	政策转换、政策创新
	党建脱贫	组织部	政策转换
	精神脱贫	宣传部	政策转换
	农村综合环境整治、高原美丽乡村建设	新农办	政策转换
	村集体经济发展	县村集体经济工作领导小组；县委组织部	政策转换
	民族、宗教脱贫政策	统战部、民宗局	政策转换
	涉农资金整合	财政局	政策转换
	示范园区建设	绿色产业园管委会、农业示范园区管委会、土族故土园景区管委会	政策转换

二、以易地搬迁推动农村全面发展

（一）易地搬迁政策延续与变革

移民搬迁一直以来都是行之有效的扶贫措施之一。从20世纪90年代开始，为从根本上解决互助县内自然条件差、生存环境不良地区农民的贫困问题，互助县委、县政府根据青海省以及海东市的安排部署，致力于"移民调庄"工作。截至2005年，通过摸底调查，先后组织实施了四期规模较大的移民调庄项目，主要是将贫困农民迁往海西州的各个农场，方便移民从事农业生产活动。在进行移民调庄的同时，县、乡两级政府还有组织地向江苏、新疆等地输出劳动力。"移民调庄"为许多人提供了出路和机会，有一部分人通过到外面承包工程，开办砖厂、砂场、石料厂等，快速发家致富。易地移民调庄被认为是一种有效的脱贫手段。

2005年互助县争取到南门峡镇却藏寺村小型易地扶贫搬迁试点项目，对居住在偏僻、生活条件艰苦的100户农户整体搬迁。统一设计建造了围墙、大门和猪圈，并为村民安装了太阳能灶、沼气灶，拉上了自来水，极大地方便了群众，改善了村民们的生产生活条件。同时，政府还配套实施了一批工程项目：硬化乡村道路、修建文化广场、对1800米的护坡做了夯基整修，粉刷墙面，修建文化长廊，修建公共垃圾收集点，修建公用厕所，改造了农村危房、旧房。该项目总投资300.4万元，其中国家投资278万元，群众自筹22.4万元。在这一试点项目中，国家投资力度很大，且配套设施更加齐全，其经验最终在精准扶贫时期全面推开。

但是，在易地搬迁项目尚未普及的时候，也即精准扶贫相关项目和资源下达之前，互助县大部分地区的移民搬迁都是利用危旧房改造项目完成的。但由于项目资金有限，搬迁难度极大。例如，从2012年开始五十镇政府就动员班彦村进行移民搬迁，当时每一户需要缴纳45000元（不区分贫困户和非贫困户），其中40000元是征地费用，5000元用于自来水入户、电力改造等工程。另外建房子需要25000元，这部分由政府以"危旧房改造"名义补贴。但持续做了几年工作，村民也没能完全交齐这笔钱，所以搬迁工作迟迟没能开始。直到2015年精准扶贫开始后，中央专门拨付了易地扶贫专项资金，并且对建档立卡贫困户免收一切费用，一般户也只需要缴纳少量费用，于是班彦村易地搬迁项目在2016年4月1日正式动工。

易地搬迁在经过几年的试点后已经趋于成熟，在2015年中央发布的《中共中央国务院关于打赢脱贫攻坚战的决定》中，易地扶贫被作为重要的扶贫方式提出来，在全国普遍推行。这一阶段，互助县面临的大多是脱贫难、返贫易、常规脱贫手段难以奏效的深度贫困群体，他们相对集中在缺乏基本生存条件和发展条件的干旱山区及偏远脑山地区，就地实现脱贫的难度很大，易地搬迁被视为解决这部分群体脱贫的有效手段。为实现这些贫困村和贫困户的长远全面发展，互助县以易地搬迁为工作抓手，统筹农村基础设施建设、公共服务供给、农村经济发展和群众就业问题，使易地搬迁成为一个庞大的"政策包"。互助县拟定了完整的易地扶贫搬迁规划，坚持以脱贫目标统领搬迁安置，将"搬迁是手段，脱贫是目的"的理念贯穿于安置区选址、安置模式选择、安置房及配套设施建设、后续产业发展和就业扶持全过程，通过政策叠加和组织结构调整来动员和吸纳相关部门，充分整合项目和资金，创新项目实施方式，制定完善的后续扶贫政策，努力做到"搬得出、稳得住、有事做、能致富"，从根本上解决贫困人口的生计问题。互助县有计划、有组织地开展易地搬迁工作，其进度与贫困村脱贫计划相挂钩，基础设施、公共服务建设又与易地搬迁规划相挂钩。截至2018年5月，互助县顺利完成8个乡镇

16个村的易地搬迁任务，互助县也成功"摘帽"。

（二）多重政策叠加，重构任务体系

互助县将易地搬迁工作的目标确定为"确保搬迁对象脱贫致富"，具体而言就是"搬得出、稳得住、有事做、能致富"，彻底解决"一方水土养不起一方人"的问题，这意味着易地搬迁绝不是一搬了之。在《互助县易地搬迁脱贫攻坚行动计划》中，互助县把易地扶贫搬迁与高原美丽乡村建设、生态环境保护、农村危房改造、产业发展、转移就业等工程结合起来，对政策内涵进行拓展，重新建构了易地搬迁任务体系。具体而言，包括住房建设、基础设施建设（供水工程、供电工程、道路建设、通信工程）、公共服务设施建设（教育设施、卫生设施、环卫设施、综合活动场所）、宅基地复垦和整理、迁出区生态恢复（退耕还林、新村绿化）、后续产业发展（特色农牧业、商贸流通、劳务增收、旅游服务业等其他产业）。从整个流程来看，易地搬迁工程包括前期的搬迁动员与协调、土地审批、资金支持，中期的工程建设，后期的土地流转和生态恢复与产业规划。互助县将多重扶贫任务和政策叠加在易地搬迁工程上，一方面是为了从根源上解决贫困群体的生计问题，实现搬迁的总目标；另一方面也想全面解决搬迁村的发展问题，为下一步乡村振兴打下坚实的基础。

易地搬迁工程庞大的任务体系是无法由单一部门来完成的。根据工作性质的差异，主要涉及的部门可以分为三类。一是统筹类，即县扶贫局，全县易地搬迁工作由其规划、统筹和协调。二是保障类，发改委、财政局、审计局、监察局在易地搬迁中起着监督和配合作用。前两类部门的工作都是贯穿易地搬迁全过程的。三是职能类，农商银行、国土资源局、住建局、县委组织部、民政局、林业局、水务局、供电公司、交通局、教育局、卫生计生局、文化旅游体育局、环保局、新农办都分别在易地搬迁工作中承担着某一部分工作，为特定易

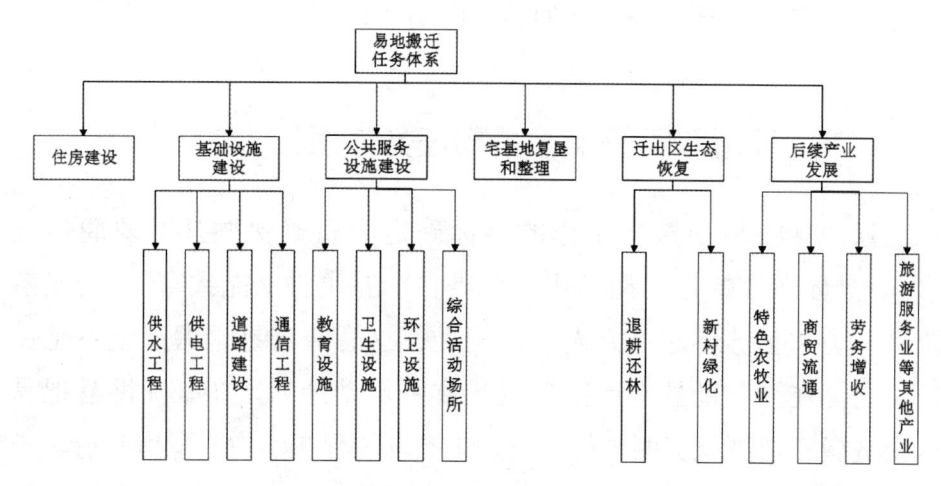

```
                        易地搬迁
                        任务体系
   ┌────────┬──────────┬──────────┼──────────┬──────────┬──────────┐
住房建设  基础设施    公共服务    宅基地复垦   迁出区生态    后续产业
          建设        设施建设    和整理       恢复         发展
       ┌──┼──┬──┐  ┌──┬──┼──┐              ┌──┐      ┌──┬──┬──┐
      供  供 道 通  教  卫 环 综              退  新    特  商  劳  旅
      水  电 路 信  育  生 卫 合              耕  村    色  贸  务  游
      工  工 建 工  设  设 设 活              还  绿    农  流  增  服
      程  程 设 程  施  施 施 动              林  化    牧  通  收  务
                            场                        业              业
                            所                                        等
                                                                      其
                                                                      他
                                                                      产
                                                                      业
```

图 4.1　互助县易地搬迁任务体系

地搬迁工程解决局部问题，工作任务相对清晰独立。清晰的任务划分和部门分工为互助县易地搬迁工作打下了良好的基础。

表 4.2　互助县易地搬迁责任分工

部门	职　责
扶贫局	负责易地搬迁项目实施方案的编制、组织协调、监督检查以及做好建档立卡搬迁对象审核、安置区后续产业开发，指导相关部门和乡镇做好规划实施等工作。
发改委	负责项目、资金配套整合，牵头各相关部门进行工程验收等工作。
财政局	负责县财政配套资金落实、拨付，监督乡（镇）政府资金使用等工作。
审计局	负责易地搬迁专项资金的审计监督等工作。
监察局	负责监督执纪问责，对实施项目招投标环节、项目资金使用情况的监督检查，对项目建设中出现的违纪违规问题严肃执纪问责。
农商银行	负责发放易地扶贫搬迁贷款等相关工作。
国土资源局	负责安置建新村土地利用总体规划的调整，审核上报省人民政府办理建设用地审批手续，按耕地"占补平衡"原则，指导和监督乡（镇）政府开展迁出区土地复耕、整治等工作，并组织对复垦的耕地进行质量评估、验收备案。
住建局	负责安置地勘察、定界，各相关项目衔接，村庄规划，住房规划、设计、招投标、审查、审核、住房工程质量监督和统计工程的招投标等工作。

续表

部门	职　　责
县委组织部	负责村级综合服务中心招标、建设等工作。
民政局	负责安排实施搬迁村"幸福院"项目建设及农村社区办公用房项目，协助乡镇政府做好"五保户"易地搬迁安置工作。
林业局	负责安置区村庄绿化等工作。
水务局	做好安置区水源地规划，人饮工程招投标和水利设施建设等工作，并履行行业监管职责。
供电公司	负责安置区供电工程建设等工作，并履行行业监管职责。
交通局	负责安置区道路建设工程招投标、村道硬化、通村公路建设等工作，并履行行业监管职责。
教育局	负责统筹配套教育资源，安排搬迁户适龄儿童就近就地入学等工作。
卫生计生局	负责协调相关部门修建村卫生室，统筹配置卫生资源等工作。
文化旅游体育局	负责安置区文化活动阵地建设和文化体育器材配备等工作。
环保局	负责安置区村庄环卫设施配套建设，配套实施移民新村环境综合整治项目等工作。
新农办	积极配合住建部门进行搬迁村高原美丽乡村规划，配合实施高原美丽乡村建设项目等工作。

（三）建立"横纵联动"责任体系

为了统筹协调多部门工作，强化部门合作，互助县建立了"横纵联动"的责任体系。首先，明确牵头机构，即第一责任人。在中央层面，易地扶贫搬迁是由国家发展和改革委员会牵头和负责的。但到了青海省，这一任务却交给了省扶贫局，互助县的易地扶贫搬迁任务也顺理成章由县扶贫局牵头。在互助县的脱贫攻坚实践中，这一组织安排充分发挥了其优势。一是易地搬迁被视为脱贫攻坚的"当头炮"，由扶贫局牵头能够使其更好地服务于全县脱贫攻坚目标和进程。二是互助县脱贫攻坚指挥部办公室和脱贫攻坚领导小组办公室合署办公，都设立在扶贫局，三者实际上是一套班子。易地搬迁需要多部门协调配合，扶贫局能够借助指挥部和领导小组的力量更好地统筹协调各部门工作。

横向来看，虽然易地搬迁涉及的政策领域多，任务复杂，但统筹类、保障类、职能类这三类部门的责任都高度明确，在易地搬迁工程中承担的任务并没有超出其原本的业务范畴，各部门都能将其与自身工作良好地衔接。纵向来看，互助县扶贫局牵头易地扶贫搬迁任务，县级各职能部门配合完成各自的分管工程和任务，而乡镇政府作为易地搬迁工程的责任主体，负责核实确定易地搬迁农户、搬迁对象筛选审查和核实、搬迁形式和安置模式选择、原有宅基地复耕、易地搬迁实施方案编制、落实安置建新村土地，并提供建设用地报批所需立项、批复、勘测、定界、土地利用总体规划图、土地利用现状图、补充耕地位置图等相关资料和图件，移民新村村庄规划、项目实施、资金管理、质量监管和建立档案信息台账，以及加强后续管理等工作。整体而言，乡镇政府要做好前期调研准备工作，并配合各行业部门完成相关工程建设，全面参与辖区内易地搬迁项目。此外，县、乡（镇）、村三级都成立了易地扶贫搬迁工作小组，明确了县上包规划、乡镇包管理、村上包监督的"三级三包"制度，确保易地搬迁项目进度和质量，通过三级联动努力实现扶真贫、真扶贫、真脱贫。

在建立完善的组织架构的基础上，如何在部门间建立协调联动机制是互助县的又一项重要任务。首先是统一思想，凝聚共识。互助县通过一系列制度为全县各部门和单位思想上绷紧了一根弦。一是《互助县扶贫工作联席会议制度》，对于重大项目实施方案、地质勘查、公开招投标、项目资金数额、基础设施建设等相关工作，按照"集体讨论、民主集中、会议决定"的程序，召集县发改委、财政局等相关部门和项目实施乡镇负责人召开联席会议，集体协商，确保工作质量和进度。二是《互助县易地扶贫搬迁约谈制度》，每月召开一次约谈会，对易地搬迁中工程质量、工程进度、安全施工等事项进行约谈，及时掌握、发现、解决易地搬迁工作中出现的问题。三是《互助县易地扶贫搬迁项目管理制度》，易地扶贫搬迁项目实行"一个项目、一名领导、一套班子、一笔资金、一个机制、一抓到底"的"六个一"工作机制和县上包规划、乡镇包管理、村上包监督的"三级三包"制度，落实了项目各环节的责任主体，强化各部门责任意识。三大制度对相关单位的工作提出了更高的要求，让各部门充分意识到易地搬迁工作的重要性和紧迫性，确保任务落实。

其次是统一工作进度。易地扶贫搬迁项目建设遵循"统一布局、统一设计、统一标准、统一管理"的原则，也就是说，易地搬迁村在完工时必须保证住房以及配套基础设施、公共服务设施同步完工，并且达到贫困村脱贫标准，因此各行业部门必须配合这一进度。十个行业部门牵头制定的交通扶贫、水利扶贫、电力扶贫等专项扶贫计划都普遍提到与易地扶贫搬迁规划的有效衔接。这意味着交通局、水务局、供电公司、文体旅游体育局、卫生计生局、县委组织部等部门必须根据易地搬迁年度规划有针对性地集中资源，将资源向易地搬迁村倾斜，完成对应搬迁区的道路、供电、饮水、文化活动室、村卫生室、村级综合服务中心等配套设施。

最后是通过整合资金和项目来统筹资源分配。互助县加强对易地搬迁项目资金管理，对项目资金封闭运行，专款专用，切实开展资金专项审计审查，防止资金挤占和冒领等现象。同时，按照"渠道不乱，用途不变，相对集中，配套使用"的原则，不断加大项目资金的整合力度，加快推进相关项目建设。重点整合了扶贫、交通、水务等部门的资金，有效发挥资金的聚合效益。

（四）三重整合机制落实"发展"目标

易地搬迁工程充分展现了互助县扶贫政策整合的重要经验。通过将多重政策叠加，易地搬迁成为一项系统性工程；又通过搭建易地搬迁的组织体系，确保政策执行到位。当被拆分的各项责任被划分到特定职能部门后，相关单位又通过目标叠加、政策转换和政策创新等多重机制将扶贫责任与既有的政策资源和业务体系结合起来，将扶贫责任与业务责任同时落实。通过这种方式，易地搬迁成为调动各类行业部门和政策资源的工作抓手，各项工作齐头并进，推进农村全面发展。

在易地搬迁任务体系中，交通、水利、电力、通信等基础设施建设和教育、文体等公共服务供给都是实现贫困村长远发展的重要配套项目。由于这些部门的业务都具有一定的技术刚性，在业务范畴和工作流程上很难作出调整，因此，这些部门只需要通过调整目标对象和资源分配计划、工作进度的方式完成扶贫任务。一是将资源投入的目标对象集中到贫困村和建档立卡贫困户，尤其是优先确保易地搬迁村的配套设施建设。在《互助县水利扶贫专项方案》中就特别提到，要结合《互助县"十三五"易地扶贫搬迁实施方案》，对其中涉及饮水安全问题的30个村（社）（其中贫困村27个、含易地搬迁村20个）、4000户15703人（其中贫困人口8397人）实施饮水安全巩固提升工程。作为易地搬迁工程的一项硬性指标，水务局负责的安全饮水工程在规划中就充分考虑到与易地搬迁规划的对接。二是调整内部工作进度。相关基础设施、公共服务建设都与易地搬迁规划相挂钩，这些部门会根据易地搬迁的分期规划完成各自的任务。三是统筹兼顾，在确保达到易地搬迁村、贫困村和建档立卡贫困户脱贫标准的前提下，尽可能惠及周边非贫困地区，确保整个农村基础设施普遍提升。例如在变电站的布局上，尽可能辐射更多的自然村和村民，而不单纯以解决贫困户用电问题为目标。

还有一些责任被摊派到指定部门后，这些部门需要将内部的政策进行一定的调整，与易地搬迁政策进行衔接，可能需要改变原本的工作方式、工作标准。易地搬迁中一项重要的后续工作就是"迁出区生态恢复"，其中退耕还林工作由林业局负责，新村绿化工作由新农办负责。退耕还林原本的政策指向是生态保护,但通过在项目开发中组织群众投工投劳（以工代赈）、按脱贫规划聘请建档立卡贫困户当管护员（转移就业的重要渠道）深深嵌入和服务于精准扶贫工作,成为易地搬迁中增加贫困户收入和解决就业问题的重要方式。在精准扶贫以前,林业局在聘请林业管护员时并不需要考虑其身份,现在的聘用标准改变为必须是建档立卡贫困户；以往退耕还林工程中的劳务问题也是通过市场化的方式解决的,比如外包给有资质的工程公司,但易地搬迁村（社）的工作量相对较小,往往倾向于通过组织群众投工投劳的方式完成,能有效增加农民收入,这在很大程度上改变了原有的工作方式。

易地搬迁村和户的"后续产业发展"问题也是需要通过政策转换和政策创新来实现的。互助县依据不同贫困原因及迁出地自然村落分布情况,灵活采用集中安置和分散安置的方式来搬迁,这就需要通过设计多样化的方式来解决不同类型搬迁村后续产业和贫困户的生计。集中安置包括行政村内就近集中安置和建设移民新村集中安置,其中较为特殊的是进城上楼集中安置,松多乡花园村、前隆村贫困程度深,地理条件差,据一名花园村村民说：

> 在山上时,班车不通,交通不便,远一点的村民从家里走到公路边都要半个多小时,要是遇上个急病结果就是等死。[1]

为彻底改变贫困现状,互助县决定将其从农村集中搬入县城,土房变高楼,村民变城市居民。由于迁入地位于城镇,距离原村较远,搬迁户都失去了原本的耕地,生计问题成为最大的困扰,传统的产业规划（如种养殖业、旅游业）都不适用。最终,县政府、乡政府、村两委合力,创造性地解决了这些新城市居民的就业和收入问题。主

---

[1] 赵睿：《话不尽花园村的"美丽"》,《青海日报》2019年4月8日。

要采取了下列四个方面的举措：一是花园新村以 30 万元的后续产业发展扶持资金成立了"互助县君政家政服务有限公司"。考虑到村里妇女外出务工较少，且家政公司灵活性强的工作方式，大量吸纳村里的妇女就业，让她们能顾家也能赚钱，公司按照每人 1500 元底薪+绩效的方式发放员工工资。二是资产收益分红。通过召开村两委会、群众代表会成立了精准扶贫项目监督委员会，讨论决定由监督委员会牵头用 95 户贫困户 316 人的财政专项扶贫资金 170.64 万元，在县城易地扶贫搬迁安置点修建商铺出租分红，实现户均增收 2000 余元。三是转移就业。依托松多乡搬迁村集中安置在县城的优势，积极引导搬迁群众在临近的绿色产业园区、扶贫产业园就近务工，并通过思想动员鼓励贫困户到海西、新疆等地务工。四是公益性岗位。花园新村结对帮扶单位、第一书记、村两委积极向县里争取公益性岗位名额，为贫困户提供更多的政策性收入。另外，针对部分创业和就业能力较强或有条件投靠亲友的贫困人口，互助县采用分散安置的方式。针对前者政府主要是鼓励和扶持其自主到县城、海西州等地定居，自主就业、自谋出路，政府给予安置补贴。而对于安置地落实难度大，搬迁群众自愿投亲靠友的采取投亲靠友、购置川水地区农户闲置住宅等方式插花安置。在谋划易地搬迁村的后续产业时，各种多样化的政策工具被充分调用，有针对性地解决各种复杂和特殊的问题。

三、东西部协作全面嵌入精准扶贫

（一）东西部协作扶贫的历史传统与演进

20 世纪 90 年代，随着改革开放和社会主义市场经济的推进，东部地区和部分城市利用经济、技术、人才、资本、区位以及政策优势率先实现了快速发展。在此基础上，"为加快西部贫困地区扶贫开发进程、缩小东西部发展差距，促进共同富裕"，1996年，党中央、国务院确定北京、上海等9个东部省市和4个计划单列市与西部10个省区开展扶贫协作，自此开始了20余年的东西部协作扶贫历程。其中，辽宁省被确定为青海省的对口帮扶单位。从帮扶形式上来看，早期的东西部协作主要以物资捐献等"救济式扶贫"为主，如爱心捐款、给项目、送良种、修学校、给医疗设备，虽然也有传授技术、代培学生等"扶智"手段，但整体上扶持力度有限、规模较小，难以达到脱贫目标。另一方面，从帮扶范围来看，当时，青海省仅有14个国家级贫困县与沈阳、鞍山、抚顺等10个城市和沈铁、东电等3家大型企业结成了对口帮扶关系，因此基本上仅有这些国家级贫困县获得了援助[①]。"十二五"期间，2010年11月，鉴于国家扶贫结构的调整[②]，经辽青两省协商，辽宁省的13个市1个企业的对口帮扶地区调整为西宁和海东地区9个县。作为省级扶贫开发工作重点县，互助县成为辽宁省朝阳市、丹东市的共同帮扶对象。2011年至2016年，朝阳市和丹东市在基础设施建设、易地扶贫、产业发展、美丽乡村建设等方面为互助县提供了大量的扶贫资金，在教育方面的帮扶力度进一步加强。朝阳市专门在部分高中设立了青海育才班，为青海学子提供良好的教育资源，并动员社会各界的爱心人士为其提供物质保障。虽然这种结对帮扶有一定的协议和规划，但仍然是缺乏核心支柱且不成体系的。

2016年12月，为了配合推动国家脱贫攻坚战，中共中央、国务院发布了《关于进一步加强东西部扶贫协作工作的指导意见》，对东

[①] 席红梅、谢小灵：《温情穿越重重山——辽宁省帮扶青海省纪实》，《中国贫困地区》1998年第10期。

[②] "十二五"期间，国家对藏区援助力度加大，六个发达省市与青海省藏区六州形成了对口支援关系，辽宁省在藏区的帮扶任务减轻。

西部扶贫协作结对关系进行了部分调整。其基本思路是在原有的东西部扶贫协作省之间结对关系不变，原有的对口支援西藏、新疆和四省藏区对口帮扶关系不变，原有的东西部扶贫协作和对口支援管理体制不变的基础上，对一些经济下行压力较大、帮扶任务和自身扶贫任务较重的东部省市适当调减帮扶任务，对贫困程度较深、脱贫任务重的西部省份，协调东部省市适当调增帮扶力量。青海省就在此次调整范围内，江苏省与青海省结成了新的结对帮扶关系，鉴于"层层帮扶"的制度安排，江苏省无锡市成为海东市的帮扶单位，无锡市新吴区成为互助县的对口帮扶单位。实际上，包括互助县在内的海东市，尽管是青海省内经济较为发达的地区，但在2015年的精准识别过程中发现，这一地区的绝对贫困人口仍然非常多。地区整体的经济发展并未能有效地消除该地贫困人口。一方面是由于这里人口较为密集，另一方面是因为这里属于农耕区，依靠种地吃饱肚子没问题，但却无法达到脱贫标准，尤其是沟壑纵横的深山里贫困户特别多。考虑到互助县脱贫攻坚任务的艰巨性，新吴区这一国家高新技术开发区就被分配为互助县的帮扶单位。新吴区具有良好的产业基础和发达的经济水平，在过去对陕西省延安市黄龙县和黄陵县、新疆阿合奇县色帕巴依乡、重庆云阳县的对口帮扶和对口支援过程中积累了丰富的经验，这一安排为互助县脱贫攻坚提供了强有力的支持。随着精准扶贫任务的到来，互助县东西部协作一方面在原有的扶贫协作格局上又上了一个台阶，另一方面成为精准扶贫重要的支撑性政策。

（二）层层结对：构建扶贫协作政策执行体系

新一轮结对帮扶关系得到了双方领导的高度重视，互助县成立了以县委书记为第一组长、县长为组长的东西部扶贫协作工作领导小组，并配备了专门的工作人员，全面负责开展东西部扶贫协作各项工作。新吴区则相应地成立了对口支援领导小组，区主要领导担任领导小组组长，区分管领导担任领导小组副组长，各职能部门和街道板块主要负责人及互助县对口帮扶前方工作组组长担任组员。此外，双方还建立了高层领导联席会议制度，每年定期举行联席会议，分析总结新吴区与互助县的帮扶支援工作，研究解决对口帮扶与经济合作重大事项，细化、明确下阶段各项工作任务，协调推进新吴区与互助县的区域合作。双方领导层之间完善的沟通机制极大地增强了扶贫协作工作的针对性和有效性。

　　根据"区—县"层面的整体布局，新吴区和互助县充分利用体制内资源，探索在两地乡镇、行政村之间的结对帮扶，开展"一对一"精准帮扶。无锡市新吴区旺庄、梅村、鸿山等六个街道分别与互助县五十镇、松多、丹麻等六个乡镇建立结对帮扶关系并签订了框架协议，"层层结对"的制度安排使得帮扶工作更加细致。如此一来，项目百花齐放，资金用途更加多元化。例如，2018年旺庄街道投入帮扶资金200万元（前期到账100万），用于发展壮大班彦村养驴场；鸿山街道投入帮扶资金30.55万元，用于桦林村新农村建设项目；硕放街道投入帮扶资金50万元，用于松多乡花园村搬迁村装修和公共用房装修以及办公用品采购。各街道和各行政村在充分调研的基础上共同商讨制定帮扶规划，这使得帮扶单位能够更加及时有效地解决受帮扶地区的重大困难，确保帮扶工作的精准性和实效性。

　　在将"结对体系"延伸到最低一级人民政府后，企业、社会团体、基金会、爱心人士和志愿者等社会力量也被纳入帮扶体系中，在真正意义上打造了"纵贯到底"的帮扶体系。一方面，新吴区政府开展了"百企帮百村"的活动，鼓励高新区企业发挥资金、技术、市场、管理等优势，以资源开发、市场开拓、捐资助贫等多种形式结对帮扶特定贫困村。另一方面，高新区部分爱心人士和志愿者也参与到扶贫协作工作中来，与贫困地区留守妇女、儿童、老人、残疾人等特殊群体一对一结对、手拉手帮扶。

互助县团结一致"要脱贫、要发展"的内生动力是推动互助县东西部协作的重要力量。自全国打响脱贫攻坚战以来，全县上下充分意识到脱贫攻坚的重要性、紧迫性，也深刻感知到精准扶贫、东西部协作带来的发展机遇，于是加大工作力度，整合帮扶资源，聚焦精准扶贫，努力提高贫困地区和贫困群众自我发展能力，互助县自上而下拧成一股绳，形成了脱贫攻坚的中流砥柱。

对新吴区而言，东西部协作是重要的政治任务，有严格的考核体系；对互助县而言，东西部协作是打赢脱贫攻坚战的重要支持力量、是争取长远发展的重要历史机遇。无论是新吴区还是互助县，都自上而下构建了完整的扶贫协作组织体系，既覆盖贫困乡镇，又特别关注贫困户和弱势群体，形成了"自上而下、点面结合、内外共同发力"的扶贫协作新格局。

表4.3 扶贫协作组织体系

互助县	新吴区	帮扶体系
东西部扶贫协作领导小组	对口支援领导小组	"东西部协作"
六个乡镇	六个街道	"携手奔小康"
贫困村	企业	"百企帮百村"
贫困和弱势群体	社会团体、基金会、爱心人士和志愿者	"手拉手帮扶"

（三）面面俱到：拓展扶贫协作政策领域

和18项明确的扶贫政策任务不同，东西部协作是作为一项社会动员政策存在的，没有明确的工作内容，需要协作双方根据自身的情况探索和安排，这就给了互助县一个政策整合的空间。互助县作为独立单位拥有结对帮扶单位始于2010年，朝阳市和丹东市从2011年到2016年在基础设施、产业发展、美丽乡村建设、教育等方面为互助县提供了大量的信息、资金和资源。本轮扶贫协作与"十三五"规划期正好重叠,新吴区和互助县充分考虑扶贫协作双方"十三五"国民经济和社会发展规划,根据经济社会发展的总体情况统筹部署新一轮扶贫协作工作。相较于精准扶贫之前的东西部协作,新吴区与互助县新一轮的结对帮扶已不只停留于民生领域,而是全面渗透到经济发展、政府治理、社会改造等各方面。具体而言,双方将协作领域拓展到产业合作、劳务协作、人才支援、资金支持、社会参与、助医助学等方方面面,促进观念互通、思路互动、技术互学、作风互鉴;同时也完成了从"输血式扶贫"向"造血式扶贫"的转变,注重提升互助县脱贫和发展的内驱力与能力。下面以三个最核心的政策领域来解读东西部协作与互助县精准扶贫任务体系的深度融合。

1. 资源投入助力产业发展

农业是互助县的支柱性产业,互助县具有良好的种养殖业基础,当归、黄芪等中藏药材种植,马铃薯、油菜、青稞等特色经济作物种植,八眉猪、葱花鸡养殖等都是互助县的传统产业,对此,新吴区从生产和销售两方面进行大力扶持。一是通过理念引导、资金投入、技术投入方式帮助扩大产业规模、延长产业链、提升农产品附加值。二是依托高新区营销平台和物联网优势,帮助互助县加强农特产品的品牌策划、包装、推介宣传,积极推广O2O等新模式,实施"产销对接助脱贫"行动。具体而言,就是采取政府授牌,支持在新吴区市场内设立专门针对互助县的特色农产品销售门店,协助搭建农特产品销售网络,实现产销快捷对接。新吴区网络销售平台成为互助县发展电子商务扶贫产业的重要渠道。

除了传统的种养殖产业,光伏产业也成为双方合作的重要领域。在充分调研考察的基础上,新吴区光伏产业优势与互助县日照充足优势完美结合,双方在太阳能供热、分布式光伏发电、光伏地面电站等新能源产业领域进行合作，不少新能源企业参与了互助县光能、水能、风能等清洁能源开发工作。

2. 劳务协作推动劳动力转移就业

经过三年的探索，互助县和新吴区建立了成熟的输出地与输入地劳务对接机制。根据"政府推动，市场主导"原则，两地人社或劳务输出部门以人力资源市场为主搭建企业和劳动力供需对接服务平台。从劳务输入地来看，新吴区负责提供企业用工信息需求，组织用工企业前往互助县开展供需见面会、专场招聘会及促进贫困人口转移就业招聘活动，协助互助县开展劳动力培训。除此之外，新吴区还鼓励用工企业给予农村转移就业劳动者岗位技能提升培训。从劳务输出地来看，互助县以招聘会为契机有组织地选拔劳动力，并通过整合人社、扶贫、教育、农业等相关职能部门的培训资源，统筹开展有针对性的职业技能培训、就业引导性培训，如泥瓦工、挖掘机驾驶、电焊、汽修培训。

由于互助县地处西北内陆地区，长期以来交通和信息较为闭塞，民众故土情结严重，加之农忙时节对劳动力需求大、东部沿海和西北内陆巨大的气候饮食差异，老百姓很难在千里之外的东部地区长期务工，这加剧了前期思想动员工作的难度。所以互助县基层干部在扶持教育方面做了大量工作，村委会通过召开党员会、社长会议等各类会议和走访入户深入了解民众的需求、宣传就业政策、做思想动员、协助解决后顾之忧，结对帮扶干部也是思想动员的重要力量。

互助县做好前期思想动员、劳动力组织和选拔、培训等准备工作，新吴区开拓就业渠道，双方开展的劳务协作成为互助县"转移就业脱贫"的重要资源渠道，在整体用工安排中，尤其注重引导建档立卡的贫困大学生就业，优先保障有劳动能力的建档立卡贫困人口到新吴区就业。

3. 人才交流强化扶贫队伍建设

互助县找准经济社会发展亟须解决的难点问题，充分利用无锡市人才、技术、经济优势，通过双向挂职、人才培训、技术帮扶，缓解互助县各项事业发展的人才瓶颈。一是干部互派。互助县从县直单位选派科级领导干部到新吴区开展为期半年的挂职锻炼，学习先进的管理理念、技术和经验；新吴区着重挑选管理能力强、工作经验丰富、能带动群众的干部到互助县挂职，推动扶贫攻坚和两地协作。二是教育帮扶。互助县派遣大批的幼儿园、小学、初中、高中以及职教教师前往江苏省参加培训，通过跟岗学习、交流座谈、实践授课、教学研讨等多种方式，系统学习学校管理、教学管理等方面的知识，提升理论和业务水平。新吴区也积极争取优质师资到互助县开展教学活动。发放助学金、学习资料等方式也是教育帮扶的重要举措。三是医疗卫生帮扶。互助县卫计局依托优质医疗卫生资源对口帮扶项目，选派医护人员赴无锡跟岗培训，并通过召开两县（区）医疗卫生对口帮扶交流座谈会，及时对对口帮扶工作进行总结和进一步规划。四是培养和培训贫困村创业致富带头人。互助县委组织部实施贫困村创业致富带头人培训项目，带领19个乡镇的村（社区）党支部书记和村委会主任外出学习、考察、培训，江苏无锡是重要的学习观摩点。通过一系列培训进一步提升互助县干部队伍能力素质，打造高素质、精干管用的干部队伍。

（四）政策创新：社会资源的"制度化动员"

东西部协作这一制度安排的作用实际上在于为相对落后和封闭的地区提供连接外部资源的机会和渠道，是国民经济的"第三次分配"，也是社会扶贫的重要组成部分。互助县—新吴区东西部协作规划中，对社会力量的动员也形成了完整的制度安排，并且创造性地采用了多样化的合作和帮扶形式。

首先，最常见的方式就是组织社会捐赠。新吴区构建了完善的社会扶贫信息服务网络，通过政府主导、公益众筹等设立接受社会捐物、捐款服务的平台，将捐赠活动日常化。另外，还开辟了专门的"日用品"爱心捐赠渠道，鼓励人们将社会中更新换代的日用品以零价+低运费帮助贫困人口。

其次，支持区内社会团体、基金会、民办非企业单位等各类组织和爱心志愿者到互助县从事扶贫开发事业或支援帮扶工作，鼓励其参与社会扶贫资源动员、配置和使用全过程。由互助县和新吴区政府积极对接，为他们提供信息服务、业务指导。

第三类社会帮扶的方式就是企业和科研院所参与扶贫协作。互助县和新吴区都高度重视这一工作，除了技能培训和吸纳就业、电子商务、资源开发、人才交流外，还探索出金融支持、产业转移、产学研合作等多种新的扶贫协作模式。一是金融扶贫，引导和鼓励新吴区内金融机构与生产服务机构充分发挥金融力量，赴互助县投资落户，加强金融支付环境建设、金融体系建设、金融消费维权等经验传授，开展扶贫小额贷款、贫困户信用等级评估、扶贫产业对接、科技金融服务、建立金融扶贫信息库等指导，提高互助县金融消费者的金融素养和风险识别能力，实现金融扶贫新突破。二是产业转移，虽然互助县产业基础较为薄弱，但光伏产业也是互助县正大力发展的新兴产业，相较于新吴区，这里有丰富的日照资源以及土地和劳动力价格优势。新吴区鼓励区内物联网、生命医药、电子信息等优势行业以专业分工、服务外包、订单生产等多种方式到互助县进行跨区域合作，建立协同创新、合作共赢的协作关系。支持互助县承接新吴区产业转移，鼓励新吴企业在互助县打造光伏光电、设备制造等生产加工基地，并不断延伸产业链、做大价值链、增强核心竞争力，深化两地产业协作关系。三是产学研合作，发挥新吴区科技资源优势，引导和鼓励高校院所的科技人员结合帮扶地区的特色优势农业产业，开展科技创新创业和服务。鼓励高校院所在贫困地区建设实验室和创新中心，支持适合贫困地区发展的项目在区内孵化园区离岸孵化，在受帮扶地区实现产业化。

四、小　结

互助县农村贫困问题具有"小集聚、大分散、程度深、返贫高、难度大"的特点。一是贫困户、贫困村等多级并存的组织结构和空间分布格局，这种分散式贫困状况对治贫工作的精准性提出了挑战。二是贫困类型多样，除了因缺资金、缺技术、缺劳动力致贫等原因外，因病、因残、因学、因灾致贫或返贫现象依然突出。三是贫困地区资源禀赋差，抵御灾害和市场风险能力弱，返贫压力大。四是住房难、行路难、饮水难、用电难、上学难、就医难、通信难、增收难等问题普遍存在，需要系统性解决基础设施和公共服务薄弱的问题。总体来看，经过过去三四十年的扶贫工作，互助县和全国大多数地区一样，大部分易脱贫群体已基本脱贫，精准扶贫是扶贫开发啃硬骨头的攻坚期，未脱贫的多为脱贫难、返贫易、常规脱贫手段难以奏效的深度贫困群体和贫困地区，这也是互助县扶贫工作的重点。

"十三五"时期是全面建成小康社会、实现第一个百年奋斗目标的决胜阶段，也是打赢脱贫攻坚战的决胜阶段。新形势下的精准扶贫是一项系统性工程，也是一项多目标任务。贫困问题从原本的区域问题变成身份问题，从经济难题变成政治难题。精准扶贫是一项综合性任务，伴随着众多的政策和资源，如何有针对性地调用和分配这些政策资源，如何将分散政策系统化整合，如何化解跨部门工作的冲突以及如何协调政府部门的常规责任和扶贫责任是扶贫工作的难点。互助县将在完成扶贫任务的同时，将精准扶贫视为重要的发展机遇，通过政策整合，将打赢脱贫攻坚战转变为社会改造和县域治理的过程。一是建构任务体系，明确责任分工。根据扶贫任务的属性与责任单位的属性来对任务进行切割。二是找准工作重心，以易地搬迁、东西部协作等综合性工程为主要抓手，有针对性地推进基础设施建设、公共服务供给、乡风建设等工作。三是坚决确保常规动作不走样，自选动作有效果。除了核心任务相关的责任单位外，互助县积极整合外围政策资源和组织资源，充分调用各部门力量以多样化的方式参与精准扶贫。四是各部门高度配合扶贫工作，通过目标叠加、政策转换与创新等方式，尽可能减少责任冲突，将自身的业务责任与扶贫责任有效结合起来，起到事半功倍的效果。

第五章

组织再造:"精准扶贫"
目标是如何实现的?

互助县要实现"两不愁、三保障"的政策目标，完成"三年攻坚、两年巩固"的政治承诺，面临着重重困境。首先，随着税费改革和农业税的取消，乡镇政府的财政被弱化，但责任却强化，形成"上面千条线，下面一根针"的窘境。有限资源与全面治理间的矛盾，成为精准扶贫政策目标实现的最大障碍。其次，从精准扶贫政策本身来看，其复杂性给政策的有效执行带来阻力。一是精准扶贫政策目标引致的政策工具选择问题：基层政府有限的治理能力不足以实现政策工具的合理选择和运用；二是精准扶贫政策属于一个多属性的政策领域，涉及不同职能部门，在政策执行时存在横向冲突；三是长期以来，地方政府以推动地方经济发展为首要目标，追求基础设施建设、经济发展等"硬指标"，而缺乏执行精准扶贫此类"软政策"动力。

为解决上述困境，实现精准扶贫目标，精准扶贫被上升到政治任务高度。基于党的高位推动，省、市、县、乡、村"五级书记"被动员，自上而下的"书记工程"成为精准扶贫政策执行的核心动力。在精准扶贫作为一项政治任务被自上而下设计的结构之下，各职能部门也投入精准扶贫之中，部门间的横向冲突被化解，合作渠道被打通。同时，为解决基层治理能力孱弱问题，在常规层级制度之下，一个超越原有组织结构的"包保结构"被建构，在县—乡镇—村—户之间建立桥梁，推动政策落地，扶贫政策具体到每户、每人，实现全面脱贫目标。

第五章 | 组织再造:"精准扶贫"目标是如何实现的?

一、"以党领政""党政整合":"块块"如何抓扶贫?

精准扶贫以来,从中央到地方各级政府都将其作为中心工作来对待。互助县建立了"纵向到底、横向到边"的责任体系,每一级政府都成立了"精准扶贫领导小组",由各级书记担任指挥长并逐级签订责任状、递交承诺书,层层传导压力、压实责任,协同发力推动脱贫攻坚工作。县级层面成立了由县委书记、县长任组长的精准脱贫攻坚领导小组,县委、县政府"一把手"亲自抓、负总责,县级领导分包乡镇。县级下设综合指导部门——县扶贫局、扶贫政策落实部门——县级各职能部门、检查督导部门——县委组织部及县纪委,县直各单位同时开展驻村帮扶工作。乡镇一级成立精准脱贫服务中心,下设四个工作组,层层落实责任、包片包村包户开展工作。村委会是最低一级参与精准扶贫且最接近贫困户的部门。这是一个自上而下下达任务、承担责任的过程,任务经逐级下发,最终得以贯彻执行。

(一) 乡镇政府:精准扶贫政策的地方化

精准扶贫的"精准"更多地需要基层扶贫单位进行政策的地方化表达,乡镇政府作为行政系统的终端,为推动精准扶贫政策执行,需采取一系列策略。

1. 精准扶贫作为"第一项政治任务"

对于乡镇政府而言,在 2015 年之前,"扶贫"只是一项常规性工作。互助县扶贫实施方案较为粗略,对乡镇一级的扶贫工作和任务没有明确要求。例如，2014年五峰镇开展贫困户建档立卡工作，但由于缺乏详细具体的识别方案和配套的帮扶政策而被搁浅。县扶贫局召开的扶贫工作会议主要为政策文件的上传下达，且频次不高，乡镇政府的扶贫工作更多为简单的政策宣讲。同时，缺乏对乡镇政府扶贫工作的考核和督查。随着精准扶贫工作在全国范围内的推进，在2020年实现农村贫困人口全面脱贫目标下，从2015年10月始，扶贫工作由县政府牵头转变为县委"一把手"牵头领导，并成立县级精准扶贫领导小组。对于乡镇而言，"党抓不一样。政府抓是常规工作，县委抓那就是中心工作"。（访谈资料：Z20190917互助五峰镇访谈记录）同时，自精准扶贫工作开展以来，县级和乡镇级会议密集度陡升，每周甚至每天都有关于精准扶贫的大小会议，每次会议都有发文，且文件要求更多更明确：

> 我们乡镇一级的话，党委会就是主要的决策机构，……每次党委会基本上都牵扯到对精准扶贫要进行一个专题的研究……就作为我们党委的一个中心工作、核心工作，它可以体现在我们的党委会议记录。（访谈资料：Z20190912互助五十镇访谈记录1）
> 即使按照每份发文2—3页纸，几年来的发文已经能摞起来一米多高。而且现在文件要求越来越详细。比如之前入乡驻村干部，就只要一个人员名单即可。但是现在组织科或者干部科的文件要求具体到干部职别和工作表现。（访谈资料：Z20190912互助蔡家堡乡访谈记录1）

自此，在县级层面，精准扶贫从一项常规工作上升为中心工作，并作为一项政治任务下发到乡镇级。

作为行政系统末端的乡镇政府，其主要工作是完成上级政府下达的各项精准扶贫工作和任务，实现乡村全面脱贫。在任务驱动之下，乡镇政府面临着财政、人事、绩效考核、督查等多方面的压力。为了如期完成全面脱贫目标，更好地完成精准扶贫任务，乡镇提高其政治

第五章 | 组织再造:"精准扶贫"目标是如何实现的?

站位,把精准扶贫摆在各项工作的首要位置,所有的工作都围绕精准扶贫展开,精准扶贫成为重点和中心工作。

> 我们党委要全面地把控,首先是精准扶贫一直是到2020年,一直是重点工作不能动摇,这个位置是不能动……我们政府的所有工作都是为精准扶贫服务的,所有的工作都要与精准扶贫结合起来。(访谈资料:Z20190912互助五十镇访谈记录1)

(1)组织重构:精准脱贫服务中心的设立

精准扶贫作为"第一项政治任务",体现为组织机构的重构,乡镇党委书记亲自挂帅,成立由乡镇主要领导参与的精准扶贫领导小组,设立精准脱贫服务中心。精准脱贫服务中心主要职能可概括为"承上启下":"承上"即接受县扶贫局的指导,由乡镇主要领导统筹安排扶贫工作;"启下"即协助并监督各村扶贫工作队开展具体扶贫工作。精准脱贫服务中心下设精准扶贫办公室以及督导考核组、基础设施建设组、扶贫产业培育组、组织管理组四个组(参见图5.1)。

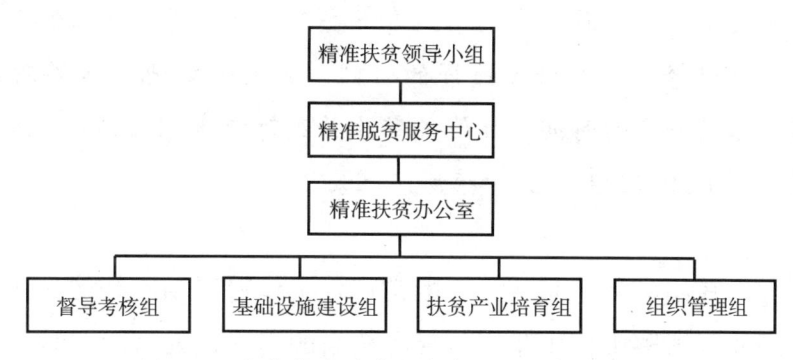

图5.1 乡镇精准脱贫服务中心工作机构示意图

精准扶贫办公室是乡镇一级专管精准扶贫工作的组织机构,配备1名扶贫专干和1名兼职人员。此外,在其工作任务繁重时,有时还会抽调驻村干部"帮忙"。一般而言,"专职"干部在乡镇几乎没有,绝大多数都是身兼数职,这是由乡镇的特点"人少、事杂、辖地宽"

·185·

决定的。因此，对于乡镇政府来说，这属于非常"豪华"的配置：

> （扶贫）办公室底下有三个人，一个人是专门负责，还有一个要兼职收发文。（访谈资料：Z20190917 互助五峰镇访谈记录）
> ……不仅如此，为了加强镇上的统一领导组织，我们把两个村上的干部抽调过来……这里面当时（在扶贫任务最为艰巨的时候）有四个人。（访谈资料：Z20190912 互助五十镇访谈记录1）

督导考核组和乡镇纪委实际上是"一套班子，两块牌子"，组长由乡镇纪委书记担任，配备纪检干部和纪检委员。主要职能是配合乡镇纪委监督考核乡镇干部和驻村工作队扶贫工作落实情况：

> 关于扶贫驻村工作队，县上专门出台了他们的管理办法，具体每一项都有，我们根据我们实际情况，除了管理办法以外，我们平时还是要通过我们的工作的督查来及时反馈，看一下他们的在岗履职情况，还有工作的完成时效情况，这些都是随时督查，随时反馈。有的时候我们镇纪委下去以后，针对某项工作开展的情况进行督查，他进度缓慢的时候，我们会给他下达整改通知书，限定一定的时间，让他们整改并及时给我们反馈。（访谈资料：Z20190912 互助五十镇访谈记录2）

督导考核组实际上是将纪委的常规化工作冠以精准扶贫工作的帽子：常规监督考察工作中是以督导考核组的名义，处理问题时却是以纪委的名义。

> 这一项工作上来说，它就是一个督导组，如果真的出了问题，他就是以纪委的身份随时切换。（访谈资料：Z20190912 互助五十镇访谈记录2）

第五章 | 组织再造:"精准扶贫"目标是如何实现的?

组织管理组与督导考核组类似,由分管乡镇组织管理工作的党委副书记担任,组织委员由党政办成员兼任,主要负责对第一书记和驻村(扶贫)干部的管理。互助县创新性地提出了"五个一"管理法用于第一书记和扶贫(驻村)干部的组织管理和工作考核。

基础设施建设组组长由主管乡镇基础设施建设的副镇长担任。乡镇基础设施建设主要以"项目"的方式进行,但项目的规划、实施、管理、验收、资金拨付通常都归县级相应职能部门所有,基础设施建设组负责配合县级职能部门和中标商开展工作,起的只是牵线搭桥作用:

> 具体项目,因为一般情况下,我们乡政府是不会直接实施项目,因为有政府采购,包括这些规章制度限制住我们……监理是第三方做……王镇长他管的是水利和电力的项目,全部都是他去对接的,但是不是由我们镇上来实施,是他们来跟水务局和流域所来对接实施项目。(访谈资料:Z20190912 互助五十镇访谈记录2)

扶贫产业培育组组长由主管农业的副镇长担任,主要负责帮助贫困户实施到户产业。同理,乡镇政府扮演的仅是政策传递、信息收集和产业验收的角色,资金的审批和发放权限均归县级部门所有。为了确保到户产业资金发挥最大效益,其要求扶贫工作队对贫困户的到户产业进行多次验收,验收结果决定资金拨付与否,并与先进贫困户的评选挂钩,以此激励贫困户:

> 到户产业这方面,我们对到户产业有一个多次的验收。产业实施方面主要就是说因为产业实施它牵扯农户的产业资金。我们定了一个资金拨付办法,简单地来说,就是"442"[①]。

---

① 即贫困户到户产业资金拨付方式。40%为前期付出资金,主要用于产业实施的前期准备,经扶贫工作队验收并上报乡镇,乡镇审核、抽验后拨付。中期和终期验收完成后再拨付剩余的40%和20%。

>农户的产业资金是分三批，40%、40%、20%……你不配合我们工作，比如说像我们的爱心超市，就不给你兑换东西，我们评先评优就不考虑你，什么先进户光荣户都跟你没关系。我开会的时候我还要批评你，工作队还要到家里来给你做工作。（访谈资料：Z20190912 互助五十镇访谈记录2）

同时，组织农业专家入村培训、指导贫困户实施到户产业：

>组织养殖业、种植业方面的专家下来进行种植业技术的宣传培训。（访谈资料：Z20190912 互助五十镇访谈记录2）

（2）"分管"与"包片"：谁分管，谁包片，谁负责

乡镇领导班子成员分管、包片制度是乡镇政府在精准扶贫任务驱动下的又一工作机制创新。首先是领导班子分管制度。乡镇党委书记和乡（镇）长为乡镇全面脱贫第一责任人，同时也是上级政府政治和绩效考核的主要对象；其他副职领导分管不同业务口，各分管领导在各自分管领域有充分自主权，同时承担相应责任，即"谁分管，谁负责"。通过分管制度确认责任人，确保乡镇领导奖励充分投入精准扶贫工作中，并为实现扶贫目标争取各项资源，实现更多"资源下乡"。

其次是领导班子包片制度。乡镇副职领导根据村的大小和工作量决定领导包村的数量和村的类型：

>有的大村他就包一个村，有的包两个、包三个，就是根据村的大小和工作量的大小，我们给我跟镇长还有人大主席，我们三个人就是不直接包村，那么其他的副职领导，八个副职领导都包给村里……亮点村，我们专门就是党委副书记直接他包一个村。（访谈资料：Z20190912 互助五十镇访谈记录2）

具体而言，乡镇领导一个人承包一个或多个行政村，从精准扶贫任务分解、下派、落实到反馈、评估实行一包到底。片区负责人需对全片区的精准扶贫工作进行统筹，负责任务分配、进度考察以及汇报总结等日常工作。尤其是在未配备第一书记的非贫困村，包片领导扮演着更为重要的角色，需协助驻村干部和村两委干部参与精准扶贫全过程。乡镇政府通过赋予领导干部以"责任人"的方式，强化其重视程度，构建"责任管道"，确保第一时间了解到村庄的需求和发展状况，落实相关精准扶贫政策。

同时，按照青海省"关于选派第一书记和扶贫（驻村）工作队的通知"要求选派驻村干部，即乡镇政府对所管辖的每个行政村配备一名干部。驻村干部起到联结乡镇和第一书记以及村两委的作用，主要职责是协助第一书记完成帮扶任务。不同于包村单位派驻的第一书记和驻村工作队队员需住在村里，驻村干部因同时承担着原本的乡镇政府工作和贫困村的帮扶工作，无法长期住在村里：

> 他们没办法长期呆在村里，因为每个人都是身兼数职，他既承担着政府的一些职责的那些各口上的工作，他还要去承担一些村里的各项内容的填报。（访谈资料：Z20190912 互助五十镇访谈记录2）

包片领导以及驻村干部接受乡镇政府的指示，以行政推动的方式将精准扶贫任务下派至各行政村，并领导、督促村干部完成任务，其扶贫结构为：乡镇领导班子—包片领导—驻村干部—村干部。

同时，乡镇政府采取挂图作战，倒逼脱贫攻坚，强化脱贫攻坚责任，使每一位包片领导和帮扶责任人"思想上有压力，工作上有动力"。调研中发现，每个镇都有自己的脱贫减贫任务表（参见表5.1），以明确乡镇每年的脱贫任务。乡镇脱贫减贫任务表首先由乡镇进行申报，再由县扶贫局进行审核和统筹规划。

表 5.1 五峰镇精准脱贫减贫任务表

2016年五峰镇贫困人口脱贫计划统计表

村名	总人口 户数	总人口 人数	合计 户数	合计 人数	一般贫困户 户数	一般贫困户 人数	低保贫困户 户数	低保贫困户 人数	贫困人口 户数	贫困人口 人数	涉及行政村数 合计	涉及行政村数 贫困村数	涉及行政村数 非贫困村数
新庄	96	369	13	40	8	26	5	14			1		1
下二	315	1326	41	133	33	102	8	31			1		1
合计	411	1695	54	173	41	128	13	45			2		2

2017年五峰镇贫困人口脱贫计划统计表

村名	总人口 户数	总人口 人数	合计 户数	合计 人数	一般贫困户 户数	一般贫困户 人数	低保贫困户 户数	低保贫困户 人数	低保户 户数	低保户 人数	涉及行政村数 合计	涉及行政村数 贫困村数	涉及行政村数 非贫困村数
北沟	575	2468	77	289	52	196	20	80	5	13	1	1	
平峰	516	2044	69	223	49	162	4	7	16	54	1	1	
仓家	219	909	34	99	24	73	10	26			1		1
兴隆	286	1196	36	155	21	98	10	42	5	15	1		1
上庄	217	843	29	116	18	67	8	40	3	9	1		1
上马	558	2309	57	236	44	182	13	54			1		1
海子	110	473	16	56	12	38	4	18			1		1

第五章 组织再造:"精准扶贫"目标是如何实现的？

续表

村名	户数	人数	户数	人数	户数	人数	户数	人数	户数	人数	合计	贫困村数	非贫困村数
七塔尔	349	1285	40	132	31	103	8	26	1	3	1		1
合计	2830	11527	358	1306	251	919	77	293	30	94	8	2	6

2018年五峰镇贫困人口脱贫计划统计表

村名	总人口 户数	总人口 人数	合计 户数	合计 人数	一般贫困户 户数	一般贫困户 人数	低保贫困户 户数	低保贫困户 人数	低保户 户数	低保户 人数	涉及行政村数 合计	涉及行政村数 贫困村数	涉及行政村数 非贫困村数
转咀	195	744	57	205	47	176	10	29			1	1	
纳家	511	1326	138	520	118	452	20	68		15	1	1	
石湾	398	1647	112	407	92	348	16	44	4		1	1	
后头沟	135	540	35	138	32	129	3	9			1	1	
白多峨	243	970	71	268	54	208	17	60		5	1	1	
支高	225	875	29	96	20	70	5	21	4		1		1
下一	325	1407	39	148	27	106	12	42		36	1		1
陈家台	419	1687	50	170	38	132	1	2	11	56	1		1
合计	2451	10032	531	1952	428	1621	84	275	19		8	5	3

· 191 ·

2. 作为"中枢纽带"的乡镇政府

乡镇政府在精准扶贫政策的执行过程中起着中枢纽带的作用：一头对接县级政府，需配合县政府进行政策的上传下达，执行其下达的政治任务，完成精准扶贫目标，同时接受县政府的考核和监督；另一头对接辖域内的村两委和驻村工作队，下发扶贫任务，动员村两委干部参与，负责驻村工作队的日常工作管理（参见图5.2）。

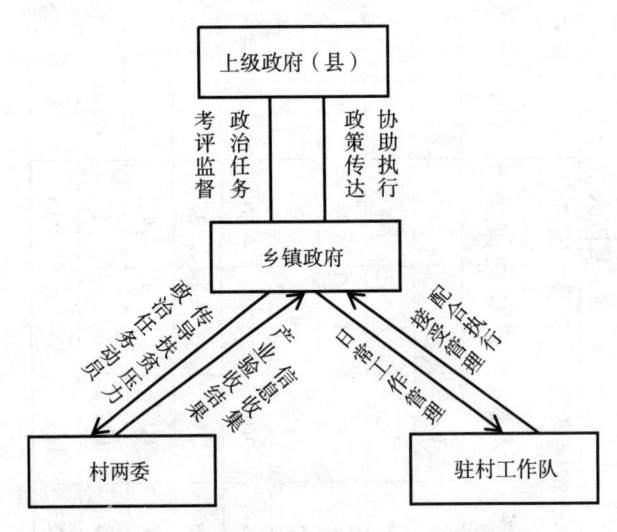

图5.2 精准扶贫政策执行中的乡镇政府

（1）"承上"：政策传达、牵线搭桥

在精准扶贫实践中，县级政府主导着乡镇政府工作的内容，乡镇政府需要配合县政府完成"两不愁、三保障"目标。首先，在精准识别中，包片领导需负责村的精准识别工作，乡镇政府需成立贫困户识别复核小组，对村两委上报的贫困户名单进行审核并公示，最终将名单上报县扶贫开发领导小组办公室复审；县扶贫开发领导小组办公室复审后在县人民政府门户网站进行公告，并将名单下发乡镇政府，乡镇再把名单下发至各个行政村进行公告："没有异议，我们就报到乡里去了。乡里就会下来调查，不过调查最后也没有改变，乡里就公示。公示没有异议的话，就报到县上。"（访谈资料：C20190916 互助

上刘家村访谈记录）在精准退出中，乡镇政府工作程序与精准识别过程中的大致相同。

其次，在贫困户动态管理中，动态调整由中央统一部署，乡镇政府按照县扶贫局的通知和要求对贫困户名单进行动态调整：剔除不符合标准的和新增符合标准的贫困户，同时需对国办系统中所属乡镇的贫困户数据进行维护和动态管理。

再次，在贫困户的精准帮扶中，互助县结合县情实际制定了"八个一批"脱贫攻坚行动计划和十个行业扶贫专项方案（"8+10"政策），由不同的职能部门牵头负责。例如住建局牵头两房改造，农牧局牵头产业扶贫等。在乡镇一级，则由"七站八所"对接县级职能部门，协助其将"8+10"相关政策精准落实到村、到户，主要包括到户产业的规划和验收、协调村民进行易地扶贫搬迁、贫困人口就业、教育和医疗帮扶上的配合等。

可见，在扶贫过程中，乡镇一级可以直接调动和分配的扶贫资金十分有限，更多的是扮演政策传达、信息收集和反馈的角色而少有话语权。涉及扶贫资金或者项目资金的审批、发放等权限均归相应的县级职能部门所有。同样，由于项目的专业化和强技术性，县级政府及各部门考虑到项目的专业要求，往往通过招标专业技术团队来完成，要求乡镇进行配合实施。在扶贫项目实施中，项目的分配、规划、验收和补贴通常都是归县级相应职能部门所有，乡镇由于专业技术限制，其在项目实施中的地位相对而言较为边缘化。因为县政府及各部门较少与贫困村庄直接对接，此时则需要乡镇出面就项目实施存在的矛盾进行"协调"。在这过程中，乡镇政府扮演的是牵线搭桥和"协调者"的角色。

尽管如此，作为基层政府的乡镇一级政府却面临着省、市、县等不同主体的考核，核心指标是"两不愁、三保障"和"三率一度"，有季度考核、每月督查、年末验收、不定时的"暗访"或电话抽查等形式。因此，接受上级的考核与督查也成为了乡镇政府的重要工作内容之一。

为顺利通过各种考核评估，避免政治风险，乡镇政府需对精准扶贫结果负责。首先，对贫困户负责。围绕"两不愁、三保障"目标，推动各项扶贫政策落地。比如，针对某些贫困户由于教育水平低或是对政策理解不透彻，在医疗报销时存在少报，甚至是不知如何报销的情况，乡镇政府通过实施落实家庭医生签约政策，并进行入户走访核实签约情况以及开展政策宣传等方式，确保贫困户医疗报销政策落实到位。其次，对非贫困户负责。乡镇政府同样需对一般农户负责。"三率一度"抽样对象不仅包括新识别贫困人口、返贫人口，还涉及非建档立卡人口。这就使得乡镇政府需做好精准识别工作，注重政策公平。

（2）"启下"：政治动员、日常管理

乡镇政府另一边对接的是直接承担大量精准扶贫政策执行工作的村两委班子和驻村工作队。对村的日常管理。首先，乡镇政府在充分理解政策内容后，需根据乡镇及各村实际情况，制定具体的规划和执行细则，包括各村间的资源分配、人员配备、动员方式等。其次，乡镇政府会采取多种手段促使村两委干部参与、配合其开展精准扶贫工作。例如，乡镇党委书记或乡镇长组织各村村两委干部开精准扶贫会议，以传达上级政策精神和宣读、解释本乡镇具体工作规划和方案，并运用"政治任务"对村干部进行动员。人员的管理对于精准扶贫政策的实施而言尤为重要：

> 扶贫干得好不好，很大一部分就是靠干部的组织人员的这种管理。（访谈资料：Z20190912 互助五十镇访谈记录1）

为了调动村两委班子的积极性，乡镇政府不断宣传精准扶贫相关部署和政策，频繁召开会议传达上级的指示和精神，并对村干部进行动员且多次安排村干部集中学习，同时要求乡镇领导干部经常下乡监

第五章 | 组织再造:"精准扶贫"目标是如何实现的?

督并帮助村干部开展精准扶贫工作:

> 我们这也就是对这一块工作重视了以后,我们组成三个督察组,我带一个督察组,镇长带的一个督察组,我们镇上的人大主席带一个督察组,我们三个是正科级干部,定期不定期对扶贫工作进行督促、检查、督导。(访谈资料:Z20190912 互助五十镇访谈记录1)

其次,作为驻村工作队的日常管理主体,乡镇党委按照互助县创新的扶贫(驻村)干部"五个一"① 管理工作考核制度——考核第一书记和扶贫(驻村)干部践行承诺书、晾晒月绩单、讲授月课、记录工作日志和执行"4321"② 村民民主决策机制情况——对驻村工作队进行季度考评,公开考核信息,接受村民监督,形成季度考评总结材料、问题整改清单、打分表即得分汇总表并上报县精准脱贫攻坚指挥部组织管理督导组考核办公室进行审核,并反馈到派出单位,将考核结果作为干部任用、奖优罚劣的依据:

> 我们还通过个别谈话,听取述职汇报,查阅档案资料,实地查看走访询问,座谈了解和民主测评等方式来落实季度考评,严抓干部的管理。(访谈资料:Z20190912 互助五十镇访谈记录1)

再次,为实时管理和掌握驻村工作队的工作情况,乡镇实行扶贫干部晨会制度。该制度要求乡镇党委副书记每周主持召开由乡镇干

---

① 即签订一份承诺书、印发一本工作日志、讲授一堂月课、晾晒一份月实绩清单、落实一项决策机制。
② 即"四议三定两公开一注重"。"四议"即党支部提议、村两委商议、党员大会审议、群众代表大会决议,"三定"即定内容、定形式、定时间,"两公开"即决议公开、实施结果公开,"一注重"即注重监督及其效果,简称"4321"。

部、驻村工作队参加的晨会,会上要求驻村工作队汇报本周工作情况,乡镇领导进行点名、政策传达并根据乡镇扶贫规划指出下一步重点工作:

> 一周点一次名,我们的话就是周一点名给他布置工作,周五又点名让他汇报工作,一周里干了哪些工作,或者是我们通报工作检查的情况,进展的情况。(访谈资料:Z20190912 互助五十镇访谈记录1)

地方性规划、配套制度建设以及政策细化为乡镇一级精准扶贫政策的实施提供了更为详细、可行的行动策略,使得政策贴合地方发展实践过程,确保政策实施。

总之,互助县各乡镇高度重视扶贫工作,不仅成立了以书记、乡镇长挂帅的精准扶贫领导小组和精准脱贫服务中心,还配备扶贫专干;乡镇干部也深入贫困村、贫困户,分析致贫原因、制定帮扶措施;村干部也全员抓扶贫,形成了乡镇"上下联动、齐抓共管、全面开展精准扶贫"的强大合力。

(二)村两委:精准扶贫的执行末梢

自2001年税费改革后,乡村公共服务供给主要依靠上级政府的财政转移支付方式得以实现,遵循自上而下的行政逻辑。同时,随着农业税的取消,乡镇政府对农村的有效控制减弱,不再过多干预乡村治理。当精准扶贫政策链条从乡镇延伸至村庄时,村两委干部被最大限度地动员起来,纳入精准扶贫政策执行体系中。但由于村委会并非属于乡镇下属行政组织且乡镇政府并不直接领导村干部,乡镇政府难以直接用行政命令要求村干部参与精准扶贫,而是与其达成合作关系共同完成自上而下的精准扶贫工作。同时作为村代言人和当家者,村

第五章 | 组织再造:"精准扶贫"目标是如何实现的?

两委干部需要完成自身的工作。

1. 作为"乡镇合作者"的村两委

精准扶贫作为自上而下的政策设计进入最底层的农村社会,为完成这项"政治任务",村级同样设立以村支书挂帅的精准扶贫工作领导小组,负责总领全村精准扶贫工作。同样,村两委需要签订责任状,并围绕精准扶贫任务设立多个扶贫开发工作小组。例如由村两委和驻村工作队组成的精准识别评审领导小组,负责精准识别工作,对贫困户名单进行审核;红白理事会负责村内"移风易俗"活动,对村内红白喜事的规模和资金投入进行监督;到户产业专项帮扶小组,确保到户产业、扶贫资金和有关扶贫政策落实到村、到户、到人。各扶贫开发工作小组的设置为精准扶贫政策的顺利开展、有效落实以及完成"村出列""户销号"任务设置了双重保险。

在基层自治的制度背景下,村民委员会及村干部作为村庄日常事务的管理者和负责人,承担了村庄的主要治理职能。他们处于政策下沉的最后一个节点,是整个"体制"进村入户的最后一个环节。由于拥有更多的信息优势,所有自上而下的政策,都是需要他们去协助。以建档立卡为例,乡镇政府囿于有限的人力难以在短时间内完成辖区内精准识别工作,而村两委干部由于对村内基本情况了如指掌,精准识别中的大量工作均需由村两委干部主持。首先,村两委干部需召开村民代表大会,传达乡镇关于精准识别会议精神,向村民发放相关宣传材料,并对贫困户进行动员,实现政策上传下达。其次,村两委干部召开村委会,就各户实际情况对全村整体情况摸底,并与驻村工作队商定精准识别方案。再次,村两委干部需协助、陪同扶贫工作队入户调查,全面掌握村民实际情况,作为贫困户评选的依据。最后,村两委干部需主持召开评审委员会,评议、确定贫困人口名单,并进行公示,公示无异议上交乡镇政府审批。

同时,由于长期与村民保持联系,村两委干部拥有更多的"人情",很多工作需要他们去"斡旋"。"做工作"在易地扶贫搬迁过程中表现得最为明显。例如,班彦村开展易地扶贫搬迁工作初期,由于贫困户与非贫困户的政策差异导致搬迁自筹费差距过大:贫困户仅需自筹4000元,而非贫困户需自筹39000元。因此,非贫困户大多不愿意搬迁。为收齐搬迁费,村干部和驻村干部开始入户"做工作"。保主任回忆道:"开会的时候全部是妇女儿童老人,年轻人全部去打工了,我找不着,我有一次几次上去,我早晨上去做工作,做到下午,下雪了下雨了我下不来,我住到那第二天继续做,第三天才能下来。"(访谈资料:C20190915互助班彦村前驻村干部访谈记录5)对于村干部而言,大量的协调工作都是以入户"做工作"的方式来完成的。

2. 作为"贫困村代表"的村两委

作为"贫困村代表"的村两委,除了完成自上而下的扶贫任务,还需完成本职工作。首先,村两委需组织和管理村民,动员村民发展产业,参与到经济建设中,实现脱贫。一般而言,村两委会采取支持一部分积极分子先富起来,以先富带后富,动员产业大户带领村民脱贫致富的方式,其扶贫结构为:村两委—积极分子—产业大户—贫困户。产业大户对于村来说具有重要意义:一是产业大户每年需向村集体支付土地租赁费或分红,这也成为村集体收入的重要来源;二是产业大户为贫困户提供就业岗位,解决一部分贫困人的就业问题,实现就业脱贫;三是产业大户带动贫困户发展产业,并在村两委的引导下对贫困户进行相应的产业指导。

其次,党委作为农村各项工作的核心,在领导精准扶贫和精准脱贫中发挥着不可替代的作用。自税费改革后,基层政府"悬浮化",农村人口大量流入城市,导致村党组织涣散,组织能力孱弱。随着党的高度重视和高位推动,精准扶贫成为一项自上而下的政治任务,边缘化的基层党组织被动员起来,"以党建促脱贫"被提出。村党委一方面加强农村党员管理,实行绩效考核。主要表现为举办多种形式党员教育活动,例如每月一号的固定党日活动,严格请假制度并"评星定格",实行奖惩制度:"奖励主要还就是表彰,像这些年终的时候评选优秀党员、优秀村干部……召开党员会议,一年下来对党员进行民主评议,进行评星定格……不合格党员的话还要处理。"(访谈资料:Z20190912互助五十镇访谈记录1)另一方面,开展精准扶贫政策宣传工作。即村两委向农村党员宣传讲解精准扶贫的各项政策规定以及文件要求,实现上下政策信息的有效沟通,延伸精准扶贫宣传工作触角。由于农村党支部成员都是一些"老党员",观念较为陈旧,村两委需要感召有能力、人品好、愿意奉献的优秀青年回乡带头致富,建立一支年富力强的村干部队伍。为了提升农村的党员素质,村党委加强对党员的教育培训,举办学习党中央扶贫工作的最新精神和脱贫先进典型活动。

再者,村两委动员农村党员参与扶贫,设岗定责,创新提出党员"三联"工作机制。一是"联户",即每名农村党员结对帮扶1到3户贫困户,包括政策宣传、卫生整治等职责;二是"联防",即每名党员负责维护特定区域内治安,防止出现恶性事件;三是"联治",即每名党员负责承包治理一条街道,动员农户进行街道整治。通过"以党建促脱贫",互助县将党政组织系统触角向下延伸,整合组织资源、发挥组织优势、凝聚组织力量,解决了"最后一公里"难题,为全面打赢脱贫攻坚战夯实了组织基础。

二、多机制推动:行业责任何以实现?

在精准扶贫各项工作的开展过程中,各职能部门的参与至关重要。自精准扶贫以来,互助县逐渐完善精准扶贫中教育扶贫、健康扶贫、精神扶贫、产业扶贫等涉及各职能部门的行业责任，各职能部门作为扶贫责任单位参与其中。遵循"谁主管、谁负责"原则将扶贫项目根据行业性质进行分解。各职能部门作为各项扶贫项目落地到乡镇、村的执行单位，负责扶贫项目整体规划、任务分解、信息报送、监督管理、验收等工作。

（一）从常规工作到政治任务

2015年以前，县委县政府的关注重点是经济政策而不是精准扶贫，精准扶贫政策执行主要是国家扶贫办带领各级扶贫局开展扶贫工作。而国家扶贫办并非县委县政府的指导上级，因此，在县级层面，精准扶贫仅作为一项常规性工作被执行。此时，县扶贫局作为县政府的一个职能部门，负责执行上级扶贫局下发的任务和工作。虽然扶贫工作是一项需要部门合作的工作，但由于县扶贫局与同级其他部门不具备上下级关系，无法协调其他部门，难以跨越横向协调的鸿沟，精准扶贫政策难以得到有效执行。

2015年之后，精准扶贫作为一项自上而下的政策设计进入互助县。精准扶贫从常规工作变成了明确的政治任务，由党政"一把手"负责，层层签订责任书，并纳入地方党政领导班子的绩效考核中，实行一票否决制。在此过程中，青海省确立"精准扶贫"为当前"中心工作""重点工作"，并形成指标层层加码的政策执行氛围，作为最终执行层的县委县政府肩负着巨大的政治责任。为完成精准扶贫的目标和政治承诺，县委书记亲自挂帅成立精准脱贫指挥部，提升县扶贫局政治地位，统筹管理扶贫资源和政策执行。这种压力的增加和"扶贫标准"的加码也随之扩散到相应的政策领域。例如这种压力型的运行方式扩散到教育、就业、农业等相应的领域，大量的扶贫任务被分发至各县直部门，使各县直部门深入参与到了精准扶贫之中。这种扶贫责任的分解，既是县委县政府对县内各职能部门自上而下的科层任务分解,同时也是一种扶贫压力的分解与下沉。

(二)政策推动的三种机制

为确保扶贫项目的有效实施,职能部门会根据扶贫任务的轻重、复杂性以及自身的组织特色,选择不同的方式开展工作。通过分析互助县各扶贫项目实施过程发现,职能部门向下推动项目实施主要有以下三种方式:一是利用部门自身的业务指导权开展工作;二是借助乡镇党委政府的权威地位高位推动工作;三是项目跨层级直接对接到村、户。

1. 业务指导权

职能部门利用自身业务指导权开展工作是最常见的一种推动项目实施的方式,为原有业务流程的再造,即县级职能部门—乡镇党委政府—村两委。采取此类推动方式的项目一般具有以下特点:一是项目专业性强,一般通过对外招标的方式完成,职能部门主要负责项目资源的分配、招标商的资格认定以及项目的监督实施和验收;二是项目目标明确、可操作化程度高,一般具有明确的指标和细致的项目要求,项目执行流程化;三是项目"惠民"性高,附带经济价值,较受乡镇政府和村两委欢迎;四是项目执行无需同级职能部门协调,项目负责部门通过"项目发包"即可实现项目落地;五是项目不会给乡镇政府和村两委带来扶贫压力,其只需配合执行。这种方式一般多发生在交通扶贫、电力扶贫、水利扶贫等基础设施行业,此类项目直接通过业务指导权得到乡镇党委政府的有效执行。

此类项目资源到达县一级后,需要各个行政村进行自下而上的项目申请。首先,乡镇一级政府进行政策的上传下达,并动员辖域内符合项目要求且有需求的行政村进行项目申报;其次,村两委召开村民代表大会和村党支部会对需要申请的项目进行政策宣讲和协商,撰写申报材料提交乡镇政府；再次，乡镇政府对各行政村申报材料进行核实、评估和商定，确定好名单统一上报至对应职能部门。职能部门对申请名单进行核实，并对行政村需求进行评估，最终决定项目资源的分配。

以交通扶贫为例，按照县委县政府落实交通支持精准扶贫对农村公路建设的要求——到2020年实现"乡通油路、村通水泥路、户通硬化路"，交通局通过业务指导权直接将任务下发至乡镇政府，乡镇政府配合其开展工作。县交通局负责制定全县农村公路建设、养护总体规划以及项目的验收及考核；乡镇政府为辖区内乡村公路工作的责任主体，负责编制辖区内的公路建设、养护计划并组织实施。此时的乡镇不具有任何项目分配和决定权，更像是职能部门的"派出机构"在"配合施工单位实施项目"。（访谈资料：Z20190912互助五十镇访谈记录1）村两委作为项目执行的末端，主要扮演"协调落实"的角色，农村党员也被动员去化解执行项目可能带来的村民矛盾，"有些农户门前的高低、有些不答应的，我们去调节这些"（访谈资料：C20190915互助班彦村访谈记录1），以保证项目的顺利实施。

2. 高位推动

职能部门在实施项目时本可以利用业务指导权开展工作，却选择借助乡镇党委政府的权威地位推动工作，即县级职能部门—县委县政府—乡镇党委政府—村两委，通过吸引县委县政府的注意力，借助乡镇党委政府的权威地位高位推动项目实施。这是因为上级党委政府下达的任务对基层而言意味着政治任务，意味着下级政府必须执行。采取此类推动方式的项目一般具有以下特点：一是项目本身的复杂性导致人力、财力薄弱的职能部门难以有效执行，需要县委县政府进行资源输出；二是项目目标模糊、流程不明，需要项目执行者因地制宜，合理选择政策工具；三是项目所带来的经济价值低，很容易被乡镇党委政府和村两委"象征性执行";四是横向部门协调的必要,项目涉及领域广,需要其他县直部门协助执行;五是会给乡镇党委政府和村两委带来扶贫压力,需投入大量精力才能使项目得到有效施行。

上级政府一般对此类项目无明确的执行方案,或是方案可操作化、程序化程度低,需要县级职能部门将政策目标进行细化,根据县域实际情况提出可行的执行方案和明确的工作方法。这种方式一般多发生在精神扶贫、教育扶贫等方面,此类需借助党政权威向乡镇党委政府和村两委施压,才可得到有效执行。

以互助县"移风易俗"项目为例。"移风易俗"项目属于精神扶贫,该项目由县委牵头,县委宣传部和县文明办负责具体业务开展。为吸引县委县政府的注意力,2018年互助县委宣传部、县文明办组成调研组,通过外出考察学习、深入乡镇村社调研、入户走访座谈等形式,紧紧围绕"推动移风易俗、树立文明乡风"进行了专题调研,形成《互助县推动移风易俗 树立乡风文明的调查与思考》调研报告,强调互助县存在村民结婚彩礼负担重、婚丧嫁娶大操大办情况严重、人情礼节往来名目繁多、部分群众传统美德缺失等情况,破除陈规陋习刻不容缓:

调研报告他在我们青海宣传,省委宣传部编发的一个刊物上它也转发了。(访谈资料:X20190910 互助宣传部访谈记录)

该报告被上交县委,并获得县委书记批示,同意宣传部起草"移风易俗"实施方案。最终,方案获得审批,并由县委办公室下发至各乡镇党委和相关部门。除各乡镇党委外,县扶贫局、文化旅游体育局、广播电视局、文联等逐个都被动员起来协助县委宣传部开展"移风易俗"工作。

各乡镇党委政府负责指导各行政村建立红白理事会、道德评议会等群众组织;指导各行政村通过召开支部会、党员大会、村民代表大会讨论，重新修订《村规民约》；指导各村制定本村红白喜事参考标准。

红白理事会由村两委干部、驻村工作队、德高望重且热心群众工作的群众组成，由村党支部书记或村委会主任兼任会长，主要负责办理本村婚丧嫁娶事宜。红白理事会要制定红白事办理流程，合理界定费用标准、办事规模等，并纳入村规民约。彩礼被要求控制在6万元以内，酒席数量不超过15桌，每桌成本控制在600元以内等。红白理事会成员和农村党员被动员起来带头破除陈规陋习，给村民做表率：

> 红白理事会主要是引导，慢慢给村里形成这种风气。（访谈资料：C20190915 互助班彦村第一书记访谈记录3）

同时，制定红白喜事申报制度，当村上有村民办红白喜事时，红白理事会会介入监督、考察该户喜事规模、费用是否符合标准。同时，红白理事会可跨地域管理彩礼事宜，如在威远镇与五十镇的一桩婚嫁事宜的处理上，由于双方家庭彩礼上没有达成一致，这时，便可由红白理事会出面进行协商。

通过县委县政府的高位推动，"移风易俗"工作在各行政村得到有效执行。

3. 绕过"块块"

职能部门不通过乡镇党委政府，跨层级直接对村/户的方式开展工作，即县级职能部门—村/户。一般多发生在医疗扶贫行业。采取此类推动方式的项目一般具有以下特点：一是目标群体明晰，且覆盖面积广。即目标群体特征明显，且容易被识别或已经被识别；目标群体数量庞大，边际成本低；二是项目可操作化程度极高，流程明晰，直接通过程序即可实现；三是项目历史久或是在原有项目上的发展，大众认知和认同程度高;四是项目"惠民"性强,个性化定制,目标群体间不存在矛盾;五是项目执行无需同级职能部门协调,项目负责部门通过程序运作即可实现项目落地。

以医疗救助和保险项目为例。"医疗救助和保险"项目属于"健康扶贫",由县医保局负责统筹安排,对全县农村患有大病和长期慢性病的贫困人口开展大病集中救治一批、慢病签约服务管理一批、重病兜底保障一批的"三个一批"行动,形成基本医疗、大病救助、民政医疗救助和"健康保"四道保障线。该项目通过医院和保险系统直接对接到每个人,无需乡镇党委政府介入协调,每人均有独立台账,不存在利益冲突。同时流程清晰,指向性明确,无差别性、无竞争性。

(三)行业责任何以实现:"8+10"扶贫政策运作

通过对各扶贫项目的推动机制进行分析发现,影响项目推动机制的因素可分为:一、项目的复杂性,即是否可通过技术手段或外包方式实现;二、项目的"惠民性",即是否具有附加值;三、项目是否存在原有执行机制,即是否需要重建或创造执行机制;四、部门间协调的必要性,即是否需要其他县级职能部门参与、配合;五、项目所带来的扶贫压力,即乡镇党委政府和村两委是否需要投入大量精力以完成政策目标(参见表5.2)。

表5.2 互助县扶贫项目推动机制影响因素

执行机制	影响因素					
	项目复杂性	项目"惠民性"	原有执行机制	部门协调必要性	基层扶贫压力
业务指导权	×	√	√/×	×	×
高位推动	√	×	×	√	√
绕过科层	×	√	√	×	×

依据上述影响扶贫项目推动机制因素分析，可得出互助县"8+10"政策是如何被执行的（参见表5.3）。

表5.3 互助县"8+10"政策执行机制

	政策	政策执行机制
八个一批	发展产业脱贫	业务指导权
	易地搬迁脱贫	高位推动
	资产收益脱贫	高位推动
	转移就业脱贫	业务指导权
	医疗保障和救助脱贫	绕过科层
	教育脱贫	高位推动
	低保兜底脱贫	绕过科层
	生态保护与服务脱贫	高位推动
十大工程	交通扶贫	业务指导权
	水利扶贫	业务指导权
	电力扶贫	业务指导权
	健康扶贫	业务指导权+绕过科层
	通信扶贫	业务指导权
	电子商务和市场体系建设扶贫	业务指导权
	文化惠民扶贫	业务指导权
	金融扶贫	业务指导权
	科技扶贫	业务指导权
	农牧民危旧房改造扶贫	业务指导权
其他	东西部协作	高位推动
	定点扶贫	业务指导权
	党建扶贫	高位推动
	精神扶贫	高位推动
	农村综合环境整治、高原美丽乡村建设	业务指导权
	村集体经济发展	高位推动
	民族、宗教脱贫政策	业务指导权
	涉农资金整合	业务指导权
	示范园区建设	业务指导权

三、绕过科层:"包保制度"何以运作?

随着村民自治制度在广大农村建立,乡镇内形成了以"乡政村治"为主要特征的乡镇治理模式。但由于村民自治是在先天不足和巨大外部压力下建立起来的,大部分地区尤其是欠发达地区的农村出现了乡村财政难以为继、村集体经济薄弱、公共服务供给完全靠上级政府财政支付、人才严重流失、土地和宗族矛盾加剧等问题。村民自治在乡村治理过程中陷入困境。同时由于精准扶贫工作的复杂性,要实现"两不愁、三保障"的目标,仅仅依靠自上而下的"五级书记抓扶贫"是不够的。无论是精准识别还是精准帮扶,都需要超越原有的组织体系,将村民自治难以解决的问题诉诸外部嵌入。其中,最为关键的制度是"单位包村",即每级政府部门按照一定原则进行层层包村(参见图5.3)。

严格来说,"单位包村"并非新鲜事物,而是"下派工作队""下派干部"等常规农村工作法的延续,都是由国家主导的、借助外部力量"嵌入"开展乡村建设工作。工作队作为国家治理乡村的主要工具,能够高效地完成政策和资源输入,延伸国家触角,达到国家与农村的有效沟通。虽然"单位包村"具有历史传承性,但同时又是具有革新性的、嵌入基层治理逻辑和场域中的,无论是从性质、任务还是过程来看都与"下派工作队""下派干部"有着明显区别。"单位包村"是对这种逻辑的颠覆和再创新,被赋予了鲜明的时代特征,具有很强的应用性和创新性。

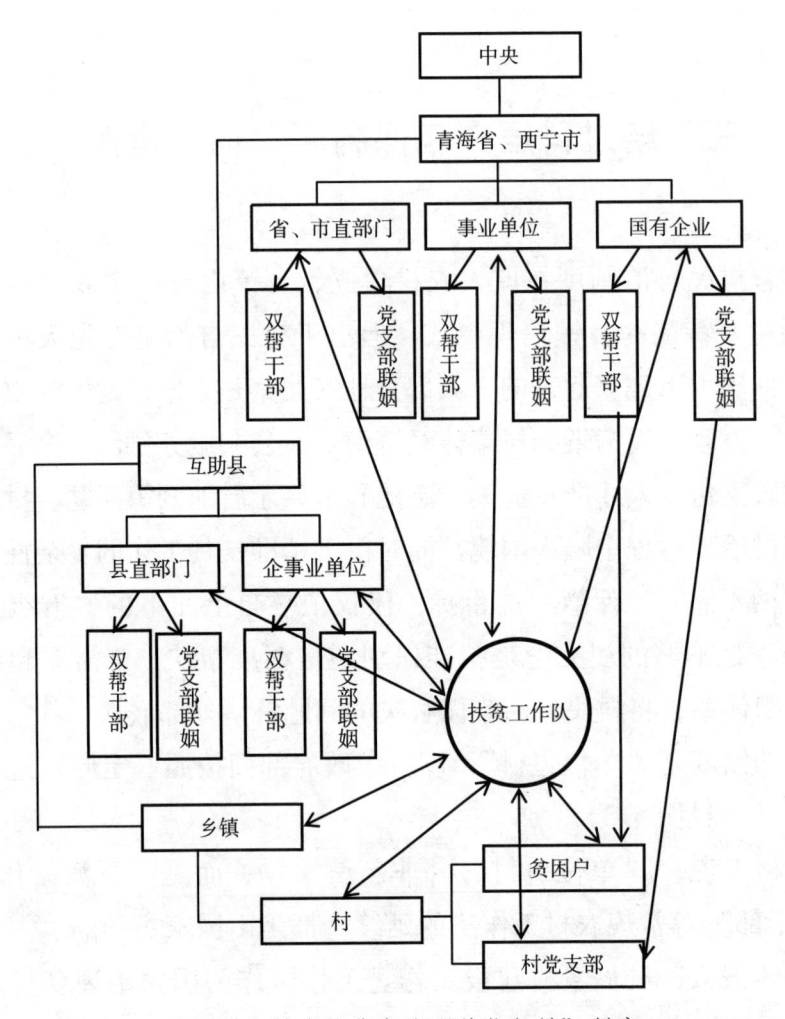

图 5.3 精准扶贫中的"单位包村"制度

（说明：为避免造成混乱，省、市、县双帮干部—贫困户，省、市、县党支部—村党支部，仅举"国有企业"一例绘制本图）

（一）"分盘子""选能人"

2015年，经省、市认定，互助县重点贫困村70个、一般贫困村48个、后进村25个、重点维稳村1个，除去交叉重合的，合计132个。省、市、县三级单位向全县132个"三类"村选派第一书记和驻村工作队,合计选派干部420名。2018年3月开展的新一轮第一书记和驻村工作队选派工作涉及互助县142个村,其中:建档立卡贫困村118个,丹麻镇、五十镇、松多乡3个深度贫困地区有贫困人口行政村24个。省、市、县、乡相关单位向全县142个村选派第一书记和驻村工作队,合计选派干部468名(参见表5.4)。

表5.4　2018年互助县第一书记和驻村工作队选派情况

包村单位级别	包村数量 合计	贫困村数	深度贫困地区有贫困人口村数	选派干部数量	选派第一书记数量
省直单位	46	41	5	94	46
市直单位	9	6	3	19	9
县直单位	87	71	16	179	87
乡镇	/	/	/	176	/
合计	142	118	24	468	142

1."分盘子":包村单位的确定

互助县贫困村分为贫困村、后进村和重点维稳村①。单位包村任务由各级扶贫开发领导小组办公室统筹安排,由组织部按照以下原则指派。

一是延续原有部门与贫困村党支部结对联姻关系。远在精准扶贫之前,互助县就存在党支部结对帮扶传统,县级单位、学校、企业党支部对接294个行政村党支部进行结对帮扶:

> 就有对应的上面的支部,有帮扶的支部,但是以支部搞的,你

---

① "后进村"为村两委班子薄弱的村;"重点维稳村"为村民存在加入非法组织情况的村。

可以说是以党组织的党建上的一个活动。（访谈资料：Z20190912 互助蔡家堡乡访谈记录1）

精准扶贫实施之后，为维持帮扶关系稳定，使帮扶单位能够更快熟悉帮扶村村情村貌、因村施策，组织部在分配贫困村时便延续了原有党支部帮扶关系。例如，蔡家堡乡在精准扶贫前主要由县水务局、发改局和县总工会党支部开展结对帮扶，精准扶贫后延续了原有联姻关系。同时，针对包多个村的单位，组织部在统筹安排时会将其负责的村落集中在一个乡镇以减轻单位扶贫成本和压力，方便包村单位统筹管理和资源输入。

二是"大单位包大村，小单位包小村"、强弱搭配。省、市部门或组织部等组织庞大、财力雄厚、能力强的部门多包村、包大村、包难村。例如省国土资源厅结对帮扶30多个村；县财政局包4个村，其中1个重点贫困村、1个一般贫困村和2个后进村。一般部门少包村、包小村、包基础好的村，或者几个部门联合包一个村，甚至不包村。例如，仅4人的县工委未包村；县团委和妇联联合包1个村，由妇联选派第一书记，团委选派驻村工作队。

再一个考虑就是根据局的、单位的大小，还有人员……基本上大单位可能都是重点贫困村。（访谈资料：Z20190912 互助蔡家堡乡访谈记录1）

同时，实行"强弱搭配"，即能力较强、组织庞大的优势单位为财力薄弱、组织微小的单位派驻第一书记。例如，省国土资源厅下属9家事业单位共同"包"班彦村，其中较为优势的审计调查局负责选派第一书记，而其他8家单位负责筹措扶贫资金。

三是"党政部门包难村，政法部门包维稳村，经济部门包穷村，技术部门包专业村"，即将部门职能与贫困村类型挂钩，进行系统整合,实现"精准包村"。如互助县重点维稳村包村单位为市司法厅,县自然资源局帮扶的花园村和温家村均为搬迁村,交通不便的上刘家村包村单位为省交通厅。

2. "选能人":第一书记和驻村工作队的选派

2015年,青海省开始驻村工作队选派工作,因村派人、因需派人。驻村工作队由第一书记和2名队员构成,结对单位选派1名第一书记和1名干部,乡镇选派1名包村干部。贫困村第一书记由省、市、县单位下派,非贫困村第一书记由乡镇政府下派。第一书记驻村任期为两年,"脱贫的任务不完成,选派单位不脱钩、干部不撤回"。选派第一书记一般遵循以下原则:

首先,第一书记必须为党员、科级以上干部且为单位重点培养对象,工作能力强、文化水平高,"优中选优,当时的原则是把最强的人要派下去,从事这个工作"(访谈资料:Z20190912互助蔡家堡乡访谈记录1),选派"后备干部"主要是基于能力考量。第一书记需具有较强群众工作能力,善于与群众沟通;学习调研能力强,能够在短时间内掌握有关精准扶贫政策,熟悉村情民意;协调沟通能力强,能够凝聚各方力量,与乡镇党组织和村两委共同协作开展工作;推动落实能力强,执行上级政策措施,狠抓各项任务落实,确保取得实效,完成"村出列""户销号"。组织部在选派第一书记时会向包村单位党组织负责人征求意见、充分沟通交流,充分采纳包村单位的意愿,大多从单位后备干部库中选派:

> 上面有当时明确的规定……后备干部、科级干部第一书记里面要占30%的比例……从上级的、从中央省市县的工作要求里面都是要求的,就是要对工作一线、脱贫攻坚一线、事迹突出的干部要优先提拔使用。(访谈资料:Z20190912互助蔡家

堡乡访谈记录1)

其次，第一书记普遍年轻化，一般在45岁以下，且多为男性。

一般是派年轻点的。第一书记有年龄限制的就是45岁以下，工作队员没限制，但是我派的年轻，就小伙子身强力壮的。（访谈资料：C20190915 互助班彦村第一书记访谈记录3）

由于农村工作环境、工作性质的特殊性和复杂性，各级政府、各包村单位选派的第一书记在年龄结构上都较为年轻化，且以男性为主。项目组访谈对象仅有一名女性第一书记。选派年轻的领导力量下村帮扶主要是基于以下考虑：年轻的领导力量环境适应能力更强，能更快融入农村，开展工作。且年轻力量上进心较强，更重视绩效考核，能啃硬骨头。

最后，机关事业单位派出的第一书记居多，企业偏少。这主要是基于对第一书记社会资本的考量，第一书记所在单位背景和社会关系都会对其工作绩效和扶贫成效产生影响。组织部会选择优先选派能够为帮扶村注入更多资源的第一书记。

对驻村工作队员的要求相对第一书记较宽松，主要基于以下几点的考量：第一，年龄不受限制，但偏向于年龄较大的；第二，了解国家精准扶贫政策，会说当地话；第三，老党员，善于做思想政治工作。

（二）单位包村

对于包村单位而言，精准扶贫作为一项政治任务，带来更严厉的问责。所有的包村单位都被要求签"军令状"，作出脱贫承诺。一旦签订"军令状",对于帮扶单位而言,需要完成"村出列""户销号"。在帮扶过程中,涉及"两不愁、三保障"的所有事项,包村单位都需要想办法统筹解决,尤其是各县直部门的业务工作被深深地引入到了"扶贫"之中。"单位包村"作为一种组织嵌入基层治理的模式,能够很好地促进帮扶村各项精准扶贫政策的落实。

1. "精准扶贫"机构设置

为完成"政治任务",尽快帮助帮扶村、联系贫困户脱贫致富,确保扶贫工作取得成效,实现脱贫承诺,脱贫攻坚指挥部要求每个单位设立以单位党支部书记或部长挂帅的精准脱贫工作领导小组,下设精准脱贫工作办公室,统一指导部门内联点帮扶、巩固联点村脱贫成果、持续发展产业工作(参见表5.5)。

表5.5 互助县县委宣传部精准扶贫工作领导小组

角色	职位
组长	县委常委、宣传部部长
副组长	县委宣传部副部长、文联主席、新闻办公室主任
	县委宣传部副部长、县广电局局长
	县委宣传部副部长、县文明办主任
	县文联副主席
组员	县委宣传部办公室主任
	县电视台副台长
	广电局办公室主任
	县委宣传部干部
	县委宣传部干部
	县委宣传部干部

对于包村单位而言，核心职责包括三个方面。一是选派驻村工作队，并定期听取第一书记工作汇报，适时到村调研，指导促进工作。二是落实"单位结对共建帮村，干部结对认亲帮户"帮扶制度，落实"双帮"工作机制，安排单位开展党组织共建帮村和全体干部职工认亲帮户；统筹规划"双帮"工作，制定实施方案，明确结亲时限、帮扶内容、帮扶形式和责任分工等，建立"双帮"工作台账，确保"双帮"工作落到实处。三是为帮扶村对接项目和资源。不同性质帮扶单位具有不同资源和汲取资源的能力。在科层制中，层级越高，处于该地位的人或部门就越具有权威性，汲取资源的能力越强。帮扶单位也可以使用影响力为贫困村拉来更多项目。例如，哇麻村的帮扶单位为县委组织部，其强影响力成为在争取项目资源和政策倾斜时的关键力量。在互助县县委组织部对2017年度结对帮扶哇麻村工作总结中统计，在实施高原美丽乡村建设项目基础上，省民委、县新农办、电力等部门协调基础设施建设、村长绿化、农村电网改造等项目，总投资达448万元。而一般单位的帮扶资金来自于单位办公经费和职工自掏腰包，或者利用非正式关系向企业和社会组织寻求合作。如卓扎滩村幸福院的日常经营经费来源于财政局向企业拉来的赞助；省国土资源厅向永和集团拉来下滩村的"爱心超市"项目，"爱心企业的捐助，拉点赞助"（访谈资料：C20190916互助卓扎滩村访谈记录）。

每个包村单位都有自己的办法，或是进行政策倾斜，或是单位节流，或是与其他单位进行资源交换。

2. "结对认亲"

实现脱贫承诺，除了单位资源的输入，还需要"因户施策"，进行精准帮扶。干部结对帮扶机制成为精准帮扶的关键机制（参见图5.4）。为了进一步实现"户销号"，单位的结对干部被要求与帮扶单位签订责任书，以保证贫困户可以如期脱贫，实行"精准到人"的责任制（参见表5.6）。结对帮扶干部"一对多"或"多对一"，即每个结对帮扶干部按照职位高低帮扶一到三户贫困户或多个结对帮扶干部帮一户，一旦扶贫对象不满意，责任人乃至帮扶单位都会面临被问责。同时，包村单位为推动"双帮"工作迅速有效开展并取得实实在在的成效，甚至成立专门的结对"双帮"领导小组。如省交通运输厅成立了八个结对"双帮"领导小组，每一个领导小组都是由一个副厅长负责。结对干部被要求记录"双帮"工作民情日记，单位领导班子成员需每月深入帮扶村至少一次，结对认亲帮扶干部每月要通过电话沟通、走访入户等形式联系农户不少于1次。

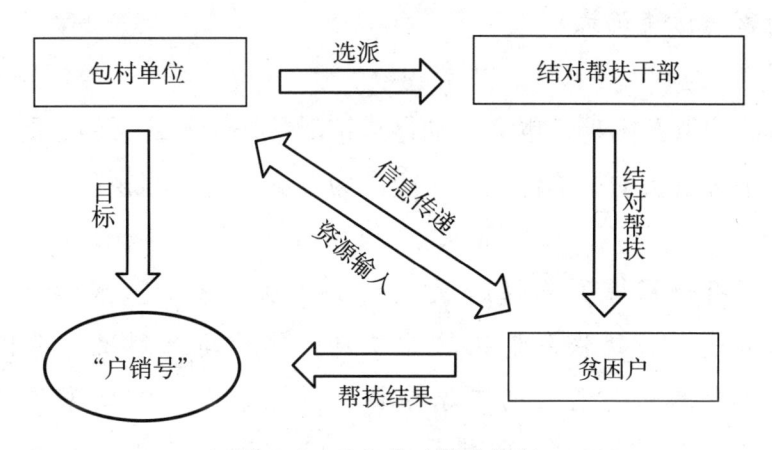

图 5.4　干部结对帮扶机制

对结对帮扶干部而言，核心目标是通过"精准施策"实现"户销号"。围绕每个贫困户是否真正享受到扶贫政策，结对帮扶干部需通过深入基层、走访慰问、入户拜访等形式，详细了解结对认亲贫困户基本情况，在个人基础上，结合产业扶贫、就业扶贫等方式"因户施策"。例如，春耕之际，结对帮扶干部需帮助贫困户提前谋划备耕春播工作，了解农用物资准备情况，宣传强农惠农政策，指导贫困户发展符合区域优势的特色产业，切实增强贫困群众"造血"功能等。同时，作为党和政府的代表，深化党群干群关系也成为结对帮扶干部的主要职责。结对帮扶干部被要求广泛开展为结对认亲贫困户解民忧、办实事、送温暖活动，需了解结对认亲贫困户的生产生活状况和遇到的困难，做到"六个必访"①，力所能及地帮助他们解决困难，让困难群众切实感受到党和政府对他们的关怀和关心。例如，结对帮扶干部每次入户走访或节假日都会带来一些礼物：

> 像八月十五拿月饼，春节有给现金的，有直接人家上高中，拿出一千块钱给你孩子去买套衣服去，拿了学习用具、钱的，也有给物的什么的都有。（访谈资料：C20190916 互助上刘家村访谈记录）

贫困户遇到困难，也会主动寻求结对帮扶干部的帮助。此时，结对帮扶干部就会动员单位或个人资源为贫困户解决问题：

> 有一家得了急性胆囊炎到县上去检查，一检查弄不了，给我一说我就联系帮扶的责任户，然后马上到了交通医院让全省做胆结石最好的专家给他做手术，三天就回家了，所以说他特别感激。（访谈资料：C20190916 互助上刘家村访谈记录）

在一遍遍走访和多次帮扶过程中，结对帮扶干部和贫困户之间也逐渐建立"亲戚"关系，帮扶行为和亲戚行为间的界限变得模糊。

---

① 即有重病住院必访、有婚丧嫁娶必访、有子女辍学或待业必访、有意外灾害必访、有思想异常必访、有重大节假日必访。

第五章 | 组织再造:"精准扶贫"目标是如何实现的?

表5.6 互助县发改委干部结对认亲帮户名单(部分)

序号	县(市区)	乡镇	帮扶村名称	单位结对党组织名称	帮扶贫困户					帮扶责任人		
					户主姓名	家庭人口	联系电话			姓名	政治面貌	单位	联系电话

（表格内容按列重组）

序号	县(市区)	乡镇	帮扶村名称	单位结对党组织名称	户主姓名	家庭人口	联系电话	姓名	政治面貌	单位	联系电话
1	互助县	蔡家堡乡	杨家湾村	发展和改革局党组	杨**	2	151****3263	李**	党员	发改局	135****3025
2	互助县	蔡家堡乡	杨家湾村	发展和改革局党组	杨**	5	138****8878	李**	党员	发改局	135****3025
3	互助县	蔡家堡乡	杨家湾村	发展和改革局党组	孙**	3	152****3633	昔**	党员	发改局	136****7269
4	互助县	蔡家堡乡	杨家湾村	发展和改革局党组	杨**	1	152****4044	昔**	党员	发改局	136****7269
5	互助县	蔡家堡乡	杨家湾村	发展和改革局党组	杨**	4	187****9001	白**	党员	发改局、粮食局	138****3887
6	互助县	蔡家堡乡	杨家湾村	发展和改革局党组	杨**	3	138****5624	白**	党员	发改局、粮食局	138****3887
7	互助县	蔡家堡乡	杨家湾村	发展和改革局党组	李**	2	183****0381	王**	党员	物价所	138****3899

· 217 ·

3. "支部联姻"

自农村税费改革后,为解决基层政府财政汲取能力被弱化,党组织力量涣散问题,互助县以"党支部联姻帮扶"的方式将党政组织系统的触角向下延伸,加强基层党组织建设,提升基层党组织能力,调动基层党员工作积极性,合力推进落实精准扶贫政策,着力解决"最后一公里"问题,发挥以党为核心的社会服务和管理功能,确保贫困村顺利脱贫。

主要帮扶方式有:一、组织帮扶村党员培训和学习。例如,市农业局党支部组织石湾村党员前往海东市农博会进行参观学习;举办红色主题教育参观活动;组织参观养殖场、高原美丽乡村建设项目等。二、将单位党支部活动下放至帮扶村,包括固定党日活动、月党课、党员座谈会等。例如,帮扶上刘家村的9家单位将本单位党支部固定党建活动下放至上刘家村举办,使得村上党员通过与帮扶单位党员沟通、交流来增长经验、提升思想高度,帮扶单位党员可通过村党员充分、全面、实时了解到帮扶村现状与困难,"看看你们村里头有什么具体困难,需要我们结对'双帮'的单位要做什么"。(访谈资料:C20190916互助上刘家村访谈记录)三、注入资源,包括资金帮扶、项目承诺或赠送书籍等物品。例如,国家电网投资公司以"协支部共建"名义投资199万元用于班彦村污水处理站修筑、以每户3000元标准安装电炕以及捐赠20万元修建电子阅览室。

(三)驻村工作队

"驻村工作队"扶贫工作机制是以"驻村工作队"为主导,派出单位和乡镇政府辅助支持、帮扶村村两委配合协作,同时依托自身和社会资本优势为帮扶村引入资源,争取政策扶持的扶贫工作机制。一方面,扶贫工作队作为包村单位的代表,虽由组织部任命且具有正式任命文件,但不存在于正式的科层结构中,遵循"来帮忙"逻辑。其核心任务是完成"精准扶贫"任务,即实现"村出列""户销号",敦促地方政府政策执行和提升基层治理能力;另一方面,作为"村出列""户销号"的第一责任人,驻村工作队需真正落实扶贫政策,打通政策的"最后一公里",同时向包村单位、县级部门争取更多的政策和项目资源。

1. 来"帮忙"的驻村工作队

(1)微妙关系:指导、沟通和配合

从"第一书记"的组织关系方面来看,遵循的是"双重领导"原则:"扶贫(驻村)工作队管理由县委牵头抓总,履行主体责任;县(市、区)委组织部、乡镇党委和派出单位履行具体责任,共同负责日常管理,以乡镇党委管理为主"。即"第一书记"虽然是由原单位和组织部发文自上而下派遣下来,但是下派之后却必须接受所在乡镇单位的管理。由省、市下派的第一书记在职位上甚至高于乡镇党委书记和乡(镇)长,但在上传下达的过程之中以及日常扶贫工作中又必须服从乡镇党委政府的指挥、管理和监督。由于每一个贫困村的脱贫计划和发展规划都是被纳入乡镇的整体规划之中的,包括到户产业的选择、项目的申请、"村出列"计划表等都需要乡镇进行统筹,扶贫工作队不可能脱离乡镇而独立开展扶贫工作。同时,乡镇政府面临着有限资源与全面治理的难题,而驻村工作队作为为贫困村发展出谋划策甚至向省、市级政府争取资源的帮扶力量可以为其分担压力,回应村庄诉求。

这使得"第一书记"与所在乡镇之间关系非常微妙,其关系可以概括为"指导、沟通和配合":

> 说来也微妙。你说省厅派下来的第一书记,职务大我们好几个……工作上就是一个是指导,然后一个交流沟通,再一个就是

互相配合，就是这样关系。（访谈资料：Z20190912互助蔡家堡乡访谈记录2）

"指导"主要表现为精准扶贫信息的沟通与政策的上传下达，乡镇成为县政府和驻村工作队政策传达和衔接的桥梁：

县上有新的扶贫政策出台的时候，我们镇上要学习，把第一书记叫来学习，这是传达。（访谈资料：Z20190912互助蔡家堡乡访谈记录2）

"沟通"即乡镇政府与第一书记就村上的精准扶贫工作进行协商，而不是乡镇政府直接下发任务：

那我们不可能说你必须那么搞这样搞，还是有些交流、沟通的，对吧？我们商量着来，怎么搞比较好，第一书记人家也是省厅单位的，见多识广的。（访谈资料：Z20190912互助蔡家堡乡访谈记录2）

"配合"即驻村工作队配合乡镇政府实施到户产业等普惠性精准扶贫政策，其中包括入户走访、贫困户信息的收集与录入、到户产业的验收等；同时，乡镇政府配合驻村工作队完成其向上"争"来的项目，推动项目落地。

（2）打造一支带不走的扶贫工作队

第一书记作为"村出列"的第一责任人，在权力上是凌驾于村两委的。同时由于村两委班子，毕竟是村干部，见识和能力水平都不如第一书记，（访谈资料：Z20190917互助五峰镇访谈记录）驻村工作队需"指导"和"督促"村两委开展精准扶贫工作，但远非"领导"。在帮扶过程中，作为扶贫机制受体同时又是帮扶村直接管理者的村两委起到核心协调作用,它是连接"第一书记"和村民之间的第一枢纽。鉴于对村情的不熟悉且群众工作经验不足,第一书记也需要以村支书为首的群体的支持与配合,做好村民思想工作。如上刘家村驻村工作队入村后,第一件事就是召开村两委会,掌握村容村貌和主要致贫原因,同时开展入户调查,摸清村里的基本情况。这些工作都需要村两委的支持和配合:

> 因为村里面的书记主任他本来就是村里的人,他们好打交道。这样一来的话,他们是一个相互配合,但第一书记还是起领导作用。(访谈资料:Z20190912 互助五十镇访谈记录2)

同时,由于贫困村大多存在班子战斗力不强、村干部工作动力不足等问题,驻村工作队不仅需要完成"村出列"的扶贫任务,加强村两委班子建设也是一项重要帮扶任务。驻村工作队在和村两委处理好关系、打好配合的同时,需调动他们的积极性,激发其工作动力。首先是抓阵地建设。虽然县委组织部为贫困村均配备了村级综合办公服务中心,包括村两委办公室、党员活动室和群众办事大厅等,但由于村集体经济的落后,办公条件均比较简陋。第一书记驻村后均把阵地建设作为"加强党建促脱贫"的第一要务提上日程,想方设法改善村委会的办公条件和工作环境。如上刘家村的驻村工作队由派出单位资助了15000元为村委办公室送暖气,确保其能够在冬日正常办公:

> 我们单位去年给了15000买气,要帮扶村里头的两委。去年给了14900多,今年我还要打报告,仍然要14900,送气,要不然冬天没法办公。(访谈资料:C20190916 互助上刘家村访谈记录)

班彦村帮扶单位赞助 10 万元，用于购买广场桌椅、会议室桌椅、办公电脑等办公用品。阵地建设的完善为村两委党务、村务工作的开展、党员和村民学习培训提供了基地保障且极大地方便了群众办事。

其次，协助县委组织部做好村两委班子换届工作，倾向于班子高学历化和年轻化，同时培养后备干部，即将能力强的村民列为村级后备干部①：

> 一个是自己致富能力要比较强，然后带动群众致富的话，在村上来说它也是有一定的威信的，然后大家对他比较认可，如果把他们这种这些选成村上干部，他的话有人听。（访谈资料：X20190910 互助组织部访谈记录4）

> 给他们去做工作，就把他放成后备干部。（访谈资料：C20190915 互助班彦村驻村干部访谈记录5）

由现任的村支书、支部委员、妇联主席和村会计等进行一对一帮带。

再次，驻村工作队的党组织关系转到村，作为村支部成员参与村党支部的各项活动，且严格执行"第一书记"月课堂制度，并建立工作档案，介绍经验，帮助其完善有关规章制度，实现制度上墙，以此增强村两委的凝聚力和战斗力。

最后，抓村集体经济。村两委班子薄弱的症结在于村集体经济薄弱以致"留不住人才"，村的"能人"都选择经济效益高的经商或务工而不是担任村干部。因此，为了留住"能人"，最重要的是需要发展壮大村集体经济：

---

① 选拔后备干部主要依照"双推双选"机制，即首先通过"群众推、党员推"推荐优秀村民，然后从优秀村民中培养选拔入党积极分子和村级后备干部。"双推双选"工作一般在村两委换届工作结束后，由镇党委统一安排部署进行。

村上集体经济发展起来了，你肯定是能够把人才吸引回来。（访谈资料：X20190910 互助组织部访谈记录4）

加强集体经济的建设也是为了更好地留住那些班子。（访谈资料：Z20190917 互助五峰镇访谈记录）

事实上，由于扶贫牵扯面广，上级政府对驻村工作队的职责任务几乎涵盖了农村工作的各个方面，驻村工作队越来越深入和全面地介入了贫困村的工作：

因为扶贫牵扯到方方面面……你说第一书记不操心这个，那也没办法……只能介入……比方说村民的六学六育，主要是抓思想形态这方面，第一书记还得搞，搞这方面就要搞党建。（访谈资料：Z20190917 互助五峰镇访谈记录）

2. 作为"村出列""户销号"负责人的驻村工作队

（1）摸底调查、精准识别

驻村工作队下村后，首先需要全面摸清调查村情和致贫原因，摸清底数实施精准识别。摸底调查工作分三步走：第一步是召开村两委会和群众大会。通过与村干部、村民的交流，充分了解贫困村村情，包括人口数量、产业结构、村内资源状况、生态环境状况、基础设施建设、村民生活水平、村和现有贫困户主要致贫原因、村民需求等方面：

下了村以后，因为我们初来乍到，不太了解情况。首先召开两委会，村两委会，一个是支部委员会，一个是村民委员会……主要掌握村民村貌村容。（访谈资料：C20190916 互助上刘家村访谈记录）

第二步是入户走访调查。在初步了解帮扶村及村民的基本情况后,通过实地考察,进一步掌握村庄发展现状和制约发展因素,通过挨家挨户上门走访、入户访谈、现场查看等方式了解贫困户住房条件及生活环境,与贫困户进行交流,掌握贫困户家庭人口状况、劳动力状况、收入情况、致贫原因、脱贫意愿、已享受政策情况等,并做好记录:

> 一户一户地调查你们家庭的劳动力、收入情况,你们家是缺资金、因病、因残、因学等等这些方面,我们都要做调查,要进行登记。(访谈资料:C20190916 互助上刘家村访谈记录)

第三步是精准识别贫困户,完成建档立卡工作。精准识别是精准扶贫的首要工作,其精准度决定后续帮扶工作是否能够顺利开展。首先由村民自愿申请并上交贫困户申请书,由本人签字按手印。驻村工作队在村两委的协同配合下挨家挨户进行入户调查,而非仅调查申请户。根据调查了解到的农户家庭情况进行分类分项梳理,按照"一标准三道杠五看法"① 和"八不准"② 原则进行对比,筛选出符合条

---

① "一标准"即 2015 年家庭人均可支配收入是否达到 2970 元;"三道杠"即有无购买商品房、购买私家车、财政供养人员;"五看法"即先看房、次看粮、再看读书郎,还要看劳动技能强不强,最后看残疾重病躺在床。
② 即住房条件且装修水平、家用设备明显高于本村平均水平的农牧户;在县城或市区购买住房(含自建房)、商铺等房地产的农牧户(易地搬迁、产业扶持购买商铺的除外);家庭成员有经营公司或其他经济实体的农牧户;现有价值在 5 万元以上(含 5 万元),且能正常使用的大型农机具、面包车、轿车、越野车、卡车、重型货车、工程车等之一的农牧户;现家庭成员中有在国家机关、事业单位工作且有正式编制(含离退休干部职工)的,或有在国有企业和大型民营企业工作相对稳定的农牧户;全家外出务工三年以上,且家中长期无人回来居住的农牧户;家庭成员具有健康劳动能力和一定生产资料,又无正当理由不愿从事劳动的,且明显有吸毒、赌博、好吃懒做等不良习性导致生活困难的农牧户;户籍虽然在农村,但实际长期不在农村生产生活的农牧户,或明显进行拆户、分户的农牧户。

件的农户。按照"两评议、两公示、一比对、一公告"[①] 的识别程序，将符合条件的名单提交评审委员会：

> 我们下来以后挨户调查，调查完了以后把调查的情况记录，向评审委员会提交入户的情况……评审委员会来评审。(访谈资料：C20190916 互助上刘家村访谈记录)

评审委员会成员由村两委、致富带头人、党员、村社的社长以及村民代表构成。由评审委员会召开村民代表会进行民主评议，对评议结果进行张贴公示，将符合条件的农户纳入建档立卡贫困户，不符合条件的贫困户全部剔除：

> 后来有一户不符合条件，人家告来了，我们就按照要求取消掉。(访谈资料：C20190916 互助上刘家村访谈记录)

"应纳尽纳、应扶尽扶""不落一人"：

> 当时评定的时候也上不封顶，下不保底。你有多少符合条件的，我们都往上报。(访谈资料：C20190916 互助上刘家村访谈记录)

评议结束后，为每个贫困家庭建立单独档案和台账，对帮扶村贫困户变化情况多次回头看，定期入户调查，及时更新贫困户信息，确保随时掌握贫困户正确情况和数据。

---

① 即村民评议、县级比对、村民评审委员会评议并公示、乡镇审查并公示、县级审核公告。

（2）打通政策的"最后一公里"

无论是精准识别还是精准帮扶，贫困户和政府间存在严重的信息不对称。作为两者间的"桥梁"，打通政策的"最后一公里"要求驻村工作队帮助贫困户及时了解现行扶贫政策，让群众了解到"惠在何处"，做好政策对接，为其选择符合条件的政策并提供指导帮助。互助县驻村工作队主要采取两种方式：一是开展集中政策宣讲活动，内容包括国家最新扶贫政策、相关政府补贴申请条件和流程指导等；二是入户讲解，利用农闲时间前往贫困户家中、田间地头进行政策宣传。

精准施策是精准扶贫的中心环节。首先是针对贫困村的精准施策，即根据帮扶村致贫原因和发展短板制定"村出列"帮扶计划，以及对照村退出标准，精准落实有关政策措施。

例如，由省交通厅帮扶的上刘家村存在三点制约村发展的障碍：一是各社之间虽已通硬化路，但从村到西宁的5公里不通，影响村民进城务工和销售农牧产品；二是村民的土地大多属于坡度大的梯田，水土流失较为严重，农作物损失惨重；三是山上生活环境恶劣，地质滑坡等灾害频发，不适宜长期居住。

驻村工作队针对这三点障碍，制定了详细的帮扶计划，在精准识别结束之后，开始实施。第一是解决"路不通"。2016年初，驻村工作队开始提交申请，经层层审批，同年9月实现通车。在此之前，上刘家村也曾自主申请过，但三年都未获得审批：

> 他们原村里头申报了三年都没批了，我们驻村工作一来以后，省厅就给批了，投资一公里40万，5公里200万。（访谈资料：C20190916互助上刘家村访谈记录）

由此，可看出驻村工作队所具有的"行业优势"。

第二是解决"梯田坡度大"。2017年，驻村工作队通过"打听"

"跑部门"向水务局争取了平整梯田项目,完成了1300亩的土地平整:

> 我们就要到处打听啊。互助县有精准脱贫攻坚指挥部,要把这些项目挨个跑,每一个项目都要跑到。(访谈资料:C20190916互助上刘家村访谈记录)

第三是解决"居住环境差"。上刘家村属于最后一批"十三五"期间计划易地扶贫搬迁村。2016年,在村民的强烈要求下,驻村工作队着手准备易地搬迁事宜,包括申请、选址、征地、收征迁款、房屋修建和组织搬迁等。每一项工作都需要做大量的群众工作,为此专门成立了搬迁领导小组。由于贫困户和非贫困户的易地搬迁补贴款存在8万元的差额,在2016年开始动议搬迁时,贫困户搬迁意愿十分强烈,而非贫困户尤其是老年人均不愿意缴纳搬迁款,存在严重的"等靠要"思想,甚至出现了村民向县级举报驻村工作队的情况,认为其在贫困户过程中存在不公。直至2017年3月份才完成动员工作。

其次是针对贫困户的精准施策,即围绕"两不愁、三保障",因户施策,制定帮扶计划和脱贫规划。精准施策可以分为两个维度,一是不同类型贫困户(参见图5.5)。针对无劳动力的贫困户采取兜底保障的帮扶措施;针对有劳动力的贫困户采取产业扶贫政策和就业帮扶政策。二是各种基本保障措施。包括教育扶贫、健康扶贫和安全住房等。

民政救助、兜底保障,主要针对收入低,不足以维持正常生活或无劳动能力且无人依靠的人群。这一措施也是精准扶贫的最后保障,主要是保障这类贫困户能够正常生活,但无法从根本上解决贫困问题:

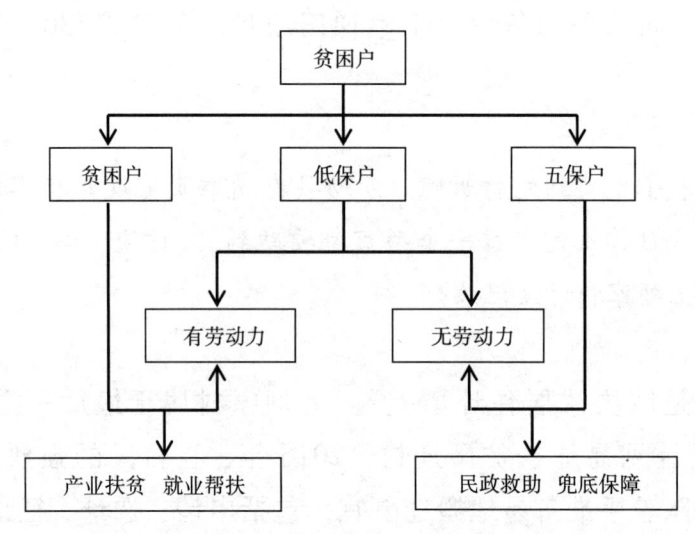

```
                    ┌─────────┐
                    │ 贫困户  │
                    └────┬────┘
          ┌──────────────┼──────────────┐
          ▼              ▼              ▼
      ┌───────┐     ┌───────┐      ┌───────┐
      │贫困户 │     │低保户 │      │五保户 │
      └───┬───┘     └──┬─┬──┘      └───┬───┘
          │            │ │             │
          ▼            ▼ ▼             ▼
      ┌────────┐      ┌────────┐
      │有劳动力│      │无劳动力│
      └───┬────┘      └────┬───┘
          ▼                ▼
  ┌───────────────┐  ┌───────────────┐
  │产业扶贫 就业帮扶│  │民政救助 兜底保障│
  └───────────────┘  └───────────────┘
```

图 5.5　贫困户类型

> 低保分为两档……低保一档是每年每人补贴 3600，就每月 300 块钱。因为你无劳力，给你家每个人每年给你补贴 3600，相当于是国家把你养起来……还有个五保户，孤寡老人没人养的。每年给的大概是 8000 块钱了。（访谈资料：C20190915 互助班彦村第一书记访谈记录 3）

产业扶贫，一户一政策。驻村工作队在征求农户意见的基础上，因地制宜选择可持续性产业，制定产业政策，并及时进行产业调整：

> 发挥我们的部门优势……做结构调整，来的时候就是小麦油菜和马铃薯……来了以后不是就发展特色种植，当归种植，可能现在也成互助县上的一大特色了，但是这个就是事不过三……(20)18 年的市场价格当归的价格就不行了，所以我们就临时做了调整，那就是种养结合。（访谈资料：C20190917 互助石湾村访谈记录）

驻村工作队需配合乡镇对贫困户到户产业进行多次验收，并拍照存档。同时在互助资金等金融扶贫项目的农户申请上尽量把关,保证资金能及时回收。针对外出务工和无意愿发展产业的贫困户,则将其到户产业资金进行投资分红:

> 一部分是他本人没有搞产业能力,所以说我们把他的到户产业资金按照他的意愿投入到我们有些景区或者是企业里面,然后它进行资产收益。(访谈资料:Z20190912 互助五十镇访谈记录1)

就业扶贫。"劝人外出打工"是驻村工作队的首选帮扶方案。在保障基本生活的前提下,鼓励贫困人口参加就业技能培训,通过劳务输出增加家庭收入,实现脱贫。驻村工作队帮扶村争取相应培训资源,包括就业技能和种养殖技术等,动员有劳动能力的参加培训并发放补贴。但调查中发现技能培训类型单一且"转换就业率不高"。(访谈资料:C20190917 互助石湾村访谈记录)"解决就业岗位"也自然成为驻村工作队的任务:利用单位资源,为具有劳动力的贫困户提供就业岗位,组织其参加县政府组织的招聘活动,或向县就业局争取"公益性岗位",增强贫困户"造血"能力,实现稳定脱贫。如上刘家村驻村工作队针对村内存在年轻人在家待业情况,通过与省交通厅沟通、协商,放低就业门槛,为村内有就业需求的村民提供了就业岗位:

> 有还达不到条件,还想去的,再放宽到初中……2016年2017年当中转移就业这一块,这些人立马就脱贫了。(访谈资料:C20190916 互助上刘家村访谈记录)

生存发展保障措施,包括教育扶贫、健康扶贫和安全住房等。驻村工作队主要是配合县级职能部门和乡镇政府开展工作。例如,农户申请危旧房改造后，驻村工作队需入户进行走访调查，确定是否符合"两房改造"的要求：

>首先是确定农户他的房子是不是住房，危房改造不能去建仓库厨房。（访谈资料：Z20190917互助五峰镇访谈记录）

并且在建筑过程中拍照存档，做好贫困户档案更新和管理工作：

>建前是什么样的要拍照存档，建中也要，建好后，你的房子什么样。是不是按照危房改造的等级要求，我们在质量把控上都有照片，安全的宣传，签订责任书，这一系列，我们都搞。（访谈资料：Z20190917互助五峰镇访谈记录）

帮助贫困村和贫困户对接资源、争取项目资金是驻村工作队的一项重要职责。争取项目和资源的方式主要有以下几种。

一是向上争取的项目和资源。由于扶贫资源输入村庄并不是普惠性质的，很多项目具有半竞争性，而作为"村出列"的第一负责人，要实现因村制宜，驻村工作队需要积极与县政府及有关职能部门沟通，尽可能为帮扶村争得更多的项目及资金，打通政策的"最后一公里"。如省国土资源厅为班彦村向文化旅游体育部门争取了每户5万元补贴资金：

>争取到咱们文化旅游体育部门的扶持资金。每家要是建起来以后，首先它要资金投资建设，然后我们争取每家补助5万块的补助资金。（访谈资料：C20190915互助班彦村驻村干部访谈记录5）

二是驻村工作队所在单位带来的项目和资源。从驻村工作队和派

第五章 | 组织再造:"精准扶贫"目标是如何实现的?

出单位间的关系来看,"驻村是代表,单位为后盾",驻村工作队作为包村单位的代表,核心是完成精准扶贫任务,包村单位给予相应的工作支持,"帮扶单位是驻村干部和第一书记的靠山"。(访谈资料:X20190910互助组织部访谈记录4)调研发现,不同性质单位的帮扶差异很大,各驻村工作队所在单位会依据自身财力下拨扶贫经费:

> 帮扶力度肯定不同,包括帮扶的方案也有差异。(访谈资料:X20190910互助组织部访谈记录4)

对于像省、市这类级别较高的部门,或如组织部这类较为核心的职能部门,一般都能提供充足的资金支持或项目支持。如自精准扶贫以来,省国土资源厅为班彦村拨付了260万元扶贫资金。省交通厅为上刘家村每年拨付2万元用于文化下乡活动。或者利用自身的行业优势,为帮扶村提供相应项目支持。如市农业局发挥部门优势,在石湾村实施"新兴职业农民培训"项目,并邀请单位高等职称员工开培训班。省国土资源厅为其帮扶村实施土地平整项目:

> 第一书记都是咱们省国土厅的。所以他们有这个优势,然后争取到土地平整项目来了以后,把我们几个村的6500亩的地进展平整,改良了土地。(访谈资料:C20190915互助班彦村访谈记录1)

而对于县级这类普通职能部门而言,一方面单位本身的财力有限,无法提供大量的资金;另一方面单位不会因为扶贫工作而影响自身业务的正常开展。这类单位一般会选择按照文件要求给帮扶村拨付3万元扶贫经费:

> 单位投入按上面是每年3万到5万的,我们就是按照文件要

· 231 ·

求的。（访谈资料：X20190911 互助医保局访谈记录）

  我们单位上在经费比较紧张这么的情况给我们每年都安排一个两次，每年有两次的培训……可能前前后后投了7万多块钱。（访谈资料：C20190917 互助石湾村访谈记录）

所以对于一般职能部门来说，虽然在科层制内其按照工作要求参与到精准扶贫的工作，但其在帮扶力度和可持续性上还远远不够：

  小点的单位可能是动力可能差一些，大的帮扶力度就大一些。（访谈资料：X20190910 互助组织部访谈记录4）

  三是驻村工作队依靠单位争取的项目和资源。"第一书记这些解决不了，要局长们出面解决他村里的其他问题。"（访谈资料：X20190911 互助交通运输局访谈记录）同样，不同级别和性质的单位向外争取资源的能力也存在差异。如东丹麻村第一书记依靠县委组织部向县交通局争取35万元用于村道路建设；向新农村建设服务中心争取60万元资金用于广场修建；向县财政局和新农办争取80万元资金用于商铺修建。石湾村第一书记依靠市农业局向交通局争取800万元用于村道路建设。哇麻村第一书记依靠省委组织部向文化旅游体育部门争取35万元资金用于农家乐建设；向农牧局争取120万元用于修建土鸡养殖场；通过省委组织部对接华西村，获得30万元扶贫资金等：

  省委组织部带来很多资源，第一个资金直接投入，第二就是人脉和产业。（访谈资料：C20190916 互助哇麻村访谈记录）

  同时，不同单位之间会"协同作战"。精准扶贫是一项涉及多个领域的综合性工程，仅依靠各帮扶单位的力量是远远不够的，因此，包村单位往往会与其他单位达成战略合作，进而形成一张互帮互助协作网。

四是驻村工作队依靠自身社会资本争取的项目和资源。调研发现，第一书记不吝运用自己的人脉关系，为帮扶村争取资源。如石湾村第一书记借助自身人脉关系向住建局"要"来高原美丽乡村建设：

> 这是有个130万的，他主要是修办公楼，一个是广场，他主要是广场和办公楼。（访谈资料：C20190917 互助石湾村访谈记录）

或是动员帮扶单位结对子干部和个人的"朋友圈"，开展消费扶贫，以解决帮扶村农产品的销路：

> 我们省上的几个单位，他们有食堂采购这些猪和马铃薯。（访谈资料：Z20190912 互助五十镇访谈记录2）

（3）扶贫先扶志、扶贫必扶智

在精准扶贫实践中，经过多年"输血式"扶贫，部分贫困人口缺乏脱贫的内生动力，"等靠要"思想严重，认为只要戴着贫困户的"帽子"就可以无偿得到政府补贴，甚至宁愿靠低保度日，不愿意脱贫。因此，驻村工作队还需要扮演"扶志者"的角色，即"劝人致富"，既要富"口袋"又要富"脑袋"，真正变"要我脱贫"为"我要脱贫"。

"扶贫先扶志"即鼓励农户发展生产、外出打工。无论是入户走访还是集中开会，驻村工作队更多的也是在"劝富"：

> 当时我们发现这个问题了，有些年轻人在家里呆着不出去打工。我们要解决这些人的工作问题。（访谈资料：C20190916 互

助上刘家村访谈记录）

然而"劝富"不一定都带来好结果。如石湾村第一书记利用个人社会资本与国土资源厅取得联系，介绍贫困户到海西市矿场务工。这样安排的初衷是进城务工能够为贫困户带来较高的收入，实现"一人打工，全家脱贫"。但是大部分贫困户都以"要务农"和"恋家"为借口选择不去就业或者辞职不干。在介绍贫困户进城务工遇冷之后，驻村工作队和村两委开始入户做思想工作，并搭建信息平台，为贫困户介绍零工。除此之外，驻村工作队还会利用"新时代农民讲习所"等平台邀请脱贫典型、致富能手、道德模范等先进人士开展宣讲活动：

> 在农民讲习所里我们挂了一个牌子，就是把我们的致富带头人、脱贫光荣户、移风易俗先进户聚集在这里，把群众聚集以后，由这些人来讲他们的经验，来讲他们的故事，通过群众自己身边的故事，自己讲故事方式来引导其他的群众，就是提高认识。（访谈资料：Z20190912 互助五十镇访谈记录2）

通过树立典型宣传优秀的方式，帮助贫困户树立信心，激发脱贫致富的内生动力。

"扶贫必扶智"即通过技能培训、教育等方式建设村风民风、提高村民素质，从而实现精神脱贫。主要是依托县委宣传部的"移风易俗"活动开展。驻村工作队、村两委及村内德高望重的村民共同组成"红白理事会"，负责对村内婚丧嫁娶等红白喜事进行管理和监督，减轻村民经济压力，避免出现"因婚致贫""因丧致贫"。再者，教育帮扶方面，驻村工作队需及时重点关注有学生的贫困户，实时跟踪对接，需保证村里每一位适龄儿童都按时接受教育。"把学生劝来上学"并非易事，往往需要求助于县级部门：

> 只要家长同意了，从寺院把学生遣返到学校里来，就是说吃的住的这边都是两免一补都享受……政府还有民宗局、扶贫局，这是多管齐下，就是说你要是不愿意来，那行，把你的有些享受的惠民政策取消了。（访谈资料：X20190911 互助教育局访谈记录）

除劝学外，驻村工作队还组织开展多种文化下乡活动：

> 我们主要是还搞了一个文化下乡。2016年文化下乡给每一个村民写春联，请来的青海书法家。（访谈资料：C20190916 互助上刘家村访谈记录）

> 原来他村里它文化底子都不高……给他们办个识字班……从学生抓、从娃娃抓……给他们老师学校的学生这些给他搞买点书包文具，这些就是最基础的。（访谈资料：C20190917 互助石湾村访谈记录）

通过文化下乡活动为帮扶村注入活力，丰富村民精神世界。

四、小　　结

通过自上而下的制度设计，精准扶贫作为一项政治任务，以党组织的形式深入互助县，所有的党员都被动员起来参与精准扶贫，县、乡、村所有的工作都围绕精准扶贫开展，均成立了党委书记挂帅的精准脱贫领导小组，精准扶贫成为中心工作。在高位推动之下，所有的政府部门和企事业单位都投入精准扶贫之中，一种超越常规层级制的非正式组织——"驻村工作队"——进入贫困村，实现扶贫责任到村、到户、到人。围绕"县摘帽""村出列""户销号"政策目标，一个超越原有职责体系的"多重目标责任体系"建立起来。具体而言，各级政府与上级政府签订"责任状"，同时根据"贫困村"的等级分发至各职能部门、企事业单位，进行"精准包村"。县政府、乡镇政府和村两委的主体责任，职能部门的行业责任，包村单位、帮扶干部、党支部的政治责任以及扶贫工作队帮扶责任都得以明确；通过"多种目标责任制"实现了政治注意力和资源的重构，将更多的党员、干部、资源纳入精准扶贫中；随着"驻村工作队"进入乡村，政策"最后一公里"被打通，政治资源和经济资源被最大限度使用并获得最大效用，最终实现"精准扶贫"。

第六章

作为"神经"和"保障"的监督体系

互助县监督体系的核心内容是以促进"服从""任务完成"为核心而构建的。首先,"服从"是保底机制,互助县的任务落实到各乡镇、村,乡镇、村需要服从互助县的安排,执行任务。原本乡镇对村的约束能力有限,但是通过目标责任制对村两委干部、第一书记以及驻村干部的考核,通过督查机制直接从县下跨到村的督查、通过专项行动进行作风以及思想整治,能够有力地增强互助县对下属乡镇、村的约束控制能力。其次,"任务完成"是脉络神经。互助县与乡镇、村之间的关系并非简单的命令与服从的关系,他们存在更多的上下级互动,会为了完成扶贫攻坚任务而进行合作、共谋。正是因为互助县、乡镇对村的约束力有限,因此互助县针对村最为重要的手段不是考核,而是说服。不同于周雪光所言的"上有政策,下有对策"的共谋导致政策的偏离[1],互助县的共谋是一种良性的运作机制。例如,乡镇、村将自身的情况与互助县进行交流,青海省下放的任务是统一的,而互助县会根据乡镇、村的实际情况与困难程度,将每一个乡镇、村的任务指标进行调整。

---

[1] 周雪光:《基层政府间的"共谋现象"——一个政府行为的制度逻辑》,《社会学研究》2008年第6期。

第六章 作为"神经"和"保障"的监督体系

一、作为制度保证的监督体系

监督体系在政策运作中扮演至关重要的角色，是不可或缺的重要环节，起到规范行为边界、督促实施、提高干部积极性的关键性作用。如是，精准扶贫任务的实现必然涉及监督体系的建构。当下基层的监督体系主要以常规性监管和目标责任制为主。但是，精准扶贫任务的复杂环境使得这一结构的重构成为必需。由此，互助县开始运行针对精准扶贫任务中常规性内容的目标责任制、针对重难点内容的监管机制、针对基础性和思想性内容的专项行动。于是，以目标责任制、监管机制、专项行动为核心的新监督结构被建构。

（一）复杂的任务环境

1. 复杂的政策体系

政策体系的复杂性是监督体系重构的重要原因之一。随着精准扶贫而来的，是互助县原有的政策体系被打碎。精准扶贫开始之前，互助县的工作中心是以经济建设为中心，这一点与中国大部分县大同小异。当时互助县政府工作主要围绕"两新"目标、"三区"建设和"三大历史任务"、"八个方面走在全省前列"等任务展开。"原来像扶贫局职能它不是很多，原来的涉及扶贫的项目也不是很多。"（访谈资料：X20190909 互助扶贫局访谈记录2）政策重点的改变，带来的是更加沉重的任务压力。原有的由简单目标责任制构成的监督体系难以应对政策的这种变化。

青海省为了完成精准扶贫任务，提出了"扶贫'1+8+10'政策体系"，从发展产业、易地搬迁、资产收益、转移就业、医疗保障和救助、教育脱贫、低保兜底、生态保护与服务八个脱贫攻坚项目，以及交通、水利、电力、医疗卫生、通信、文化、金融、科技、危旧房改造、电子商务和市场体系建设等十个行业扶贫专项方案入手落实精准扶贫。繁重任务的完成本身难度较大，而任务极紧的时限更是雪上加霜。互助县精准扶贫开始于2015年，2016—2018年进行脱贫攻坚，2019—2020年进行成果巩固，到2020年全面建成小康社会。时间紧，任务重，带来的直接后果是增加了监督的困难。

2. 再造的组织结构和新的职责体系

在"块"的管理上，脱贫攻坚工作具有"跨部门"特征。为了使脱贫攻坚能够更好运行，互助县成立了"县扶贫开发领导小组"，统领互助县脱贫攻坚任务的全局。除此之外，脱贫攻坚过程当中，对于每一项需要跨部门协作的任务，均会成立相应的领导小组来进行组织协调。比如说"互助县就业服务局精准扶贫领导小组""精准脱贫结对帮扶工作领导小组""控辍保学领导小组""安全领导小组"等。领导小组的成立是为了加大脱贫攻坚工作的推进力度，整合全县力量，破除部门之间可能存在的阻碍。

在"条"的管理上，精准扶贫开始之后，互助县实行"第一书记"制度。第一书记和驻村（扶贫）干部打破了县与村之间的隔阂。"那你村两委班子他抓精准扶贫的话，肯定是能力有限。因为我们村干部他的知识水平就是学历结构也不是，而且年龄结构相对来说比较大，然后知识结构来说，初中以下的比较多。"（访谈资料：X20190910互助组织部组织科访谈记录3）一方面，第一书记通过其更强的个人能力和社会关系网络，能够更好推行扶贫攻坚工作，但是另一方面，对于第一书记的监管则提出了新的挑战。"你会对你的上级领导问责吗？人家都是省厅级派的第一书记。我们都是思维正常的人，你怎么问得人家搞？我们这块没有，我们不是的。今天这个就说了，你看你怎么搞这个对吧？首先你把自己的位置摆正了，跟第一书记才能交流沟通的。该指导的指导，该传达的传达，该配合配合，该沟通的沟通。"（访谈资料：Z20190917互助五峰镇访谈记录）第一书记和驻村（扶贫）干部的管理是由下派单位与乡镇共同进行的双重管理，但是实际情况是乡镇这一环很容易出现失效，现有监督模式的监督效力有限。

由此，随着互助县原有的组织体系被重构，其职责体系和职责关系也被系统重构了。在2015年精准扶贫开始以前，作为一项"常规任务"，扶贫在整个县级工作序列之中扮演着非常有限的角色，其监管也采取常规的监管体系。但是，随着精准扶贫被提上"第一项政治任务"的高度，随着组织结构的再造，原有围绕"扶贫"所建构的责任体系被系统地重构了。自上而下的政治任务的实现何以保障，跨越科层的组织任务何以实现，第一书记何以监管，这些问题都需要系统监管体系的重构，以回应复杂的责任体系的再造。

3. 广泛的参与和问责的困难

脱贫攻坚的任务覆盖范围极广，具有"全员参与"的特征。如此广泛的参与程度，一方面需要监督体系扮演更好的角色，对脱贫攻坚过程当中的每一个"参与单位"进行监督管理，另一方面也加大了监督的难度。

首先，政府的内部是条块结构，在条与块的每一个链条上，相关人员、相关部门都需要参与到脱贫攻坚中。在"条"的层面，政府职能部门、东西部协作部门、行业部门等各部门内部上下协同，共同发力；在"块"的层面，从互助县政府、各乡镇政府、村两委到驻村工作队（第一书记），各层级内部贯通合作，积极完成扶贫攻坚任务。在政府部门内部，每一个与脱贫攻坚工作任务相关的单元都参与其中，各自承担不同的责任。

其次，不仅仅是体制内，脱贫攻坚工作的参与主体涵盖了整个体制内外。对于体制外而言，贫困户是最主要的参与群体，社会帮扶单位——例如承接脱贫攻坚项目的公司或者机构、提供相关项目的公司或者机构、非营利性组织等——也发挥着重要作用。另外，不同身份的人员在脱贫攻坚过程当中发挥着不同的作用，党员可能更加站在组织的立场上，需要遵守党的纪律；政府人员需要考虑其自身的工作责任；非体制内人员可能需要权衡相关利益关系。不同身份的交叠也会使他们作出不同的策略性选择。例如，有些人员可能具备政府人员与党员的双重身份，党和政府常常是"一班人马，两块牌子"。基层政权最具特色的运行方式是政治与行政的混合运作，政治过程往往要借助于行政过程，而行政过程也常常要借助于政治过程[①]。

党与政府的角色可能会起到一种"双重激励"的作用，党与政府双方都从各自的视角对相关人员进行激励以及约束，党有党的纪律，而政府也有自己的管理制度。如果在村域的层面上，很多时候还需要加上本身作为村民的一重角色，村两委班子在作出结论之前，需要更多地考虑村民的相关诉求。

（那个时候对这些干部的考核）那就是平常的监督检查呀，就年底的验收啊是通过这些。就不像现在，你哪有这么多人派下去。（访谈资料：X20190909 互助扶贫局访谈记录1）

（二）常规监管体系面临的困境

精准扶贫复杂的任务环境会带来复杂的监管问题。首先，复杂任务环境会导致脱贫攻坚任务的风险点增多。一方面，由于政策中贷款

[①] 王汉生、王一鸽：《目标管理责任制：农村基层政权的实践逻辑》，《社会学研究》2009年第2期。

融资的便利性，产业扶贫项目的开展，导致贫困户在面对市场时，资金风险增加。"它是入股投资，你比方说把这个村上的所有的资金，每人5400元的资金整合起来，跟某一个企业合作，原来是这么搞，但原来的风险挺大。企业一旦经营不善，这个钱就很难保证。"（访谈资料：X20190909互助扶贫局访谈记录2）另一方面，由于脱贫攻坚的任务负担重，导致官员怕担责任，放不开手脚，甚至不作为、慢作为、相互扯皮推诿、敷衍塞责、弄虚作假。"好多第一书记，好多这些驻村工作队说实在的他们宁可不干活都不愿意承担风险，干部责任太大，你们可能都很明白这个事，我跟你说我现在我的压力确实很大，我就担心的是我，虽然钱不经过我的手，项目我也不管，但是我要过来，最后我要监督，我起到一个监督的责任，如果我要监督不到位或者中间出了问题，那我还是跑不了，我还是有连带责任。"（访谈资料：C20190916互助哇麻村访谈记录）其次，复杂任务环境会导致某些偏误带来很强的系统效应，一方面，官员可能因为能力有限，导致对政策的认知偏差以及完成精准扶贫目标的困难。另一方面，被识别人可能通过采取欺瞒、合谋等方式从精准扶贫过程中牟取利益。"因为它老百姓他家里面他隐瞒收入，（我们）还是没有办法，作为县一级乡一级，尤其是县乡，根本没有权力去摸清他的家庭实际情况，比方说他家里面他有一辆小轿车……哪怕他在车司机的名下，我们都没有办法查出来。因为他这辆车可能不在本地使用，他比方说他在我们本村住，但是他在西宁或者在外地去打工，他的车在外地，村里都不知道他有车，对吧？他在外面打工，他到底赚多少钱，我们也是没有办法调查清楚……因为我们的手段力所不能及，心有余力不足，有些时候确实是这样子。"（访谈资料：X20190909互助扶贫局访谈记录2）最后，复杂任务环境还会加剧互助县政府资源的紧张程度，导致"顾此失彼"。由此造成任务内容出现交错与冲突，任务执行主体出现冲突——一项任务对接多个部门，一个部门承接多项任务时缺乏充足的资源处理所有任务。

精准扶贫开始之前，基层的监督考核体系围绕"目标责任制"运转。目标管理责任制在当下组织管理与运作中极为普遍。作为政治组织形式的各级政府，为实现经济社会发展的预定目标与任务，各级政府之间、各政府组织内部及其单位与个人之间，制定了相应的目标及达到目标的计划、奖励乃至处罚措施[1]。但是，目标责任制主要是针对"中心任务"即可以量化的任务。面对不可量化的任务，常规监督体系下的"目标责任制"也会通过手段将其规范为"可量化指标"，例如将"政策向下传达效果"量化为"会议召开次数"。在这些任务之外，核心的考核体系事实上就是在"目标责任书"之下的常规管理和常规考核。一方面，其目的是管理政府运转的常规事项，另一方面，按照我国现行行政制度安排，垂直行政链条止于乡镇一级，行政联结在乡镇与村庄之间是断裂的。因此，对村的直接考核存在一定困难。于是，扶贫作为一项"常规任务"，其考核体系仍不够完善，仍然缺乏足够的监督力度来保证其达到实质性的"精准"。

原有的监督结构在面临精准扶贫工作之时存在限制，难以支撑目前扶贫攻坚工作。随着精准扶贫成为政治任务，目标责任制虽然可以成为新的优先事项，但是，仅仅依赖于目标责任制似乎也不能完全消解精准扶贫任务实现过程中的复杂性。首先，目标责任制对于考核本身的依赖性，原有目标责任制从"目标责任书的落实"到"绩效评定"的整个过程，都离不开考核工具作为保障。"目标责任的考核是实行目标责任制管理的重要内容。按照目标责任书上的规定，对目标责任的考核主要是依据责任书上签订的目标指标进行逐项考核"[2]。其次，目标责任制具有"面面俱到"的考核逻辑，需要覆盖政治、行政板块的全部内容，监督的注意力具有"弥散性"特征。由此，

---

[1] 何绍辉：《目标管理责任制：运作及其特征——对红村扶贫开发的个案研究》，《中国农业大学学报（社会科学版）》2010年第4期。

[2] 徐勇、黄辉祥：《目标责任制：行政主控型的乡村治理及绩效——以河南L乡为个案》，《学海》2002年第1期。

难以针对性地应对精准扶贫"时间紧、任务重、任务难、风险多"的挑战。

在此基础上,原有体系之上何以建构新的监督体系成为关键的问题。由此,为应对复杂的现实状况,互助县原有的脱贫攻坚政策体系被打碎,组织结构被重构,动员范围广,参与部门多。

(三)超越"常规":新的监督体系何以运作

1. 多监督机制的建构

为了应对脱贫攻坚工作的特殊任务,破解监督体系目前面临的种种困难,互助县在原有目标责任制的基础上,构建了一套新的监督体系。新监督体系由"目标责任制""督查""专项行动"三种监督工具构成。三种监督工具是与在精准扶贫工作开展过程中出现的政策体系、组织结构、人员参与结构的新的特质密不可分的。不同的工具在互助县脱贫攻坚工作中发挥着不同的作用,同时不同监督工具之间相互补充、相互影响,共同助力于脱贫攻坚工作的顺利开展。

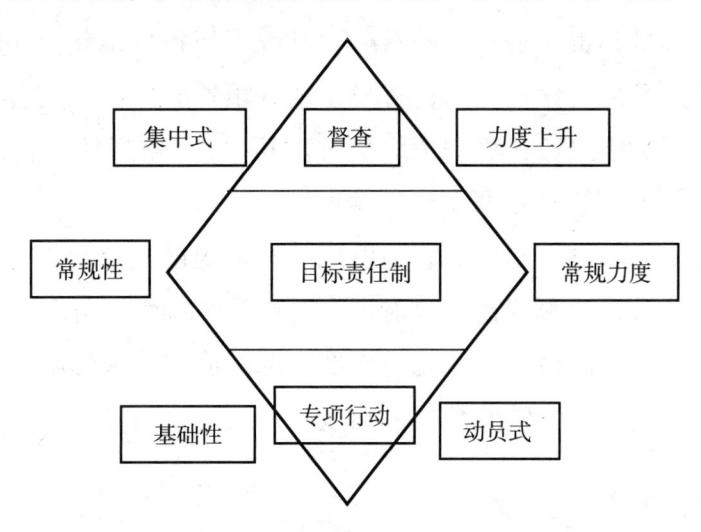

图 6.1 互助县督查体系结构图

表 6.1 互助县督查工具的比较

	目标责任制	督 查	专项行动
制度基础	互助县原有目标责任制	督查巡查机制	运动式治理
常规化程度	完全常规性制度	非常规制度的常规化	非常规制度
组织结构	嵌入政府正常运转过程	成立督查组	成立专项行动领导小组
指标层次	微观、可量化、全覆盖	微观、可量化及不可量化、重点内容	宏观、不可量化、思想内容
监督对象	全体干部、部门	全体干部、部门	全体干部

2. 目标责任制

"目标责任制"基本上是建立在原有的监督体系基础之上的。目标责任制的手段主要是"考核",通过考核对脱贫攻坚工作进行常规性监督,具有"常规性"的特征。"常规性"特征首先体现在"目标责任制"本身是嵌入在互助县政府常规的条块结构之中的。在县域层面,目标责任制度贯穿监管保障体系的始终,同时,纵向层面的目标责任制也是高位推动的实在体现与连通线索。海东市与互助县委、县政府签订目标责任书;互助县委、县政府与各乡镇党委、政府以及各职能部门签订目标责任书;各乡镇及乡镇各职能部门与各行政村之间签订目标责任书,各级向上级负责。其次,"常规性"体现在"目标责任制"覆盖脱贫攻坚工作的全面性。

同时,目标责任制的奖惩力度也具有常规性,是较为有限的。对于评分高的进行通报表扬,政府还会考虑资金倾斜;评分低的通报批评,进行问责、谈话等。并无对干部、部门造成重大影响、重大损失或者有极强约束能力的奖惩机制出现。

3. 督查

"督查"机制在中国由来已久,作为一种"非常规制度"的督查在互助县脱贫攻坚工作过程中逐步常规化。这是由于独立的"目标责任制"难以很好地解决在脱贫攻坚工作中出现的某些问题,"督查"在其中能够起到效果明显的作用,能够解决很多考核不能够解决的问题。首先体现在,督查工具所作用的脱贫攻坚工作内容,相对于目标责任制更加集中化,更加关注在脱贫攻坚工作中相对来说更重要的、更复杂的、更具有难度的那一部分内容,督查更倾向于关注容易出现问题的部分,其范围相较于"目标责任制"要窄很多。

"督查"机制对官员的约束力度相较于"目标责任制"要更大。在上下级关系结构之下,督查是地方政府实现"中心工作"的一种非常特殊的制度性手段,拥有一整套特殊的运作机制。通过一遍遍的反复"运作"(通知单、整改销号、回头看)造成一种压力,一方面,形成"问题不解决,督查的追踪与问责不停止"的工作思路,逼迫相关人员解决问题;另一方面,通过将整改通知单直接下发到下级政府,由此动员全村、全乡镇参与扶贫之中。

4. 专项行动

"专项行动"机制与"目标责任制""督查"亦有不同之处,与另外二者发挥着完全不同的作用。"专项行动"扮演着基础性的、"端正思想"的角色。由于目标责任制无法发挥类似于企业中管理制度的作用,对官员的约束能力有限,由此"专项行动"可以在基础制度层次提供保障与支撑,推动脱贫攻坚工作的顺利进行。专项行动具有共同的特征:主要作用于那些"端正思想"、无法量化、无法测量、无法对象化的监督内容之上。比如说"三查三确保"专项行动主要内容便是"查责任、查腐败、查作风"。

恰恰是针对那些没有明确内容、没有明确对象的检查任务,但又因为其基础性作用,使得"专项行动"只能依赖于动员式的结构和逻辑。"专项行动"没有完整的监督机制,其难以量化的内容也很难进行监督考核,为了保证专项行动能够发挥效力,就只能通过在政府内部一次一次的大参与、大动员来实现。一般一次专项行动的完成周期较长，分不同的几个阶段依次进行，每一个阶段都会覆盖整个政府系统。

5. "协调"与"配合"：多监管机制何以形成合力？

这一套完整监督体系的运作方式因机制不同而不同，但是能够在发挥各自作用的基础上，对其他机制进行相互补充。对于目标责任制而言，主要是由考核来完成的，考核的核心环节是指标体系以及奖惩机制。考核的指标是预先根据任务目标制定完成的，对责任以及绩效考核是局限于考核指标之内的。考核直接导向考核结果，对结果进行处理判断，通报表扬、发放奖金、优先晋升或者通报批评、问责追责、诫勉谈话等。督查的运作机制则有所不同，主要通过"建立督查小组—对下督查—查出问题—进行整改（下发整改单、提出整改意见）—整改完成销号—复查回头看"这一整套程序来进行运作。"专项行动"的运作机制更为松散：以时间为序，分阶段进行，一般需要经过自查、上级监督、整改、总结深化提升几个步骤。但同时，三种机制之间又相互存在联系，绩效考核的内容为督查指明了方向，督查的大方向实际上是离不开、也不可能离开考核的内容以及指标的。"关于扶贫驻村工作队，县上专门出台了他们的管理办法，具体每一项都有，我们根据我们实际情况，除了管理办法以外，我们平时还是要通过我们的工作的督查来及时反馈，看一下他们的在岗履职情况，还有工作的完成时效情况，这些都是随时督查，随时反馈。"（访谈资料：Z20190912 互助五十镇扶贫访谈记录2）以问题导向为主的督查机制很难覆盖到整个脱贫攻坚过程的方方面面，具有"抓重点、抓问题"的特征，会更加聚焦于脱贫攻坚工作本身，因此督查机制必定是建立在"全方位覆盖"的绩效考核的坚实基础上的。同时，督查的结果可以作为政府绩效考核的重要参考，这一制度为督查机制的"查缺补漏"能力奠定了坚实的制度基础。另一方面，"固定频率"的督查机制与"固定时间"的绩效考核机制,能够起到对脱贫攻坚工作的"双重保障"作用。而考核与督查的手段常常作用于专项行动上,不过这三者关注的问题并不相同,因此也不易引发冲突。

二、监督体系的架构

(一)常规工作的保障:目标责任制

在互助县,目标责任制是实现各主体责任的基础制度。目标责任制的核心机制是考核。考核的指标根据任务目标制定,责任以及绩效的考核限于考核指标之内。考核直接导向考核结果,对结果进行处理判断,通报表扬、发放奖金、优先晋升或者通报批评、问责追责、诫勉谈话等。目标责任制的考核结构具有主体与频率上的多样性和内容与程序上的相似性相结合的特征。

1. "横纵双线并行"的目标责任制

互助县"横纵双线并行"的常规目标责任制,是以结构为责任核心的。目标责任制首先需要相关负责人签订目标责任书。目标责任书的签订分为几个层次。一方面,是从个人、政府以及部门的角度,三个主体均需要各自向其上级签订目标责任书,比如说个人层面,县纪委书记需要与各乡镇纪委书记签订目标责任书。另一方面,目标责任制在纵向上层层签订,以"县级统筹、乡镇落实、工作到村、帮扶到户、责任到人"为基本机制。县人民政府需要与各乡镇人民政府、各部门签订目标责任书,而乡镇(设立领导小组)又需要与项目村、项目户、项目负责人签订目标责任书。总体而言,目标责任制实质上为相关领导——"一把手"——负责制、相关部门负责制、相关政府负责制的责任制度化表达。各乡镇党委和政府主要负责人向互助县党委政府主要负责人签订脱贫攻坚责任书。各级行业部门主要负责人向本级政府签订年度脱贫攻坚责任书。如果主体为政府或者部门，就由其主要负责人、"一把手"进行签订。

目标责任制的任务是自上而下层层分解的。构成了"一级抓一级、层层抓落实"的整体机制。作用在于能够分解工作任务，压实工作责任。将责任落实到每个人头上，从而达到明确任务目标、引导监管考核、落实问责追责、调动干部工作积极性、减少内部摩擦、提高行政效率的作用。切实保证精准扶贫、成果巩固等阶段任务顺利开展。

表6.2　2018年互助县控辍保学工作目标责任书

互助县人民政府与各乡（镇）人民政府签订如下责任书：
一、任务目标
认真做好本乡（镇）适龄儿童少年的入学工作，全面掌握适龄儿童少年流动、流失情况，使本乡（镇）适龄儿童入学率达到100%，初中适龄少年入学率达到95%以上，三类残疾儿童少年入学率达到80%以上；做好控辍保学工作，九年义务教育巩固率达到94%以上，年辍学率小学控制在2%以下，中学控制在3%以下；小学、初中学生体质健康及格率达85%以上；将进城务工人员随迁子女就学纳入当地教育发展规划……
全面调查掌握本地区学龄儿童少年入学（包括流动人口子女）情况，每年对本地区适龄儿童少年入学情况进行1次入户调查，并建立适龄儿童少年入学花名册；每年对本地区辍学学生、留守儿童少年、残疾儿童少年进行1次摸底调查，建立档案，采取有力措施确保辍学学生及时返校就读。
二、工作职责
各乡（镇）人民政府切实履行控辍保学主体责任，学校充分发挥控辍保学主导作用，密切配合，共同推进控辍保学工作。
（一）抓好宣传引导。大力宣传学前教育、义务教育、高中教育相关政策法规，突出学前教育的公益性、普惠性和义务教育的强制性和免费性，切实增强家长依法保证适龄儿童少年接受教育的法律意识。

(二)强化责任传导。全面落实控辍保学的"六长"责任制(六长:县长、局长、乡长、校长、村长、家长)。层层签订《控辍保学责任书》,层层落实责任,确保适龄儿童少年"一个都不能少",接受规定年限的教育。

(三)全面摸清底数。为确保适龄儿童和少年按时就近入学,各乡(镇)要逐村建立0至17周岁人口文化户口册台账,学校要建立动态监测机制,严格义务教育阶段学生学籍管理,定期汇总学生流失情况,并及时上报当地政府。

(四)落实政策措施。对不按时入学或中途辍学的适龄儿童少年,由村委会做好动员入学、复学工作,对屡劝不听的由乡人民政府向其父母或其他法定监护人发放《限期入学通知书》,仍不返校的乡人民政府将采取行政措施。重点关注建档立卡贫困家庭子女、孤残学生等特殊群体,在落实"两免一补"、"十五年免费教育"政策的基础上,持续加大帮扶力度,确保不让一名学生因家庭经济困难而失学。学校要加强教师队伍建设,强化师风师德教育,关注学生心理健康教育,杜绝因学生学习成绩差而辍学,因学生厌学而辍学。

(五)加强监控督导。各行政村和学校要切实加强控辍保学工作过程监控,每学期向乡党委、政府主要领导专题汇报控辍保学工作开展情况,分析存在问题的原因,提出应对措施,确保控辍保学工作取得实效。

三、责任追究

1. 各乡(镇)政府因责任不落实,入学、复学工作不力等导致适龄儿童少年入学率、巩固率未达到控辍保学目标的,由县政府对该乡(镇)主要领导进行诫勉谈话,岗位调整并相应扣发年度目标奖金。

2. 学校因管理或教学原因造成学生辍学,导致辖区适龄儿童少年入学率、巩固率未达到控辍目标的,由乡长和教育局局长对该中心学校校长进行诫勉谈话,取消其年度考核评优资格,并扣除相应年度目标奖。

3. 家长拒不将适龄儿童少年送入学校(学前班)的,取消一切惠民资金,并按照《中华人民共和国义务教育法》追究相关人员的法律责任。

本责任书一式两份,县人民政府、乡(镇)人民政府各执一份。

2. "全面覆盖"的考核内容

在《青海省贫困县脱贫攻坚绩效考核办法(试行)》《互助县乡镇党委和政府脱贫攻坚目标责任考核办法(试行)》《互助县东西部扶贫协作考核办法(试行)》《互助县定点扶贫工作考核办法(试行)》《考核开展情况相关材料》《扶贫驻村干部考核情况》以及

《结对帮扶单位及帮扶干部考核情况》等文件中，对扶贫工作的考核进行了全面规定。从表6.3中，可以发现考核主要分为对扶贫干部的考核、对扶贫专项资金使用情况的考核与审计（收入、生产总值等）、对脱贫攻坚工作项目内容的考核（"八个一批"脱贫攻坚计划、十个行业扶贫专项方案）、对减贫成效的考核以及重新审核（退出、摘帽、巩固、后续等）。"全面覆盖性"延续了原有"目标责任制"的框架，仅在内容上进行迁移，因此，干部对"目标责任制"模式的熟悉程度高，由此，面面俱到地为扶贫工作打下基础，降低成本。

表6.3 互助县考核指标表

政府指标	主要考核对年度脱贫攻坚工作的重视程度、主体责任落实情况、年度脱贫目标任务完成情况、工作计划安排、扶贫干部队伍建设、第一书记和驻村工作队履职、"八个一批"责任落实情况。
	脱贫攻坚（70%）和综合保障（30%）两大类。脱贫攻坚设置精准扶贫和乡镇域扶贫两个一级指标。精准扶贫（权重35%）主要考核"八个一批"的完成情况；乡镇域扶贫（权重35%）主要考核十个行业扶贫专项方案的完成情况。综合保障（权重30%），分两类乡镇考核，其中Ⅰ类乡镇考核生产总值、产业增加值、财政收入和绩效管理、固定资产投资、社会消费、招商引资、旅游业、深化改革、依法治理等指标；Ⅱ类乡镇除不考核生产总值、招商引资指标外，其余指标与Ⅰ类乡镇相同。
部门指标	主要考核组织领导、人才支援、资金支持、产业合作、劳务协作、携手奔小康行动等六个方面情况。
	工作机制建立、开展帮扶工作、定点扶贫成效、帮扶村评议。
个人指标	组织建设情况、党建情况、精准扶贫各个项目的推行情况、集体经济发展情况、为民服务情况、村内治理情况等。
	是否召开扶贫工作专题会议，主要领导及班子成员现场办公情况；选派扶贫驻村干部及对派驻干部关心关爱情况；协助抓好扶贫项目及利用自身优势协调落实产业和基础设施项目情况；后续产业的巩固提升情况；"双帮"工作中，单位结对帮村，干部结对认亲帮户工作落实情况；群众满意度测评。

3. "高度一致"的运作程序

针对不同对象、内容、频率的考核程序具有高度相似性，可以看作是一种"倒N型"（И）模式。考核第一步是互助县对下属乡镇、村进行考核，同时乡镇、村也会进行自清自查；第二步是互助县评定考核结果；第三步是互助县将评定结果反馈到乡镇、村，根据结果优劣进行通报表扬或者批评。其中，核心考核程序包括：自查/自评、上级考评、综合评议三个环节。

考核一般会用到"撰写报告、听取汇报/述职、查阅资料、实地核查、抽查核实、走访群众、明察暗访、交叉考核、民主测评"中的几种或者全部手段。这些手段能够解决政府内部的风险点。抽查核实、民主测评、明察暗访、实地核查的方式，可以有效识别欺瞒、谎报、伪造等干部违规违法行为；交叉考核极大地减小了在考核过程中考核实施对象与被考核对象形成合谋的可能性，加强了考核的真实性、准确性与可靠性。

具有一致性的考核程序能够降低考核工作的复杂性。部分考核需要通过随机抽调人员组成考核小组，因此，相对一致的程序能够降低考核负责人员的学习成本。

4. 作为最终保障的"落实机制"

落实阶段是目标责任制的"最终保障"，目标责任制最终都需要收敛于"落实机制"才能够完整运转，发挥作用。针对不同对象、内容、频率的目标责任制落实机制基本相似：由"考核评分""结果处理""外部性"三个部分构成。首先，"考核评分"一般是按百分制计分，得分90分以上为优秀，80—89分为良好，70—79分为一般，70分以下为较差。其次，"结果处理"是对于考核结果为优秀的乡镇政府或者干部个人，互助县以县委、县政府、县扶贫开发领导小组名义进行通报表扬，并作为下一年度县级财政专项扶贫资金分配的重要参考因素，给予奖励和倾斜。同时，作为评选年度先进乡镇、年度先进个人的重要依据，考核指标评价结果由督考办按一定比例折算后，计入乡镇党政领导班子和领导干部年度目标责任绩效考核总分。

而对考核结果为较差的乡镇进行通报批评，由县委、县政府对乡镇党政主要负责同志实行问责，对在考核工作中弄虚作假的，予以通报批评；情节严重的，依法依规追究相关人员责任。对被省、市、县纪检监察机关、审计部门发现并查处扶贫开发领域重大违规违纪行为的，或被媒体曝光、造成恶劣影响的，实行一票否决，不得评为优秀等次。最后，"外部性"是对"结果处理"的延展，如果将"结果处理"视为"基本奖惩机制"，那么"外部性"就是一种"进阶奖惩机制"。其影响不仅仅是在任务范围本身，同时会延展到干部的整个政治生活，与干部的任用关系密切，与"逢提必下"机制挂钩。

　　研究资料发现，互助县部分落实阶段手段明显比其他部分更有成效，这些手段便是"落实机制"的核心内容。首先是"加分扣分制"。这项制度具有最常见、最广泛的特征。绝大部分考核都会进行记分、评分，记分是"加分扣分制"的具体体现。部分考核制度可能仅有加分并无扣分，未达标者记半分或者零分。为了达到更好的管理效果，互助县对"加分扣分制"进行补充，出台了《村干部"积分制+"管理办法》以及《镇机关干部"积分制+"管理办法》。"为了管好我们的村干部，我们今年出台了一个'积分制+'的管理办法，'积分制+'就是积分制，意思就是平时的工作表现，我们用积分的方式呈现。比如说满分一百分，比如说他一项工作完不成，或者是之后他的情况，给他进行扣分。最终的积分汇总作为年终、外出培训或者是年度考核、评先评优的一个依据。"（访谈资料：Z20190912互助五十镇扶贫访谈记录2）其次是"竞赛制"。通过进行评比，营造竞赛氛围，调动干部的积极性。比如在"蔡家堡乡2018年度工作总结暨2019年度工作思路"中总结了"方阵管理法"：深入开展评优亮丑活动，乡党委、政府专门组织领导班子成员、站所长、村两委对各村环境整治工作进行观摩，观摩采取随机抽取方式，看一个最好的、看一个最差的，通过实地观摩、现场点评、座谈交流，倒逼环境卫生综合整治责任落实，形成你赶我超的浓厚氛围。在《五十镇开展"村'两委'班子建设年"活动的实施方案》中规划了"'两委'班子建设年"活动：全镇"村'两委'班子建设年"活动分摸底调研、考核评议、分析研判、整顿提升及总结"回头看"，五个阶段进行，成立"村'两委'班子建设年"活动领导小组，严格按照时限推进，确保环节不减、程序不乱、成效明显。再次是"资源倾斜制"。本年的考核结果作为下一年上级下放资源的重要依据，对考核结果良好的，给予扶贫资金上的奖励和倾斜。最后是"一票否决制"。互助县对"发生重大违规违纪行为、被媒体曝光并造成恶劣影响"的事故实行一票否决制，这是所有惩罚制度中最严厉的一项，是奖惩制度的下线。

（二）问题解决的关键：督查机制

督查机制是问题导向的，通过对问题的查找，重新澄清目标、分配注意力、配置资源。督查的目的是找出、找准精准扶贫工作中存在的问题，深挖问题存在的根源，制定整改措施，坚持"因户施策、一事一策"，狠抓整改落实，逐一解决问题，促进政策学习，推动精准扶贫工作顺利进行。这是一个不断重复的再生产、再动员、再整合、再学习的过程。

督查机制在中国由来已久，渊源极深。在中国共产党成立初期，"特派员""工作组"等督查方式已经产生，督查机制粗具雏形，这段时期，督查工作是促进工作落实、提升组织纪律性的重要手段，具有"随意性大，未进行系统性规范"的特征；到1980年中期，一套稳定系统的督查机制开始建立；到1985年，各级政府普遍设立督查工作组；到1990年，各级党委办公厅（室）正式成立督办处并作为常设机构。由此督查工作机制得到进一步完善，在政府内部起到"推动决策，促进落实"的作用。

1. 构建督查体系——"5+2"脱贫攻坚督查长效机制

互助县的督查体系主要是"5+2"脱贫攻坚督查长效机制，即建立五级立体督查机制和建立问题整改协调及工作问责追责机制。五级立体督查机制中，第一级是建立由县委、县政府主要领导担任组长的县级督查检查组，主要负责进行全方位督查以及按比例到户抽查。第二级是建立由县人大、政协主要领导和6名县委常委担任组长的包片督查组，主要负责按70%以上比例到户抽查、以各种方式深度督查，并带头督促各乡镇和乡镇督查组做好政策宣传等工作。第三级是由19名科级领导担任组长的乡镇督查组，任务与包片督查组基本一致，同时第三级需要向第二级汇报工作进展和发现的具体问题。第四级是建立县扶贫开发领导小组办公室专项检查组，主要负责进行暗访。第五级是建立县委县政府重点工作督查室专项检查组，主要负责专项督查。建立问题整改协调及工作问责追责机制，互助县成立了县扶贫督查发现问题整改协调组，采取全天候、巡回式方法统筹协调解决督查组反馈的问题。同时互助县建立由县纪委书记、县监委主任担任组长的问责追责组，对第一书记、驻村工作队员、联点县级领导以及乡镇督查组工作开展情况进行监督检查，对不尽责、不到位、不作为、慢作为而造成工作延误、失误等情况，按相关规定进行责任追究。

县上专门成立了一个叫1+8+2的这么一个督查机制，所谓1就是我们的双组长，县委书记和县长。然后8这边指的是什么？我们的人大、政协的2个主要领导，还有我们县上的6个常委，这是8个县级领导，8个县级领导组成了8个督导，8个督导组。每星期星期六星期天到包片的乡镇上去督查脱贫工程。……我们总共有19个乡镇，然后给8个组，把这19个乡镇划分了。……然后还有两个1+8+2还不是还有2个组，2个组，一个组是纪委书记带着干追责问责的事情；……还有一个组就是我们主管县长的这个组，他当时这个组的名字叫问题协调解决组……另外这个里面其实还有一个19，1+8+2+19。19是啥，我们从我们县职的这些部门里边就是成立了19个组。19个督导组的组长，就是由我们县直部门的这些副局长……我们青海的几个县，他都有这种督查，但每个县的督查的方式不一样，我们（互助）最后就是把总结了一下，叫1+8+2的督查机制，在有些县上他不是……（访谈资料：X20190909互助扶贫局访谈记录2）

而督查中的"1+8+2+19"督查体系是由"5+2"脱贫攻坚督查长效机制发展延伸而来的。"1"是指1个县级督查检查组，"8"是指8个包片督查组，"2"是指发现问题整改协调和问责追责2个专项工作组。需要对全县19个乡镇294个行政村和各级扶贫干部工作情况实现"拉网式、全覆盖"督查。

表6.4 互助县督查组

	县级督查检查组
组长	市委常委、县委书记
	县委副书记、县人民政府县长
副组长	县委办公室主任
	县政府办公室主任
组员	县委县政府督查室主任
	县纪委副书记、监委副主任
	县委组织部正科级干部
	县扶贫局副局长
工作人员	从县委办、县政府办各抽调1名干部
	县扶贫工作问责追责组
组长	县委常委、县纪委书记、县监委主任
组员	县纪委抽调1名干部
	县扶贫督查发现问题整改协调组
组长	县人民政府副县长
组员	县政府办公室抽调1名干部

资料来源：《互助县精准扶贫大督查促落实工作方案》。

"5+2"脱贫攻坚督查长效机制是整个互助县督查的基础，是连接"督查制度"与"督查执行"的桥梁。

2. "再生产"的督查内容

督查具有生产性，本质上是"重新澄清目标"的再生产机制，超越了目标责任制的边界。督查的内容是对目标责任制下考核内容的缩减与集中。找到其中的重点问题、难点问题，集中突破。督查的核心内容主要有：减贫任务完成及特困群体脱贫情况，贫困人口动态调整、精准帮扶、精准脱贫情况；专项扶贫、行业扶贫、社会扶贫、东西部扶贫协作开展情况，重点项目实施及财政涉农资金整合情况。包括：扶贫产业方面、易地扶贫搬迁方面、"雨露计划"等资助政策方面、互助资金方面、"530"贷款方面等；脱贫攻坚中群众反映强烈的问题，基层落实困难，需要上级协调解决的问题；年度脱贫攻坚项目不按进度启动实施，扶贫项目拖延审批、不按规定使用和管理资金、违规安排扶贫项目的问题；贫困退出严重失实，弄虚作假搞"数字脱贫"，第三方评估中发现、反映的问题等方面，这些才是督查需要集中关注的。

3. 督查程序：问题是如何被发现并解决的

互助县的督查机制是一种"W+1型"模式。在制定督查方案之后，互助县各督查组每季度对下属乡镇、村开展1次督查工作，督查方式包括"召开座谈会并听取工作汇报、查阅资料以及向相关人员了解情况、实地查看等"。督查结果需要形成督查巡查报告报送互助县扶贫开发领导小组办公室，由领导小组办公室进行处理。随后互助县出整改意见，下发督办通知单，要求乡镇、村进行整改。乡镇、村的整改进度需要随时汇报，整改完成后上报互助县，进行销号处理。最后，互助县会进行"回头看"。在互助县与下属乡镇、村的反复互动中，督查得以完成，问题得到解决。由此，将"整改、问责、学习"嵌入到整个督查体系之中,互助县的政府资源沿着督查、整改、问责所致的"问题"进行集中。

表6.5 互助县工作督办单示例

编号:2019年第4号

土观村党支部、村委会,土观村扶贫(驻村)工作队:

经县、镇两级领导督查,你村目前还存在众多突出问题:一是2018年易地扶贫搬迁项目户中,有7户农户未及时上交自筹资金16.6万元;二是户级挂袋中,部分档案资料缺失严重;三是村干部对村内基本情况、精准扶贫基础数据掌握不全面、不准确;四是有2名义务教育阶段学生尚未报到入校;五是5社出现停水情况;六是危房户存在还未入住新房的情况。

请你村务必高度重视,于3个工作日内,解决上述问题中的第三、四、五、六项问题,于5个工作日内,完成户级挂袋档案整理工作,对拒不交纳自筹资金的农户,可考虑提起诉讼,追回扶贫项目资金。整改完成情况在5个工作日内,以书面形式报镇扶贫服务中心办公室,并附上整改的相关照片资料,无法整改的,向镇党委、政府主要领导说明情况,若未按期进行整改,将追究相关责任。

抄送:包片领导、镇纪委。

督查的问题具有多个来源,一方面,是国家发改委、省、市向互助县反馈的脱贫攻坚工作问题,另一方面,是互助县各督查组完成督查巡视后向县扶贫开发领导小组办公室报告的问题。"上面千条线,下面一根针",在压力型体制下,所有问题最终会落实到互助县扶贫开发领导小组办公室,由领导小组办公室认领问题,拆解问题,解决问题。

"整改销号"是督查中的核心环节。互助县需要建立整改任务台账,对于短期可以解决的情况,限时整改,时间截止之后向相关单位反馈整改情况,同时县纪委监委、县委组织部、县扶贫局也需要进行跟踪督查,如果发现问题,可以采取约谈主要负责人、典型问题公开曝光等方式倒逼责任落实。整改完成会销号,对仍不整改的乡镇、单位和部门提出通报批评,造成严重后果的启动问责程序。而对于长期才能解决的问题，要进一步明确现阶段工作措施、取得的成效等情况，持之以恒，常抓不懈。

"提出整改意见"是督查中的关键性环节。当互助县下属乡镇、村面临问题找不到途径解决、没有能力解决、无法组织有效资源进行解决的情况时，提出整改意见可以较好降低脱贫攻坚工作的难度。

"回头看"是督查中的二次检验。"检查以后，过一段时间以后还有一个回头看，这个主要就是县委县政府他们成立一个督查室，督查室完了以后专门就是负责这项工作。"（访谈资料：X20190910互助发改局访谈记录）互助县为了保证问题能够真正得到解决，会在下一次的督查当中，对上年度脱贫人口、退出贫困村进行"回头看"；对上次督查巡查中发现整改问题情况进行"回头看"，对于某些项目还会有省级第三方的评估验收。通过反复核查，保证督查体系的成效，确保督查体系对脱贫攻坚工作的推动作用。

（三）思想意识的动员：专项行动

专项行动是目标责任制与督查机制的基础，影响效力，为其兜底。专项行动持续时间可长可短，触发需要条件，是具有运动式特征的非常规制度，一次专项行动结束之后，就是彻底的结束。互助县的专项行动以"三查三确保"，即"查责任、查腐败、查作风"的专项行动为主，这项行动持续时间长达三年，是互助县波及范围最广，影响力最大的一项专项行动计划。除此之外，互助县还有"作风问题"专项治理、"大排查大整改"专项行动、"脱贫摘帽攻坚"专项行动、"抓整改、迎国检"专项行动等地位以及作用稍次的专项行动。

1. 动员式的机制

专项行动需要解决"思想意识"层面的问题，"思想意识"具有难以量化、难以观察、难以评估的特征。由此，专项行动通过"成立专项行动领导小组，分阶段完成"的方式来推行。专项行动领导小组一般由互助县纪委牵头，由任务相关负责人中"一把手"担任组长。在领导小组成立之后，第一阶段是全面查处阶段，需要排查摸底，甄别核实，逐一解决。具体而言需要对工作进行安排部署，通过召开联席会议、调研督查、项目抽查等方式，认真梳理群众信访、案件线索、巡查监督、网络舆情等方面情况，各乡镇纪委要对筛查梳理出的问题线索进行登记、汇总，建立台账，需要进行及时反馈，解决问题，对未达到要求的干部进行约谈警示，查处干部违纪违法典型，同时及时公开查处情况，定期通报曝光一起典型案例。第二阶段需要对第一阶段中未曾解决的问题进行集中突破，对尚未攻克的重点问题、重点单位进行逐个突破。第三阶段则是用于巩固成果，深化提升。专项行动突出"信访调查"的功能，对群众反映强烈的问题高度重视，优先办理，将体制外的力量卷入到体制内，由此助力于监督工作。

同样由于"思想意识"的特征，专项行动没有系统的考核落实、检验、奖惩机制。唯一的方式是"通报曝光"——对线索排查彻底、执纪审查力度大、执纪监督效果好、群众满意度高的通报表扬；对工作组织不力、任务落实不到位，导致扶贫政策执行走样、工作进展缓慢、腐败问题频发、群众反映强烈的通报批评，严肃问责。其主要作用是端正官员的思想意识，营造一种积极健康的工作氛围，从而让干部自觉做到遵规守纪，积极完成扶贫攻坚的工作任务。

2. 以"思想约束"为核心的内容

专项行动任务的核心内容针对思想意识。由于思想意识指标的难以核查，只能通过反复动员、全县域参与，才可能发挥效力。主要包括：干部作风不端正，出现不担当、不作为、态度不坚决、工作不扎实、整改不力、应付检查、干扰考核、欺上瞒下、推诿扯皮、敷衍塞责、独断专行、拉帮结派、形式主义、官僚主义的问题；在扶贫领域干部出现腐败的问题；干部责任落实不力、不到位的问题；干部思想觉悟不到位，例如"四个意识"不强的问题；等等。专项行动的内容体现出"基础性"的特征。上述内容并非目标责任制、督查机制的"中心任务"，但是上述情况一旦发生，会对监督机制的效力、扶贫攻坚的推进产生干扰。

三、多重责任何以实现：以责问效，以督促学

监督体系能够达到以"目标分化""注意力分化""政策学习"为主的多重目标，从不同的角度助力脱贫攻坚任务的落实。

首先是目标分化。脱贫攻坚任务不仅涵盖广泛、内容繁重，同时在脱贫攻坚任务内容、主体之间存在交叉。由此，监督体系首先需要厘清内容、主体中的关系，让监督内容能够全面覆盖脱贫攻坚任务内容，尽量减少交叉重叠以提高监督体系的工作效率、降低成本损耗。由此，目标责任制能够通过"目标分化"，以目标为标准对任务进行分化，通过自上而下的对于任务的层层分解，不仅减轻了交叉重叠的内容，同时指明了监督体系的督查方向。这无疑减轻了脱贫攻坚工作的负担，增强了脱贫攻坚工作效率，从而达到"以责问效"的目的。

其次是注意力分化。督查通过对资源进行重新分配，优化配置，将脱贫攻坚的任务重心以及注意力聚合到督查所指向的任务内容上面来。督查主要以问题为导向，督查的目的不是为了问责，其直接导向的是问题的整改——督查不仅要看到问题，还需要提出解决方案。原来在互助县，关于脱贫攻坚任务的资源（人力资源、资金资源、物资资源）是离散分布的，或者说是沿着扶贫开发领导小组进行分布，而非按照任务的难易程度进行分布，由此可能出现一些领域资源闲

置，另一些领域资源不足的情况。通过督查机制，可以将原本分散的注意力进行重新整合，将有限的资源与注意力集中与倾斜在更为重要、难度更大的地方。

最后是政策学习。政策学习主要体现在督查领域。在蔡家堡乡"打赢脱贫攻坚战，扶贫干部怎么办"大讨论活动实施方案中，明确规定督促检查中要善于总结推广先进经验，用先进典型带动活动深入开展。督查能够发现问题，在脱贫攻坚过程中，一些问题具有共性。在完成督查后，通过总结经验教训，下发整改通知，召开总结会议，刊登内刊等方式，"问题的解决方案""政策的正确理解"等信息能够在不同主体中传递。首先，由于互助县及其下属乡镇、村部门以及干部能力、资源有限，因此对于政策的理解以及落实常常出现偏离，而督查可以通过"政策学习"的方式矫正偏离。其次，由于各乡镇、村任务进度不一致，因此同一问题发生的时间点存在差异，督查可以通过"政策学习"的方式使"后进乡镇、村"具有后发优势，使各"后进乡镇、村"能够预见问题发生的可能性，正确地判断问题严重程度，从而使"后进乡镇、村"结合当地的实际情况，学习整改方案以及经验教训，采取措施预防，消解问题。再次，由于各乡镇、村处理问题能力存在差异，通过"政策学习"，不同乡镇、村之间能够相互交流，借鉴其他乡镇、村的解决方式，挖掘问题更好的解决方案。除督查之外，目标责任制也能够起到政策学习的作用，但相较于督查而言，仅仅是起到辅助作用。目标责任制的落实前提是需要指标，因此，乡镇、村部门干部为了更好地考核评级，会召开会议进行政策学习，减少各种偏离情况的发生。

由此可见，互助县的监督体系在脱贫攻坚任务中无疑发挥着重要的保障性作用。监督体系不仅能够进行目标分化、注意力分化，还能够起到政策学习的效果，真正做到"以专为基，以责问效，以督促学"。

四、小　　结

在精准扶贫环境下互助县政策体系发生重构，组织结构进行再造，全县域被动员。原本以"目标责任制"为核心的督查体系面临种种困境，难以为精准扶贫提供保障与支撑。因此，互助县重新设计，建立起以"目标责任制""督查""专项行动"三种监督工具为核心的新监督体系。不同的工具发挥不同的作用："目标责任制"能够进行目标分化，为精准扶贫提供全覆盖的基础性考核，从而"以责问效"；"督查"能够进行注意力分化、政策学习，集中突破精准扶贫中重难点问题并起到"以督促学"的作用；"专项行动"为督查体系提供思想意识的保障，"以专为基"。于是，新监督体系得以起到"督促服从""推动任务完成"的双重作用。

监督体系的成效体现在脱贫攻坚工作的完成程度上。一方面，体现在脱贫攻坚工作本身。2015年底互助县贫困发生率为14.1%，精准识别建档立卡贫困村118个，贫困户13796户，贫困人口48523人。而脱贫摘帽的国家标准是当年建档立卡信息系统贫困发生率低于3%，脱贫人口错退率低于2%，贫困人口漏评率低于2%，群众认可度高于90%。到2018年底，互助县贫困发生率下降至0.26%，脱贫人口错退率和贫困人口漏评率均低于2%，综合贫困发生率低于3%，群众认可度高于90%，达到整体脱贫摘帽条件。在短短三年之内的巨大成就不能忽略监督体系在其中发挥的保障性作用。而另一方面，在县对选派到全县贫困村、后进村和维稳重点村的第一书记和扶贫（驻村）工作队干部的考核上，2016年"优秀"等次98人（其中第一书记66名、工作队员32名），优秀率为21%，"称职"等次367人，"不称职"等次0人；2017年102名同志为"优秀"等次,优秀率为 22.8%,320 名同志为"称职"等次;2018 年 96 名同志为"优秀"等次,优秀率为 20.5%,371 名同志为"称职"等次,1 名同志不定考核等次。这说明监督体系能够发挥好其效力。

第七章

以扶贫促发展：
互助县脱贫攻坚的成果

一、扶贫成就

(一)"县摘帽"

自 2015 年精准扶贫以来,在党中央国务院和省市委的领导下,互助县委县政府带领全县各族干部群众团结一心、众志成城,以习近平新时代中国特色社会主义思想为指导,认真贯彻中央和省市脱贫攻坚决策部署,按照"三年集中攻坚、两年巩固提升"的总体目标,举全县之力强力推进脱贫攻坚工作,重视程度之高、政策举措之实、投入力度之大、社会参与之广前所未有,全县上下呈现出关注扶贫、参与扶贫、倾力扶贫的生动局面,脱贫攻坚取得显著成效。截至 2018 年底,全县 118 个贫困村顺利退出,1.3 万户 4.3 万余名贫困人口脱贫,全县贫困发生率从 2015 年底的 14.1% 下降至 2018 年底的 0.26%,贫困人口人均可支配收入从 2015 年底的 2380 元增加到 2018 年底的 5216 元,年均增长 30%。

九年义务教育巩固率达到 98.3%,城乡居民基本养老保险参保率达到 100%,城乡居民基本医疗保险参保率达到 100%,脱贫人口错退率和贫困人口漏评率均低于 2%,综合贫困发生率低于 3%,群众认可度高于 90%,群众获得感显著提升,解决了区域性整体贫困问题，达到整体脱贫摘帽条件。2019年3月底互助县接受脱贫摘帽第三方评估验收，5月15日经青海省政府公告退出贫困县序列。

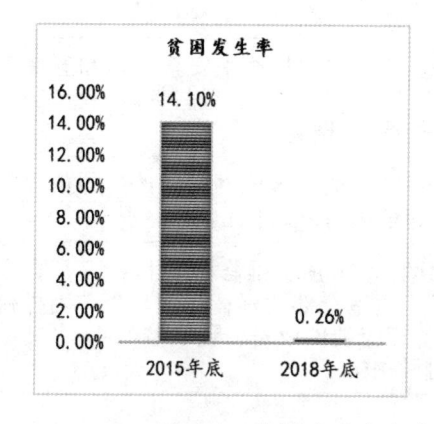

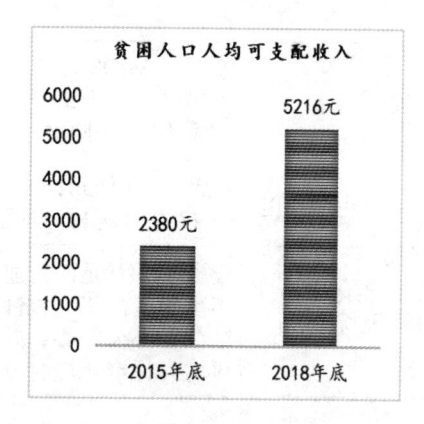

图 7.1 贫困发生率与贫困人口人均可支配收入情况

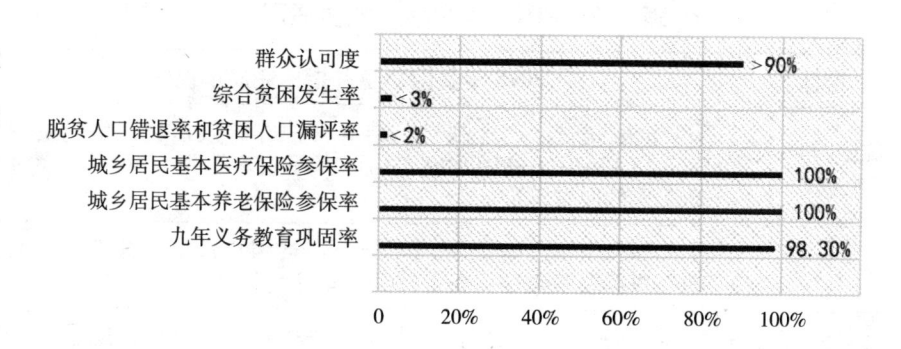

图 7.2 互助县六大指标完成情况

表 7.1 2018 年贫困村退出情况

指标	2018 年贫困村退出指标完成情况
1. 贫困发生率	今年预脱贫的 47 个贫困村均达到贫困发生率低于 3% 的标准。
2. 村级集体经济或贫困村村级发展互助资金	投入非贫困村集体经济发展扶持资金 7040 万元，其中，投资分红涉及 18 个乡镇 172 个村；新建商铺涉及 1 个乡镇 4 个村。投入村集体经济光伏扶贫项目资金 5900 万元，实施了 57.7 兆瓦村级光伏扶贫项目。全县 274 个行政村村级集体经济实现全覆盖。

续表

指标	2018年贫困村退出指标完成情况
3. 通行政村的沥青（水泥）路	投资8630万元，实施66个行政村村道硬化312.14公里，其中，贫困村硬化303.86公里，实现了主要道路全部硬化的目标。
4. 安全饮水	投资9223.98万元，实施47个贫困村饮水安全工程和五峰镇岩崖村、五十镇土观村等4个易地搬迁安置村饮水安全工程，完成47个预脱贫村有安全饮水目标。
5. 生产生活用电	投资2.09亿元，实施316个配电台区电网升级改造，预脱贫的47个贫困村户均配变容量达到2.2千瓦。
6. 标准化卫生室和村级综合办公服务中心	投资412万元，新建村卫生室16所，维修村卫生室37所，今年预脱贫的47个贫困村卫生室全部达标；新建9个贫困村村级综合办公中心，并配备相应硬件设备，预脱贫的47个贫困村均有标准化综合办公服务中心。

表7.2 2018年贫困户脱贫情况

指标	2018年贫困户脱贫指标完成情况
1. 贫困户年人均可支配收入	采取金融扶贫、产业扶贫、结对帮扶等有效措施，预脱贫的3863户13620人贫困对象人均可支配收入达到5216元，超过3762元的脱贫标准。
2. 安全住房	投入2952万元，全面完成了656户贫困户危旧房改造，全县3863户脱贫对象住房条件达到安全住房标准。
3. 义务教育阶段学生无因贫辍学	47个预脱贫村贫困户家庭子女义务教育阶段无因贫辍学的情况。
4. 参加城乡居民基本医疗保险	47个预脱贫村贫困户城乡居民基本医疗保险参保率均达到100%。
5. 参加城乡居民基本养老保险	47个预脱贫村贫困户城乡居民基本养老保险参保率均达到100%。
6. 有意愿的劳动力（含"两后生"）参加职业教育或技能培训	逐村逐户开展了贫困群众技能培训意愿调查，调查覆盖率达100%，完成建档立卡贫困劳动力技能培训4364人，培训专业涉及烹饪、农家乐+创业、家政服务、挖掘机操作、汽车维修等12个培训工种，已实现转移就业3710人，就业率达85%。

表7.3 2018年贫困县摘帽指标完成情况

指标	2018年贫困县摘帽指标完成情况
1. 县级农牧民年人均可支配收入	全县农牧民人均可支配收入达到10693元。
2. 贫困发生率	全县贫困发生率为0.26%，低于3%的摘帽标准。
3. 九年义务教育巩固率	全县九年义务教育巩固率达到98.3%，高于93%的摘帽标准。
4. 城乡居民基本医疗保险参保率	全县城乡居民基本医疗保险参保率达到100%，高于98%的摘帽标准。
5. 城乡居民基本养老保险参保率	县城乡居民基本养老保险参保率达到100%，高于95%的摘帽标准。
6. 贫困村退出率	全县118个贫困村全部退出，贫困村退出率达到100%。

（二）"村出列"

1. 围绕"两不愁、三保障"的"户销号"

互助县精准脱贫工作按照"三年集中攻坚，两年巩固提高"的分步目标，到2018年，实现了贫困人口"两不愁、三保障、一高于、一接近、两确保"目标。

（1）"吃穿两不愁"

①民政救助、兜底保障

2015年底，互助县贫困户中因缺劳力致贫的共2853人，占比6.54%。针对部分贫困户家中无劳力难题，严格按照国家政策，做到了民政与贫困户政策"有效衔接"，即民政低保一档严格与兜底户完全重合，紧盯无劳动能力贫困人口，严格落实低保兜底政策，保障856户1491人低保贫困户的基本生活。

低保资金由省、市补助80%，县级配套20%，每半年发放一次，并实行社会化发放。从2015年底，逐年提高农村低保标准，实现农

(单位：人)	因缺劳力致贫人数及占年度贫困户比例				
	2015年	2016年	2017年	2018年	2019年
缺劳力(人)	2853	2513	651	206	198
占比	6.54%	5.81%	4.71%	34.39%	34.38%

图7.3 因缺劳力致贫的贫困人口情况

村低保标准与扶贫标准的"两线合一"，到2018年，农村低保标准达到3762元以上。互助县按照省、市、县分年度脱贫攻坚任务安排，通过落实各项帮扶措施，分年度帮助贫困人口（农村低保对象）脱贫。2016年底，贫困人口（农村低保对象）中共计9507人实现脱贫，农村最低生活保障39016人，发放农村五保金1314.3万元、残疾人补贴1730.28万元、农村低保金4180万元、孤儿基本生活费190.49万元；2017年底，20718名贫困人口（农村低保对象）实现脱贫，农村最低生活保障18298人；2018年底，全县贫困人口实现整体脱贫。对完全丧失劳动能力和部分丧失劳动能力的困难群众（约2794人）实行兜底保障。

②产业扶贫、一户一政策

从互助县贫困户致贫原因着手，我们发现其占比20.7%的第二大致贫原因，即缺少技术支持。由于劳动力文化素质低，缺少发展产业或就业的基本技能，导致家庭无法通过发展产业或就业产生稳定收入。为克服技术难题，互助县以产业为依托，始终把产业培育发展作为脱贫攻坚重中之重，以产业发展带动技术进步，力图实现"乡有特色产业、村有主导产业、户有增收项目"的脱贫路径。

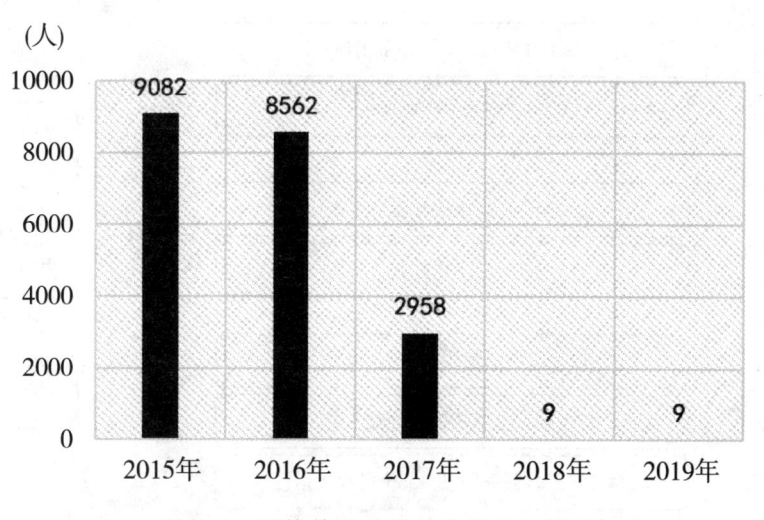

第七章 | 以扶贫促发展：互助县脱贫攻坚的成果

图 7.4　因缺技术致贫的贫困人口情况

2015年底，因缺技术致贫的贫困人口高达9082人，因此互助县及早谋划，统筹安排，紧盯2016—2018年计划脱贫的118个贫困村，积极落实产业扶贫资金，并按照精准扶贫产业发展项目实施方案要求，督促各乡镇实施2016—2018年产业扶贫项目，构建以产脱贫、以产增收的产业扶贫格局，切实增强贫困群众"造血"功能。2016年度总投入5154万元，在28个贫困村，54个非贫困村全面实施特色种植、养殖、购买商铺、第三产业、资产收益等产业项目5大类90多项，并建立健全了产业项目后期管理长效机制；投资2亿元，在塘川蔬菜基地实施了20兆瓦光伏扶贫项目，受益贫困群众达1100余人；投资1850万元，建成县级电商扶贫服务中心1个，乡镇电商扶贫综合服务站17个，贫困村服务网点114个，其中，36个网点已投入运行。通过采取上述一系列有效措施，引导和帮扶3031户贫困户10421人实现了稳定增收。此外，互助县加强技能培训，以贫困家庭"两后生"和进城贫困劳动力培训为重点，利用冬季农闲季节，开展烹饪、电焊、挖掘机和装载机驾驶等技能培训，着力提高贫困群众职业技能，增强自我发展能力，加快由输血式扶贫向造血式扶贫的转变。

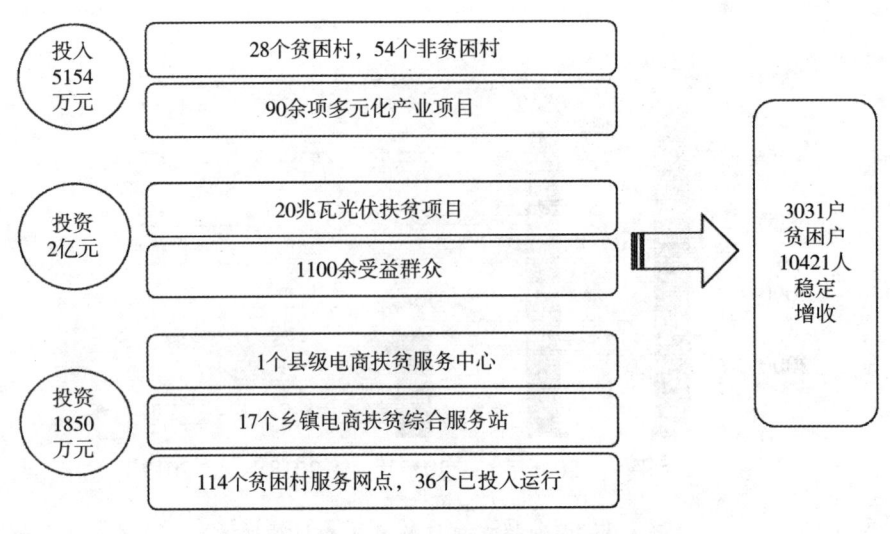

```
┌─────────┐  ┌──────────────────────────────┐
│ 投入    │  │ 28个贫困村，54个非贫困村     │
│ 5154    │  ├──────────────────────────────┤
│ 万元    │  │ 90余项多元化产业项目         │
└─────────┘  └──────────────────────────────┘

┌─────────┐  ┌──────────────────────────────┐        ┌──────────┐
│ 投资    │  │ 20兆瓦光伏扶贫项目           │        │ 3031户   │
│ 2亿元   │  ├──────────────────────────────┤   ⇒    │ 贫困户   │
│         │  │ 1100余受益群众               │        │ 10421人  │
└─────────┘  └──────────────────────────────┘        │ 稳定     │
                                                     │ 增收     │
┌─────────┐  ┌──────────────────────────────┐        └──────────┘
│ 投资    │  │ 1个县级电商扶贫服务中心      │
│ 1850    │  ├──────────────────────────────┤
│ 万元    │  │ 17个乡镇电商扶贫综合服务站   │
│         │  ├──────────────────────────────┤
│         │  │ 114个贫困村服务网点，36个已投入运行 │
└─────────┘  └──────────────────────────────┘
```

图 7.5　2016 年产业扶贫发展情况

由于产业处于初步发展阶段，经过一年的精准扶贫工作，因缺技术致贫的贫困户仅有小幅减少，产业效益并未得到充分体现，这就要求互助县必须继续攻坚克难，大力发展产业。2017 年，互助县制定并实施《互助县扶贫产业扶持巩固提升方案》，对产业项目实施较好的先进户进行再扶持；对产业项目不符合实际的，根据群众意愿和存在问题，结合市场等因素，及时予以调整并重新选择；对产业项目效益较差的后进户区分情况，予以再巩固。在一年的产业发展中，巩固提升了产业效益，实现了产业培育多元发展，在以下两方面取得了突出成效：一是特色产业发展优势明显。投入财政资金 1.9 亿元，扶持 2017—2018 年脱贫的 90 个贫困村、122 个非贫困村发展多元化产业项目，其中，种植业占 21%，养殖业占 50.8%，第三产业占 7%，资产收益占 7.8%，入股分红占 13.3%，在实现稳定增收的同时，积极建立合作社+基地+农户、储藏+反季节营销、订单药材销售等产业发展模式，有效增强了贫困户自我发展能力，并积极打造扶贫产业示范点，以点带面辐射带动特色产业持续发展。2017 年互助县仅当归种植面积就达到 4.2 万亩，收入达 2.5 亿元，全县从事中药材种植的农户达3万户以上,其中,贫困户1万户以上,年人均增收1300元左右,中药材产业对农民人均纯收入增长的贡献率达10%以上,中药材产业已成为互助县又一脱贫优势产业。二是扶持产业项目可持续发展。为鼓励广大贫困群众通过发展产业实现致富奔小康,整合资金1660万元,对2016年涌现出的500户产业项目实施先进贫困户每户奖励5000元再扶持资金,对南门峡镇等6个产业发展优秀乡镇各奖励了60万元产业发展资金,用于巩固和培育扶贫产业项目。特别是对2016年度互助资金使用率高于80%以上的村再奖励互助资金780万元,这在全省尚属首例,为有效巩固扶贫产业发展建立了资金激励机制。

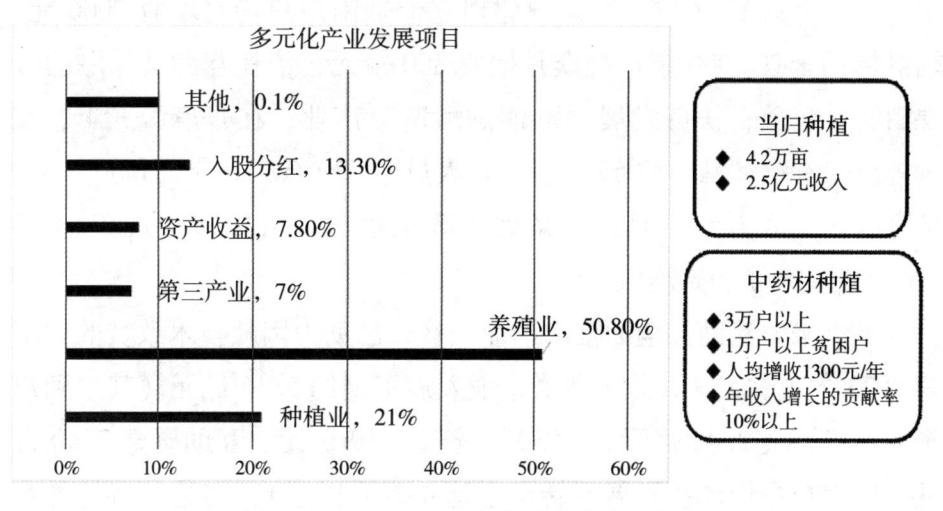

图7.6 2017—2018年产业扶贫发展情况

2017年底,因缺技术致贫的贫困人数减少了近6000人,产业效益得以充分发挥。为彻底解决技术致贫难题,2018年在以下三大方面下功夫,并取得显著成效:一是做实产业巩固提升。紧盯贫困户到户产业方面存在的短板和困难,制订了9个产业扶持巩固提升子方案,进一步巩固提升贫困户产业效益,加大产业扶持力度。同时,投资206.4万元,采取"统一招投标、实物奖励"的方式,对2016年、2017年通过政策扶持、艰苦奋斗、勤劳致富实现稳定脱贫的108户建档立卡贫困户奖励三轮自卸车等农用机械。二是做好产业项目调整。组织各乡镇对贫困户产业发展情况进行摸底排查，对排查发现贫困户自行变更产业项目的，督促乡镇尽快上报产业变更方案；对产业项目中断的，督促各乡镇及时进行调整，累计召开到户产业项目变更和相关项目专家评审会6次，调整到户产业项目涉及1729户6094人，确保除低保兜底户以外贫困户至少有一项能够实现稳定增收的产业项目。三是壮大特色优势产业。依托"土族盘绣"国家级非物质文化遗产项目生产性保护优势，采用"公司+基地+农户"的发展方式，在东沟乡、五十镇、丹麻镇、南门峡镇四个乡镇建立五个盘绣产业基地，鼓励农户"订单化"制作盘绣，再由公司统一回收销售，辐射带动全县12个村200余户建档立卡贫困户户均月增收2000元，辐射带动全县2000余户群众月增收800余元；依托互助县深厚的青稞酒文化底蕴，扶持发展"酩馏酒酿造"产业，在丹麻、五十、威远等地建有酩馏酒作坊53处，从业人员达330余人，年产量近6吨，销售收入288万元。通过一系列的政策措施，引导和帮扶3863户13620人实现了稳定增收。

三年来，互助县全面推动产业扶贫，已助力因缺技术致贫的贫困户9073人脱贫，累计投入各类产业发展资金约5.36亿元（其中到户产业项目资金2.44亿元、"530"贷款2.19亿元、互助资金7340万元，贫困户户均产业发展周转资金达4万元以上），实施了特色种养业、第三产业、资产收益等120余项多元化产业项目，打造了特色种养、现代服务业、光伏扶贫、民族手工业、乡村旅游、劳务输出六大特色扶贫主导产业，建立了马铃薯、中藏药材种植、八眉猪繁育、扶贫产业园等十大基地，辐射带动全县4.3万名贫困人口增收。特别是中藏药材经济效益不断凸显，2018年全县种植面积突破8万亩，亩均收入3000元以上，种植户扩大到3万户以上，带动近1万户贫困户增收。目前，全县除低保兜底户外，其余贫困户户均有一项脱贫产业，提升了自我"造血"能力。

积极推动旅游扶贫，充分发挥土族故土园国家5A级旅游景区示

第七章 | 以扶贫促发展：互助县脱贫攻坚的成果

- ◆ 因缺技术致贫　　　　　　　　　9073人脱贫
- ◆ 到户产业项目资金　　　　　　　2.44亿元
- ◆ "530"贷款　　　　　　　　　　2.19亿元
- ◆ 互助资金　　　　　　　　　　　7340万元
- ◆ 贫困户户均产业发展周转资金　　4万元以上
- ◆ 多元化产业项目　　　　　　　　120余项
- ◆ 带动贫困人口增收　　　　　　　4.3万名
- ◆ 中藏药材带动贫困户增收　　　　近1万户

图 7.7　互助县产业扶贫部分成果

范引领作用，大力发展乡村旅游业，打造了东和麻吉油嘴湾花海等5个乡村旅游品牌，2018年全县旅游人数突破400万人次，实现旅游综合收入20.25亿元，辐射带动全县1800余户贫困群众户均增收3200元以上。积极培育扶贫新业态，发展光伏扶贫、电商扶贫，全县光伏装机总量达179.9兆瓦，直接带动1289户贫困户年户均增收2500元以上；健全完善县乡村三级电商物流服务体系，实现线上线下交易额2000万元以上，带动4771户贫困户户均增收600元以上。同时，全面启动村集体经济"破零"工程，立足资源、产业、市场、人才等实际，用活用好村集体经济发展引导资金，全县294个村均实现了集体经济"破零"。

类别	指标	增收情况
乡村旅游业	400万人次旅游人数；20.25亿元旅游综合收入	1800余户增收3200元以上/户
光伏	179.9兆瓦光伏装机总量	1289户增收2500元以上/户
电商	2000万元以上交易额	4771户增收600元以上/户

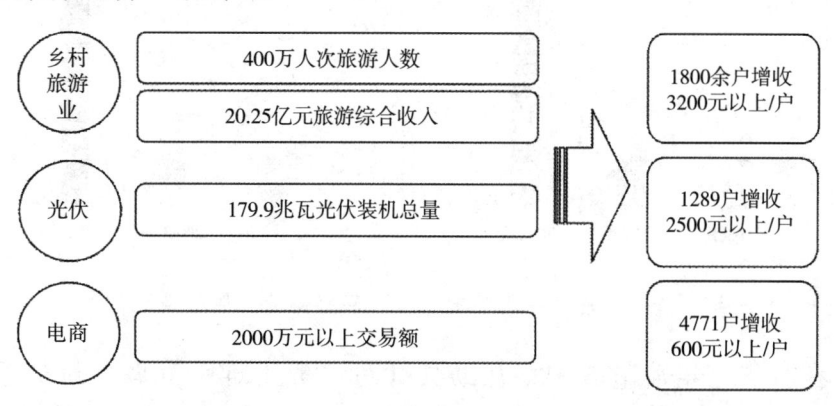

图 7.8　2018年互助县发展特色产业增收情况

③技能培训、转移就业

为实现"就业一人,脱贫一户"、逐步提高贫困户收入的目标,互助县自精准识别贫困户以来,有序开展转移就业助脱贫的工作。

2016年,互助县聘用470名贫困群众从事林业生态管护,完成1226名建档立卡贫困人口烹饪、电焊等专业培训;2017年,互助县通过开发公路养护、农村保洁、生态管护等公益性岗位,解决了677名贫困群众就业问题,完成了全县建档立卡贫困群众劳动技能培训需求调查摸底全覆盖,1605名贫困劳动力(含"两后生")参加了"雨露计划"内烹饪、电焊等技能培训,积极畅通就业信息,转移农村富余劳动力9.13万人赴新疆等地务工,实现务工收入6.24亿元,并积极指导建立农民合作社,年内评定省级示范社16家。2018年,互助县针对就业难题,在全面摸底排查的基础上,完成4364人建档立卡贫困劳动力进行烹饪、农家乐+创业、家政服务、挖掘机操作、汽车维修等12个工种培训。同时,通过实施农村公益性岗位"千人计划"、开发公路养护、农村保洁等措施,安置建档立卡贫困户家庭劳动力1980人。

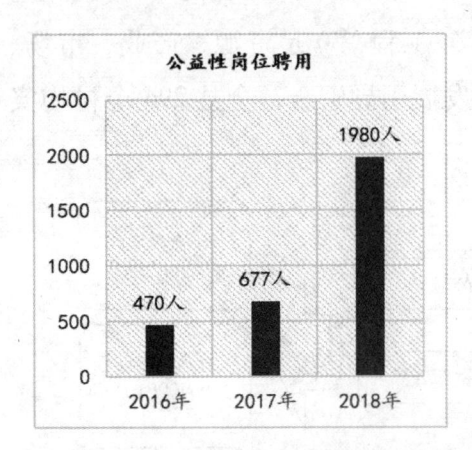

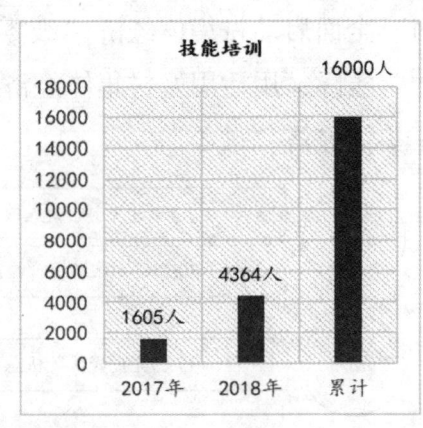

图7.9 互助县实施技能培训、转移就业助脱贫情况

在脱贫三年攻坚战中,互助县针对"务工难"问题,对缺乏劳动技能的贫困群众开展家政服务、挖掘机、刺绣等多元化培训,累计

培训贫困群众1.6万人次，实现了有培训意愿的贫困劳动力技能培训全覆盖，并通过开展"春风行动"等公共就业服务活动，拓宽就业渠道，累计转移就业18752人次，人均收入达1.2万元以上，劳务收入对全县农户家庭收入的贡献率达到60%以上。

（2）教育保障

图7.10 因学致贫的贫困人口情况

2015年底，互助县因学致贫的共有4114人，占比9.44%。2016年，互助县全面落实贫困家庭学生15年免费教育和贫困大学生资助政策，共资助资金1320.4万元，为1720名建档立卡贫困大学生发放"雨露计划"补助资金；2017年，互助县为5918名学生全面落实了贫困家庭学生15年免费教育和贫困大学生资助政策，发放财政补助资金1334万元，为2513名建档立卡贫困学生发放"雨露计划"补助资金；2018年，互助县针对上学难题，全面落实贫困家庭学生15年免费教育和贫困大学生资助政策，发放财政补助1333.6万元，有效减轻了贫困学生家庭经济负担。

据2019年统计，因学致贫的贫困人口已减少4080人，互助县在脱贫攻坚战中，围绕"两不愁、三保障"目标，坚持现行扶贫标准不动摇，针对"上学难"问题，全面落实贫困家庭学生15年免费教育和贫困大学生资助政策，累计发放财政补助4540.54万元、贫困大

```
● 2016    | 1320.4万元资助资金 |
          | "雨露计划"惠及1720名建档立卡贫困大学生 |

● 2017    | 1334万元财政补助资金 |
          | "雨露计划"惠及2513名建档立卡贫困学生 |

● 2018    | 1333.6万元财政补助资金 |

● 总计    | 减少因学致贫的贫困户计4080人 |
          | 4109.3万元"雨露计划"补助资金，惠及8567人 |
```

图 7.11 互助县发展教育脱贫情况

学生"雨露计划"补助资金4109.3万元，惠及8567人，有效减轻了贫困学生家庭负担。同时，扎实开展"控辍保学"，严格落实"六长"负责制，实行"大数据"平台管理，确保全县义务教育阶段无因贫辍学学生。

(3) 医疗保障

在各类致贫因素中，互助县最突出的问题是因病致贫及因残致贫。因病致贫是指家庭因医疗费用支出超过家庭负担能力，导致家庭实际生活水平低于国家扶贫标准；因残致贫主要指因治疗家庭成员重大残疾造成花费超过家庭支付能力或因家庭主要劳动力因故致残导致家庭实际生活水平低于国家扶贫标准。

2015年底，因病及因残致贫的共有16549人，占总贫困人口38.41%，成为首位致贫因素，且有贫困户中的684人未参加大病医疗，占比1.57%。在三年期间，互助县从"看病难"及"看病贵"两方面着手，有的放矢实施帮扶。2016年，互助县实现贫困户城乡居民医疗、养老保险全覆盖，为7465人报销医疗救助费用1330.58万元，为3757人发放临时救助金1893.42万元；2017年，互助县贫

第七章 | 以扶贫促发展：互助县脱贫攻坚的成果

	2015年	2016年	2017年	2018年	2019年
——因病致贫	10198	10173	3317	227	217
- -因残致贫	6351	6763	2144	120	115
······未参加大病医疗的贫困户	684	679	282	98	97

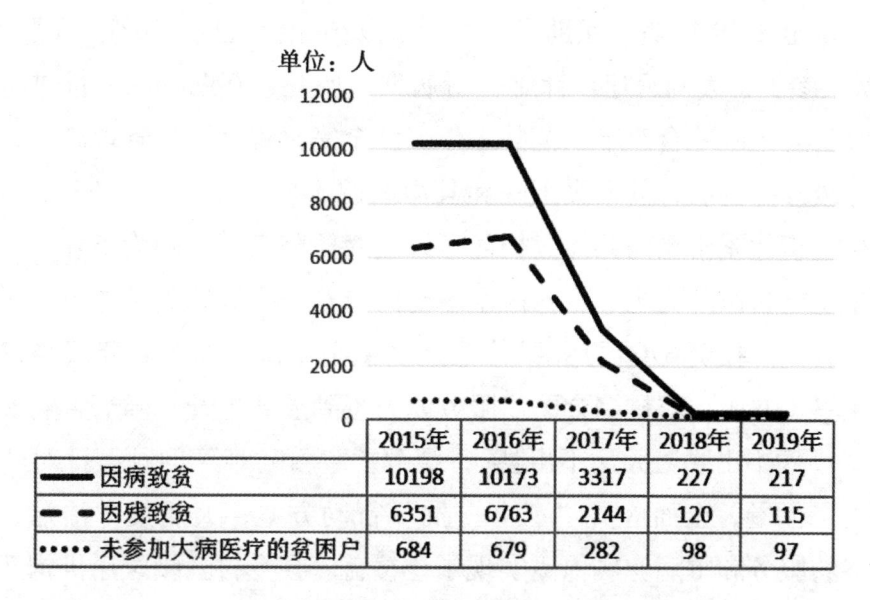

图 7.12　因病残致贫的贫困人口情况

困群众医疗救助费用报销、残疾人补贴、农村低保金补助等优惠政策得到有效落实，8146户困难群众共报销医疗费1328.7万元，3883户农村困难家庭领取临时救助金1611.5万元；2018年，互助县针对就医难题，全面落实"1234"健康扶贫工作机制，全县建档立卡贫困户家庭医生签约服务人数43286人，签约率为98.96%，履约率达到100%。通过统筹基本医保、大病保险、医疗救助、健康商业保险等4项综合性措施，为贫困人口报销医药费用2447.72万元，切实解决了贫困群众看病就医的后顾之忧。

表 7.4　互助县开展医保救助情况

	报销医疗救助费用		发放临时救助金	
2016年	7465人	1330.58万元	3757人	1893.42万元
2017年	8146人	1328.7万元	3883人	1611.5万元
2018年	5008人	2447.72万元	28717人	2527.78万元
合计	20619人	5107.00万元	36357人	6032.7万元

截至2019年初，互助县因病及因残贫困户已有16217人脱贫，587人参加了大病医疗。针对"看病难"问题，互助县深入推进全国县级公立医院综合改革示范县工作，健全完善现代医院管理制度，落实分级诊疗制度，县人民医院和县中医院2所县级医院与21个乡镇卫生院组建紧密型医共体，构建了以县级医院专科医师为指导、乡镇卫生院全科医师为主、乡村医生参与的家庭医生签约服务体系；医疗卫生方面，投资8700万元维修改造乡镇卫生院4所、新建或维修村卫生室116所，农村综合医疗服务能力得到显著提升。群众看病实现了"小病不出乡、大病不出县"，缓解了"看病难"问题。针对"看病贵"问题，全面落实"三个一批"行动方案，大病集中治疗、慢病签约服务和重病兜底保障实现了全覆盖。县乡村三级医疗机构药品全部实行零差率销售，通过"统筹基本医保、大病保险、医疗救助、健康商业保险、临时救助"等5项综合性措施，累计为20619人次贫困人口报销医药费用5107万元，为36357人次发放临时救助金6032.7万元，切实减轻了贫困群众医疗负担。

经过三年建设，互助县取得了医疗保障方面的重大成果，一定程度上解决了"看病难"和"看病贵"的问题。但形势依旧严峻，仍未脱贫人口中因病及因残致贫还有332人，比例仍居首位，高达57.64%；97人未参加大病医疗，占比0.22%。在巩固提升阶段，互助县仍将医疗保障摆在首位，努力做好后续措施，以防再次因伤病返贫。

（4）住房保障

互助县坚持"政府主导、群众自愿、积极稳妥、分类实施"的原则，采取行政村内就近集中安置、建设移民新村集中安置、插花安置和投亲靠友等其他安置方式，对居住环境条件艰苦，行路难、吃水难、上学难、就医难，"一方水土养不起一方人"的8个乡镇15个村社1682户5875人，按照不同类型，采取差别化政策，分三年逐步进行易地搬迁安置，努力做到"搬得出、稳得住、有产业、能致富"

的目标,从根本上解决脱贫问题。

在安全住房方面,互助县累计投资2.87亿元,实施危房改造11493户,其中建档立卡贫困户危房改造2308户,并对全县所有农户住房进行了逐户排查和安全等级鉴定,达不到安全住房等级的第一时间进行改造,实现了全县所有群众均有安全住房的目标。2015年底精准识别的贫困户中,属于危房户的共3983人,占比9.13%;2016年底属于危房户的共4375人,占比10.12%;2017年底属于危房户的共4375人,占比10.01%;2018年底,属于危房户的仅剩1人。

2016年,互助县扎实推进易地扶贫搬迁,全年整合财政专项扶贫资金、行业配套资金、群众自筹资金共1.11亿元,对林川乡作干等3个乡镇4个村338户1232人(贫困户231户831人)实施易地扶贫搬迁项目,配套了水、电、路等基础设施和教育、卫生等公共服务设施。

图7.13 互助县危房户情况

2017年,互助县有力推进易地搬迁,在充分尊重群众意愿和高标准规划设计的基础上,整合国家专项资金、群众自筹资金2.3亿元,对丹麻镇松德村、温家村等4个乡镇7个村762户2572人(贫困户354户1285人)实施易地搬迁项目,配套水、电、路等基础设施,完善教育、卫生等公共服务设施,并将雨污水管网处理项目一并纳入新村建设规划，投入9000万元在已建成和2017年正在建设的易地扶贫搬迁村实施农村雨污水管网、污水处理站等项目，在搬迁新村配套水冲式卫生间，做到了村庄规划与周边环境相映衬，与当地文化相融合，与产业发展、公共服务相衔接。同时，结合项目村生态区位和产业发展特点，在充分征求群众意愿、邀请专家评审的基础上，科学编制产业发展规划，利用每人5400元产业项目发展资金、每村50万元互助资金和县级自筹资金，帮助贫困户实施特色种养、三次产业、资产收益、乡村旅游等脱贫产业项目，助力贫困群众"搬得出、稳得住、有产业、能致富"。

2018年，互助县整合各类资金1.69亿元，对蔡家堡乡后湾村、岩崖村，五十镇土观村等4个乡镇5个村的440户1504人（贫困户67户228人）实施易地扶贫搬迁集中安置项目。同时，督促各项目实施乡镇在推进搬迁项目的同时，结合项目村生态区位和产业发展特点，科学编制了《全县易地扶贫搬迁后续产业发展和就业规划》，同步谋划富民产业，做到因村因户因人施策。

互助县实施易地搬迁，不仅实现了生活条件的改善，更实现了"搬得出、稳得住、有产业、能致富"的目标。针对"一方水土养不起一方人"的实际，在群众自愿的前提下，累计投资5.1亿元，对8个乡镇的16个村实施了易地扶贫搬迁项目，共搬迁群众1540户5308人，其中建档立卡贫困户652户2344人，占总户数的42%，占贫困人口总数的5.4%，从根本上改善了困难群众的生产生活条件。坚持"挪穷窝"与"换穷业"并举，充分利用每人5400元产业项目发展资金、每村50万元互助资金和县级自筹资金，扶持搬迁群众实施"一户一业"，用于开办洗车房、家政服务公司、铁艺加工房、农家乐等实体经济，实现了"搬得出、稳得住、有产业、能致富"的目标。比如，松多乡花园村地处半农半牧边远山区，贫困程度深、群众生活艰苦。2017年整村进城上楼搬迁安置后，通过修建商铺分红、劳务输出、公益性岗位就业等扶持措施，搬迁群众收入持续增加，

2018年全村人均可支配收入达到7949元，较搬迁前增加5223元，增长192%。随着生活条件的改善和收入水平的提升，该村16名"光棍汉"已娶到媳妇，"娶妻难"的问题得到有效解决。

2. 基础设施建设

从每年精准识别的贫困户致贫原因来看，有相当部分群体或是受到交通条件落后的限制，或是囿于缺水、缺土地等困状而难以脱贫，因此要实现精准脱贫，必须致力于贫困村落的基础生活条件的改善，切实提高生活满意度。

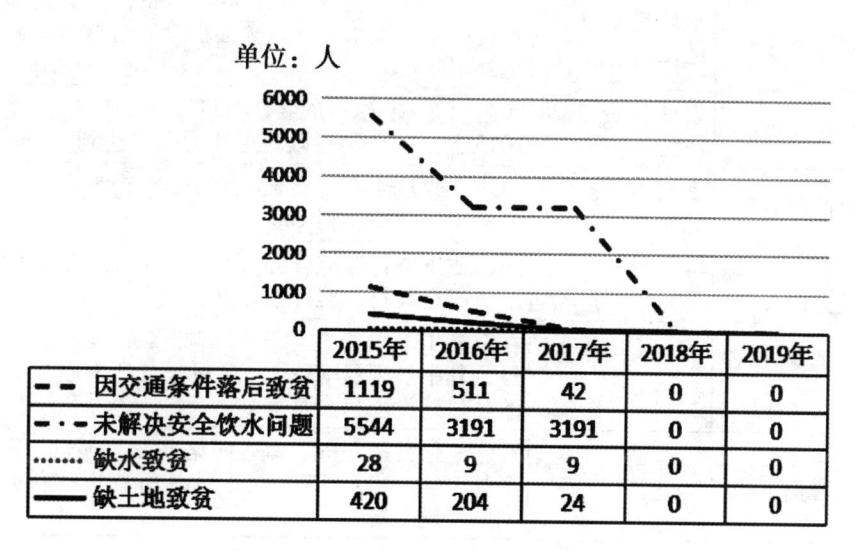

	2015年	2016年	2017年	2018年	2019年
-- 因交通条件落后致贫	1119	511	42	0	0
-·- 未解决安全饮水问题	5544	3191	3191	0	0
······ 缺水致贫	28	9	9	0	0
—— 缺土地致贫	420	204	24	0	0

图 7.14 因基础生活条件落后致贫的贫困人口情况

数据表明，2015年，因交通条件落后致贫的贫困户共1119人，未解决安全饮水问题的共5544人。

互助县在资金投入上给予农村基层党建最大倾斜，自2015年起，累计投入8400余万元用于"三基"建设，有力夯实了"抓基层、打基础"的资金保障，通过新建和改扩建，实现村级党员活动阵地建设标准化规范化（除红崖子沟乡7个涉及拆迁安置的村）。在脱贫攻坚战中，政府投入大量人力物力财力来解决因交通落后、缺水、缺土地致贫的问题，帮助此类贫困户全部脱贫。此外，2015年互助县成为青海省村集体经济的试点单位，全面启动村集体经济"破零"行动。每个贫困村配套50万元以发展村集体经济，并设有股份制经济合作社。互助县立足资源、产业、市场、人才等实际问题，用活用好村集体经济发展引导资金，全县294个村均实现了集体经济"破零"。

表7.5 互助县硬件设施投入建设情况

	投资	建设成效
安全饮水方面	累计投资1.94亿元	实施了11项饮水安全巩固提升和14个易地搬迁新村的安全饮水工程，全县群众安全饮水保障率达到100%。
道路交通方面	累计投资3.28亿元	实施村道硬化、桥涵等项目165项，建设里程1015公里，全县行政村道路通畅率达到100%。
电力保障方面	累计投资6.1亿元	新增或改造140个行政村的1009台变压器，全县电力保障率达到100%。
村级活动阵地建设方面	累计投资1400万元	新建或维修村级综合办公服务中心138所，实现了所有行政村均有标准化办公服务中心的目标。
美丽乡村建设方面	累计投资4.8亿元	在全县131个行政村实施高原美丽乡村建设项目，其中贫困村83个，实现全县所有贫困村美丽乡村建设项目全覆盖。
网络通信方面	累计投资4000万元	实施电信普遍服务、宽带网络普及等项目，惠及全县19个乡镇175个村，全县所有行政村通信网络实现全覆盖。

（三）以扶贫促发展

互助县因户、因村施策，致力于完成"两不愁、三保障"的基本目标，使得民众生活有了质的提升。但扶贫工作不仅仅局限于目标本身，互助县有针对性地以扶贫项目促进产业收益可持续，带动县域整体经济发展，激活了因资源匮乏而衰败的乡村治理。

1. 提升经济发展水平

脱贫攻坚工作开展以来，全县累计用于扶贫的资金达到38.54亿元，是"十二五"期间的9倍，其中争取扶贫专项资金17.41亿元、贷款融资4亿元、落实东西部扶贫协作帮扶资金8519万元、县级财政安排1.28亿元、整合行业部门资金15亿元，形成了"多个渠道引水、一个龙头放水"的投入新格局，为如期完成脱贫攻坚任务提供了坚实保障。

经过三年的攻坚，因资金匮乏致贫的贫困人口已减少近5000人，2018年共整合农牧、林业、水利等涉农资金9.9亿元，集中投入到易地搬迁、产业发展、基础设施配套等项目建设中；县级财政配套专项扶贫资金3600万元，较2017年增加600万元，增长20%。有效解决了贫困村基础设施建设资金短缺的问题。2018年以来，累计为3195户贫困户发放"530"扶贫小额贷款1.01亿元，互助资金使用率达到100%，因缺资金致贫的贫困人口已全部脱贫。

互助县积极发展产业，粮油综合产量连续四年突破30万吨，农畜产品加工转化率达49%，提高2个百分点。新培育规上工业企业2家，总量达20家，居全市第二位，特别是青稞酒、金圆水泥等骨干企业增产增效，青稞酒股份有限公司实现销售回款14.4亿元，金圆水泥公司利润突破1亿元大关，两家公司利税5.1亿元。土族故土园通过赋能管理运营更加规范，东和麻吉、威远镇卓扎滩乡村旅游走在全省前列，全县接待游客突破400万人次，旅游收入突破20亿元，首次实现"双突破"，第三产业成为拉动经济增长的新引擎，对经济增长的贡献率达44.8%，三次产业比调整为19.1:36.1:44.8，产业结构进一步优化。

2018年末，互助县完成地区生产总值110.7亿元，增长8.5%；固定资产投资增长9.4%，规上工业增加值增长10.6%，社会消费品零售总额增长 6.5%，实现地方公共财政预算收入 3.3 亿元，增长 3%；城乡居民收入分别突破 3 万元和 1 万元大关，全县经济发展质量和效益持续提高。

2. 提高基层治理能力

互助县推行"治穷、治弱、治乱"三治机制。治穷主要是将经济发展滞后、贫困人口较多的村定性为"贫困村"，集中抓扶贫工作、抓经济；治弱主要是将村两委班子整体软弱涣散的村定性为"后进村"，抓村两委班子的基层组织建设；治乱主要是将治安状况不稳定的该类村定性为"维稳村"，抓社会稳定及社会治安综合治理，创造一个发展安定的环境。

互助县因为其独特的民族组成、历史传统及地理位置等因素，社会治安情况有待加强，因此互助县成立了平安建设小组，由县委常委、政法委书记任组长，县委政法委副书记任副组长，成员是县委统战部（民宗局）、县法院、检察院、公安局、司法局、人力资源和社会保障局、工业和商务局、市场监督管理局、信访局主要负责人。其主要职责：负责农村社会综合治理、法制教育、矛盾纠纷排查化解、反邪教、农民工维权、安全生产、道路交通安全、食品药品安全等工作；加强维稳重点村转化工作指导；负责开展群众来信来访接待及各类信访案件的处理工作；完成指挥部交办的其他工作任务。

2015 年精准识别时，互助县东和乡马集村发现有部分群众加入邪教组织，参加"门徒会"比例较高。"门徒会"是陕西省耀县农民季三宝 1989 年冒用基督教名义、盗用《圣经》内容而创立的地下非法邪教组织。该村群众受其影响，思想被迷惑，自身发展动力不足，不愿劳动，成为重点整治的维稳村。鉴于该村现状，由省司法厅进行包村，派去第一书记和扶贫干部进行整治，经过两年努力，该村已实现治安状况正常化。

维稳小组除了向村庄调派工作人员帮助维稳村的治理,还加强了包括值班巡逻、重点人员管控及矛盾纠纷排解等工作。重点人员是指思想波动较大,有反动倾向、易受外来势力干预的村民。在维稳治理工作中,这类村民由民众和统战部门监督。因为青海涉及的寺院较多,所以维稳工作的开展还包括驻寺干部的抽调。驻寺干部负责传达上级政策和指导工作,有情况及时反映,做好桥梁的工作。矛盾纠纷排解主要采用协调机制,由村级、乡级逐级调解,避免其发展失控,演变为家族纠纷或是刑事案件。

后进村是每年度由各乡镇进行考核排名,县委组织部进行审核评定的。2015年底,互助县共识别25个后进村,向后进村调派第一书记进行以建设村两委班子为主的扶贫工作。村两委是指村党支部委员会和村民委员会的全部成员,班子是指其中的领导成员,包括党支部书记,村民委员会主任、副主任,专职委员等,后进村的主要表现特征即是村两委班子整体老龄化或是软弱涣散,没有能力带领村庄进行更好的建设。

后进村转变的必经之路是加强班子建设,互助县在2017年的换届选举中着重调整和建设两委班子,以加强基层治理能力。互助县开展前期扎实调研,在真实掌握各村(社区)具体情况的基础上,进行了初步排队归类,区分出村(社区)两委主要负责人人选尚未确定或能力素质有差距的二类村27个、可能会出现问题和存在难点的三类村8个。要求各乡镇及时建立问题台账,明确整改方向,实行动态管理,制定有针对性的应对预案,并在换届前完成整改销号。

为打好换届基础,互助县扎实开展"三定一评估"专项工作,通过定岗推选,产生村(社区)两委主要负责人后备人选588名、委员后备人选1176名,并由乡镇包片领导和现任村两委主要负责人,"一对一"地进行定员帮带。实行实体培训和线上培训双线并行,利用县委党校、农村现代远程教育站点、"一支部一微信"等

·289·

```
定岗推选 ──┬── 产生588名村（社区）两委主要负责人后备人选
          └── 产生1176名村（社区）两委委员后备人选

线上线下培训 ──┬── 50名优秀村级后备干部参加能力提升工程轮训重点班
              ├── 建立302个农村党支部"党建微信群"
              └── 优秀村级后备干部参与空中学习教育达3000余人次
```

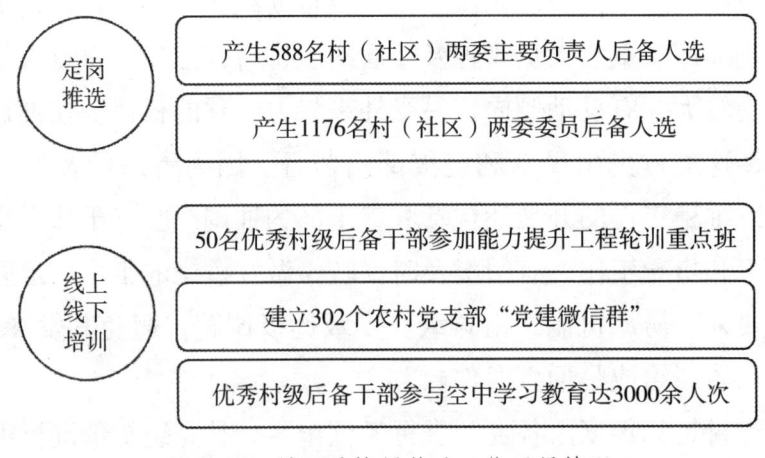

图 7.15　村两委换届基础工作开展情况

载体开展定期培训，组织 50 名优秀村级后备干部分批次参加省市县村干部能力提升工程轮训重点班，建立 302 个农村党支部"党建微信群"，优秀村级后备干部参与空中学习教育达 3000 余人次。制定《互助县村（社区）后备干部培养工作评估方案》，从拓宽来源渠道，提升整体素质，优化队伍结构，建立健全培养、管理、考察和使用长效机制等 19 个方面进行全面评估，对全县优秀村级后备干部能够接任村（社区）党支部书记、能够被推选为村（居）民委员会主任候选人、能够进入村（社区）两委情况进行了积极预测。

此外，互助县形成联审机制，以确保村（社区）两委班子"无病换届"。各乡镇成立村财政审计专项工作组，协同县农经财务人员，开展 2014 年换届以来村级"三资"清查登记及公示工作。并协调县审计部门，全面审计涉及生产经营和建筑项目的发包、土地补偿款分配和使用、债务和债权等情况，对财务不规范、账务不清楚的村由各乡镇结合各村实际进行了及时有效处置。

为营造良好的换届选举氛围，互助县综合运用专题培训会、动员部署会、集体谈话、广场宣传等多种方式，全面开展"一讲一演一册一车"行动。认真组织县乡两级专题培训会和动员部署会，印发

《互助县村（社区）两委换届选举工作文件资料汇编》《互助县村级换届选举法制宣传册》《海东市村（社区）两委换届选举工作"十严禁""五一律"》等宣传册和文件，编制了《互助县村（社区）两委换届选举工作文件资料汇编》700余册，并通过县电视台滚动播放、文艺巡演、"一村一微信"、村务公开栏、宣传标语等方式及时公布换届选举工作信息，切实把全县上下思想认识统一到了县委县政府的决策部署上来。

2017年换届选举中，互助县严格按照"十选十不选"入选条件，将132名党性观念强、服务意识强、"双带"能力强、具有奉献精神的致富"能人"充实到了村（社区）党支部书记岗位；在村（居）民委员会选举选民登记环节，严格按照选民登记范围相关规定，准确把握人户分离、身份变更等问题，做到了不重登、不错登和不漏登，共登记村委会换届选民28.5万人、居委会换届选民约2万人。

互助县辖8镇11乡，共294个行政村和8个社区，总人口约40万人，共有党员15353名，其中农村党员10364名。选举产生党支部委员1452人（其中村党支部委员1412人，社区党支部委员40人），新一届党支部书记302人（村党支部书记294人，社区党支部书记8人），其中连任党支部书记211人，占70%；选举产生村（居）委会委员2116人（其中村委会委员2060人，居委会委员56人），新一届村（居）委会主任302人（村委会主任294人，居委会主任8人），连任村（居）委会主任169人，占56%。

此次村（社区）两委换届选举，在保持村（社区）两委成员基本稳定的基础上，形成了以中青年、初高中文化、致富带头人为主体，组织、党员和群众满意的新一届村（社区）两委班子。

党支部委员（1452人）组成

村党支部委员 1412人

社区党支部委员 40人

新一届党支部书记（302人）组成

村党支部书记 294人

社区党支部书记 8人

村（居）委会委员（2116人）组成

村委会委员 2060人

居委会委员 人

新一届村（居）委会主任（302人）组成

村委会主任 294人

居委会主任 8人

图7.16 村"两委"换届结构组成情况

表7.6 村"两委"换届结果

	支部委员	党支部书记	村（居）委会委员	村（居）委会主任
换届人数	1452人	302人	2116人	302人
平均年龄	45.8岁	46.3岁	44岁	44.3岁
较上届减小年龄	0.2岁	0.6岁	2岁	2.7岁
少数民族占比	40%	38%	28.9%	26%
初中以上文化程度占比	91%	95%	80.1%	91%
致富带头人占比	25.7%	35.7%	10%	21%
连任		211人		169人
连任占比		70%		56%

第七章 | 以扶贫促发展：互助县脱贫攻坚的成果

互助县按照"融入扶贫抓党建、抓好党建促扶贫"的思路，认真落实抓党建促脱贫攻坚50条措施，全面推行"督考合一""方阵管理法"，扎实开展基层党建专项述职和"互查互评互学"等活动，累计评选出村级方阵"排头兵"18个、转化54个后进村级党组织，先后打造双树村党性教育基地、小庄村农村实用人才培训基地等各类党建示范点17个，采取"三定一评估"工作法定岗储育村级后备干部1800余名，为村级发展注入了新鲜血液，有208名双强型能人充实进村两委班子，588名村两委主要负责人纳入乡镇"全科"干部创建序列，有效提升了基层党组织引领脱贫攻坚的能力和水平。

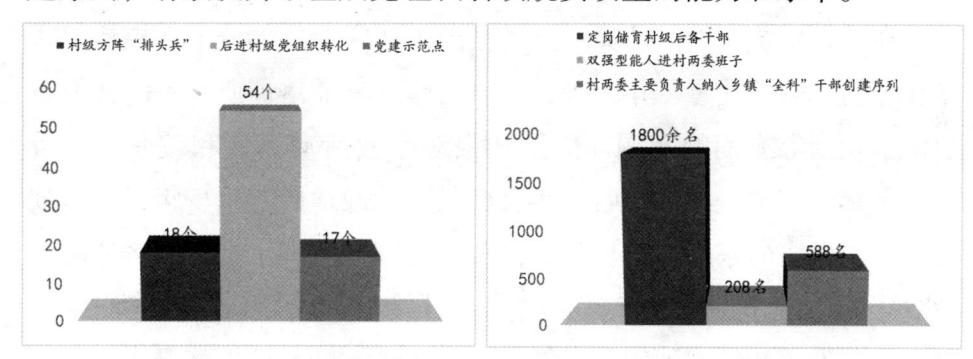

图 7.17　基层治理提升成果

3. 增强内生发展动力

	2015年	2016年	2017年	2018年	2019年
因自身发展力量不足致贫人数	1915	1925	492	0	0
占比	4.39%	4.45%	3.56%	0.00%	0.00%

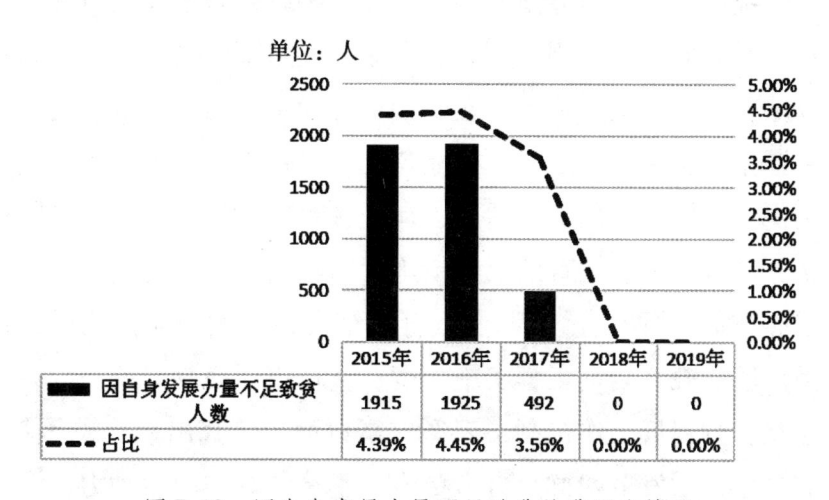

图 7.18　因自身发展力量不足致贫的贫困户情况

· 293 ·

贫困除了由客观条件的种种限制引起，个人的内生动力不足也是一大致贫因素。2015年底，互助县因自身发展动力不足而致贫的共1915人，占比4.39%。此后2016年底精准识别数据显示，人数升至1925人，占比4.45%。2017年自身发展动力不足492人，占比3.56%。自身发展动力不足主要指家庭主要劳动力因主观能动性发挥不足，自身懒惰，缺乏上进心，不愿通过发展产业、从事就业改善生活条件增加收入。扭转贫困群众"等、靠、要"的思想必须依托精神脱贫，这是贫困群众摆脱贫困的关键，因此互助县坚持把精准扶贫与扶志扶智、移风易俗相结合，不断增强贫困群众主动脱贫的信心。

在精神扶贫方面下功夫。互助县着力研究解决部分地区控辍保学工作滞后，适龄儿童少年入寺，教育教学、就业培训质量不高，教育资源不均衡等方面的问题。依法加强对宗教活动场所和教职人员管理，严禁寺院未经批准接收九年义务教育阶段适龄儿童少年，对违规接收未成年人的宗教活动场所，由相应管理主体和审批部门将适龄儿童少年劝退出寺，依法依规对相关人员给予行政处罚或追究法律责任；充分发挥活佛、阿訇等宗教界人士正向激励和精神鼓舞作用，结合教义教规，向广大信教群众讲清当前社会风气中普遍存在的婚事彩礼负担过重、婚丧嫁娶大操大办、人情宴请名目繁多、盲目攀比之风盛行、传统美德缺失等方面的问题及危害，旗帜鲜明地反对和批评高价彩礼、厚葬薄养等陈规陋习，让他们树立正确的婚姻观、恋爱观，树立以厚养薄葬、生态殡葬、文明祭祀等为主要内容的殡葬观念，自觉抵制铺张浪费、攀比之风。建立建档立卡贫困教育人口信息比对工作协调机制，精准掌握贫困适龄人口受教育基本情况，研究贫困地区发展义务教育、职业教育的政策措施，阻断贫困代际传递；与产业扶贫、就业扶贫、"两后生"职业教育相结合，加大职业技能提升计划和贫困户职业教育培训工程实施力度；坚持正面激励与反面约束相结合，建立奖勤罚懒工作机制，表彰致富典型，研究出台"贫困懒汉"的惩戒措施，激发贫困群众自力更生、脱贫致富的内生动力；深入开展"明理、感恩、自强"教育和脱贫典型巡回宣讲活动，用身边的事教育贫困群众，帮助贫困群众树立自力更生摆脱贫困的志气和勇气。

针对高额彩礼、厚葬薄养、大操大办、盲目攀比等歪风邪气在农村愈演愈烈，给群众造成了很大的经济负担，导致一些家庭致贫、返贫现象，互助县组成专题调研组，深挖农村移风易俗方面存在的突出问题，形成《关于对互助县推动移风易俗树立文明乡风的调查与思考》的调研报告。2018年8月，成立了以互助县县委副书记为组长的移风易俗工作领导小组，对互助县工作进行了全面的安排部署，将移风易俗和脱贫攻坚紧密结合，把移风易俗作为精神脱贫和乡村振兴战略的重要抓手，以创立全省精神脱贫破除陈规陋习试点县为契机，以全县创新开展的"六学六育"主题实践活动为载体，坚持高标准推动，试点先行，自下而上，以点带面，整体推进，取得了明显成效。

表7.7 互助县破除陈规陋习、移风易俗工作示范点

乡镇	县级试点	乡（镇）级试点
威远镇	小庄村	纳家村、红嘴尔村
塘川镇		下山城村、大庄村
五峰镇		新庄村、七塔尔村
东山乡		白牙合村、吉家岭村
西山乡		刘家沟村、东山村
蔡家堡乡	刘李山村	孙家湾村
台子乡		多士代村、新合村
林川乡		小河欠村、尕寺加村
南门峡镇	尕寺加村	西山根村
东沟乡	尔开村	大庄村
丹麻镇		桦林村、东丹麻村
五十镇	班彦村	拉洞村
松多乡		十八洞沟村
东和乡	麻吉村	柳树沟村

续表

乡镇	县级试点	乡（镇）级试点
红崖子沟乡		老幼村
哈拉直沟乡	白崖村	新庄村
巴扎乡		甘冲沟村
加定镇		扎隆沟村
高寨镇		北庄村

互助县以"六学六育"主题实践活动为统领，抽调党员领导干部、党校教师、专业技术人员、离退休老干部、道德模范、致富能人等组建县、乡两级宣讲团，结合"四下乡""冬春季轮训""志愿服务"活动等，大力宣传习近平新时代中国特色社会主义思想，阐释党的大政方针、各项惠民利民和扶贫政策等，大力推进新思想、新理论、新政策进一步向基层覆盖延伸。组建宣讲团86支，开展宣讲活动526场次，建文化墙302面、文化长廊4467米。按照"一村一所、一月一讲"的目标，建立294个"新时代农民讲习所"。通过乡镇党委书记讲党课、乡（镇）村干部讲政策、理事会成员讲移风易俗、能人讲技术、群众讲变化、模范讲事迹等方式，广泛开展宣传宣讲活动，引导群众感党恩、听党话、跟党走。充分利用县"两台"、微信公众平台广泛宣传移风易俗相关内容，营造浓厚的舆论氛围。同时，将移风易俗与精准脱贫、农村人居环境综合整治、"五星级文明户"创建、"多城联创"等重点工作相结合，发挥驻村工作队、第一书记、村干部、红白理事会成员等的作用，进村入户面对面宣讲移风易俗工作的紧迫性和重要性，着力转变群众思想观念。

互助县结合工作实际，确定1个试点乡镇和34个试点村，自下而上，以点带面，统筹推进。哈拉直沟乡作为县级试点乡，先行先试，在充分尊重群众意见建议的基础上，各村成立红白理事会，完善村规民约，制定红白喜事操办标准，简化办事程序，签订承诺书，建立红白喜事事前报备、事后报告制度。在执行过程中理事会充分发挥作用，抓住党员、村干部和理事会成员等这些"关键少数"，开好移风易俗"第一刀"，群众纷纷仿效，试点工作取得明显成效。丧事宴请由原来大摆酒席改为四菜和熬饭，办理成本由原来每宗3—5万元减到1.5万元左右；婚事彩礼由原来的十几万元降至6—8万元，酒席成本从每桌上千元减到450元左右，群众对移风易俗工作的支持率、参与率、满意率增高，高额彩礼、薄养厚葬、盲目攀比等风气得到明显改善。县委县政府及时在哈拉直沟乡召开全县工作现场观摩会，深入推广试点经验和做法，移风易俗工作全面铺开，实现了红白理事会建设和移风易俗工作纳入村规民约"两个全覆盖"。

互助县在精神文明建设过程中涌现出很多典型案例，如南门峡镇和台子乡积极联动协调张明芳与吴维顺的婚事，将约定彩礼从14.6万元降为6万元的典型案例和哈拉直沟乡蒋福吉家中老人去世时亲朋好友戴白花、以播放哀乐替代喇叭匠的事例，经县电视台和微信平台报道推送后，在群众中引起积极反响，起到了良好的带动作用。到2019年底，互助县婚事新办242例，丧事简办283例，喜事俭办316例，节约开支1550余万元，并已完全消除了因自身发展动力不足而致贫的贫困人口。

丧事办理成本	婚事彩礼	酒席成本
3-5万元	十几万元	上千元/桌
↓	↓	↓
1.5万元左右	6-8万元	450元左右/桌

1个试点乡镇　　34个试点村

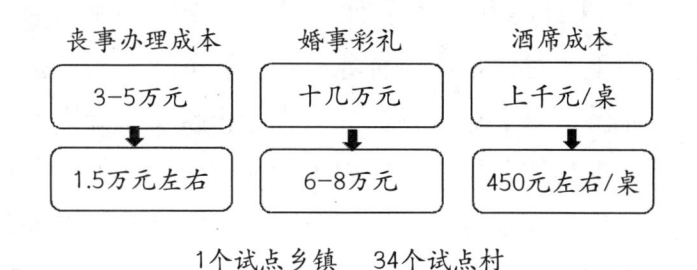

图7.19　移风易俗前后花费对比

互助县自上而下整体谋篇布局，通过完善基础设施使得乡村经济发展破除硬件藩篱，又以选派驻村干部、加强村两委班子建设，提高基层治理能力，硬件、软件建设双管齐下，为互助县后续发展提供坚实保障并赋予强大动力。发展停滞、治理衰弱得到根本性解决，更为重要的是调动民众内生的发展动力。互助县坚持扶贫与扶志扶智相结合，改善民风，使得民众精神面貌得到极大改善，自主自发创造和进取精神得到极大鼓舞。互助县实现了自上而下与自下而上的良性互动，汇聚成脱贫攻坚及后续发展的巨大合力。

二、脱贫攻坚成果巩固面临的挑战

互助县脱贫攻坚虽取得了重大成果，但囿于贫困人口多、贫困程度深、致贫因素多等原因，互助县脱贫攻坚和成果巩固过程中仍面临诸多挑战。

（一）扶贫产业可持续性问题

按照习近平总书记"建设要同发展生产和促进就业结合起来，把生产搞上去，实现可持续发展"的要求，互助县紧紧围绕"三年集中攻坚，两年巩固提升"行动计划总体部署，着眼于长远发展，加大产业扶贫力度，对包括特色种养、现代服务业、光伏扶贫、民族手工业、乡村旅游、劳务输出在内的六大特色扶贫主导产业进行因地制宜的选择。互助县产业扶贫虽取得了可观的成果，但受各种因素的影响，其可持续性问题暴露，发展产业脱贫致富之路前路漫长。

为巩固提升精准扶贫成果，实现稳定脱贫，互助县按照"乡有特色产业、村有主导产业"的思路，始终把产业培育发展作为脱贫攻坚重中之重。然而，事实上，各村在特色产业扶贫项目选择上同质化严重。例如，脑山地区、半脑半浅等地区的贫困村首选均为种养殖业。同时，在"全域旅游"的倡导下，乡村旅游业在各贫困村相继开展，观光栈道、农家乐等屡见不鲜，特色旅游难以体现特色，大多数乡村旅游发展遇冷，要使特色扶贫产业能产生持续收益还需要不断努力和探索。部分贫困村将到户产业资金、互助资金、"530"扶贫小额贷款等各类资金整合使用，投入项目的效益和可持续性都面临着大量不确定性和挑战。

同时，按照"户有增收项目"的政策要求，互助县在充分尊重贫困群众发展愿望和自主选择项目的基础上，对有劳动能力和生产发展愿望的贫困户采取"一户一政策"进行产业扶持。但受自然、地域条件和人文观念等因素的影响和制约，贫困户产业选择面窄，特色种养殖、民族手工业、乡村旅游等为其主要选项。受生态区位功能和求稳心理影响，多数贫困户和帮扶干部更倾向选择特色种养殖。因而在自主选择与精准指导的共同作用下，绝大多数贫困户脱贫产业单一，产业链发展不完备，附加值不高，贫困户产业收益较低，产业保障稳定脱贫的效果不佳。同时，产业组织化程度不高，贫困户发展的增收项目未形成有组织、有带头人、有龙头企业的产业模式，八眉猪、肉牛羊、奶牛、土鸡等禽畜类的养殖和马铃薯、油菜等作物的种植不少为贫困户散养和散种。散养散种模式对市场风险和意外灾害的抵抗能力差，一旦发生风险，可能导致贫困户血本无归；此外，种养殖产品依赖于分散化个体出售，产生的规模效应很小，能真正带动农户脱贫致富的能力有限。

（二）资产投资风险问题

按照互助县精准脱贫攻坚实施方案的要求，为巩固提升脱贫攻坚成果，互助县加大对118个贫困村的资产收益扶贫投入力度，积极探索扶贫资金和农民土地经营权、林权、宅基地等物权作价入股参与企业经营进行资产收益分红模式。即原本用于贫困村建设和贫困户发展的扶贫资金，包括农业生态修复和治理资金、农村基础设施建设资金、到户资金、农发项目资金、互助资金、"530"贷款等各类扶贫资金被统筹起来投入企业、合作社或其他经济组织，按照股比分享收益。然而，这种模式一方面增加了管理成本和管理难度，资金投入流程的科学性、入股方式、入股程序、股权管理、股金退出、风险防控、按股分红等机制的合理性和公平公正性均存在不确定性因素；另一方面扶贫资金投入的企业、合作社、家庭农场等经营主体的企业运作管理能力和风险防控实力等难以保证。同样，贫困户将土地承包经营权、林权、宅基地等物权作价入股参与到企业经营的收益也不稳定。

同时，贫困户选择投资的产业类型单一，多为光伏电站、乡村旅游点、特种养殖基地、农家乐等。其中，一些典型企业、合作社或家庭农场利用自身特色、区位优势以及各种政策帮扶，实现资源有效对接，从而扩大规模并逐渐发展壮大。但由于消费主体相对固定、消费水平相对稳定、消费市场拓展难，入股投资分红的脱贫方式稳定性欠缺。此外，入股资金的产业和经营主体组织化程度低，除入股到北山国家森林公园等少数几个大型主体的村、户进行过县域内的集中研究部署外，大多数的集资入股村庄未根据实际状况进行县域内统筹协调，因而更加重了投资入股的同质化程度。

（三）易地搬迁后续发展问题

互助县按照易地搬迁"搬得出、稳得住、有产业、能致富"的总体要求，坚持搬迁与产业扶贫两手抓，在项目建设的同时谋划后续产业。各搬迁村结合项目村生态区位和产业发展特点，编制易地搬迁产业发展计划，大力发展易地搬迁后续产业，且产生的经济社会效益显著。

尽管政府鼓励农户对老村的闲置土地采取转包、转让、租赁、入股和托管等形式进行流转，但受地处偏远、交通不便、自然灾害隐患大、生产生活条件恶劣等因素影响，土地出租、转包、入股等流转方式的实际收益并不可观，且闲置土地会因处于"买方市场"土地质量、连片程度、交通便利程度等因素被挑选，加上传统农民的"恋土情结"，导致土地流转率并不高。且由于离搬迁新址距离远等原因，实际老村土地利用率不高。

在老村土地资源闲置的同时，新村也出现结构化生存问题，尤其是完全脱离土地、进城上楼的贫困户。贫困户"上楼"后生产、生活方式发生翻天覆地的变化，无生存技能，又无地可"刨食"，导致生存负担明显增加，尤其是留守老人、留守妇女等特殊群体，开始出现结构化生存问题。

"搬得出、稳得住、能致富"是易地扶贫搬迁的基本要求，也是脱贫攻坚巩固提升实施行动的安排。但是"搬得出"容易，"稳得住"和"能致富"难。搬迁带来的精力和金钱的消耗加重了农民的负担，且由于脱离原有的经济生活来源——土地，收入来源被切断。搬迁后，诸如水费、燃气费、买菜等支出接踵而来，生活成本负担成倍增加。尽管政府配套各种易地搬迁后续发展措施，例如发展特色种养殖、资产收益、第三产业、劳务输出等，但除劳务输出外，其余产业效果不佳，许多农户在生活成本骤升的情况下甚至入不敷出。因此，农户要生存，要脱贫致富，唯有劳务输出这一条路可走。借助搬迁点便利的交通、良好的政策，加强贫困户技能培训，开展多种灵活劳务输出方式才能解决根本问题。

（四）村庄内生动力开发问题

脱贫攻坚工作开始以来，贫困地域聚集了大量扶贫政策和资源。各类帮扶型政策主导了贫困村的发展，从基础设施到产业培育、从干部配备到人员帮扶等诸多方面都被打上了完全依赖政策性扶持的标签。

例如，乡村特色产业培育很大程度是靠政策性扶持，从最开始贫困村区域发展特性、现实状况和发展需求的研究探讨，到贫困村、户主导产业的精准选择，再到产业的实施和推进以及后续各种事项的统筹和协调都离不开政策扶持。受村干部文化程度、经营能力等方面的限制，发展村集体经济思路窄、办法少，发展缓慢。总而言之，政策助力于诸多贫困村而言便是"全部"，脱离外部力量的助推，缺资金、项目、帮扶队伍，整个村的发展便会陷入与之前无异的状态。

尽管互助县坚持扶贫与扶志扶智相结合，聚焦制约脱贫攻坚的精神和意识上的突出问题，深入推进精神扶贫，开展多种教育活动，产生了良好的社会效益，然而，受自然因素、历史条件及风俗习惯等因素制约，贫困户人均受教育程度低，文化水平低、思想观念落后，接受新生事物的能力差。在深入开展"六学六育"、"移风易俗助力精神脱贫"等主题教育活动等各项精神扶贫行动后，贫困群众"等、靠、要"思想有所转变，但自力更生、自主脱贫致富的理念仍未在贫困百姓心中扎下根，"自我造血"意识并未形成，脱贫群众增收致富的信心和共建美好家园的愿望也有待进一步激发，扶志工作仍有较大推进空间。另一方面，贫困群众的精神面貌和思想认识未完全开化，贫困户对于自身身份认识不清，角色并未完全转换，在脱贫致富过程中主人翁意识比较缺乏。此外，部分贫困群众依赖"输血式"扶贫，在学习、就业、生产方面主动性不足，通过培训、学习、外出交流等多种方式改善自我发展能力和提高就业致富本领的观念还需不断培育，扶智工作依旧艰巨，贫困户的主体意识仍要持续激发。

（五）多个主体间协同发展问题

按照精准脱贫攻坚实施方案的要求，互助县依照轻重缓急、先易后难原则，因地制宜，统筹规划，逐步实现"村出列""户销号"。但从实际访谈和收集的各种材料来看，互助县本着资源可持续利用、突出地域特色的原则，对不同村进行了因地制宜的脱贫产业选择，因而造成个别贫困村存在资源差异情况。

例如在自然生态、土族民俗文化、宗教文化等旅游资源有潜力的威远镇核心景区和北山自然生态景区、佑宁寺、南门峡和五峰寺等景区，着力建设集休闲度假、民俗体验、特色产业观光为一体的高原旅游目的地和游客集散地。在这些地区附近的贫困村除了享受基本的脱贫攻坚政策帮扶以外，还搭上了旅游业发展的快车，旅游口的资金、项目向其倾斜。再如，五十镇和丹麻镇获得打造乡镇电子商务平台的试点机会。此外，作为帮扶单位的重点工作，各单位会根据村情、民需，利用本单位优势协调相关部门的资金和项目，但由于结对帮扶单位和派驻帮扶干部的单位力量和拥有资源差异，能争取或者利用单位优势协调的项目、资金等不尽相同；同时，驻村工作队干部自身能力和拥有资源存在差异，最终造成各贫困村间的不均衡发展。

从2015年实施精准扶贫和脱贫攻坚以来，国家对贫困县、贫困村的关注热度只增不减，各项帮扶措施持续加码。相比之下，针对非贫困村的相关政策缺位，建档立卡工作、政策宣传工作、项目实施工作、基础设施建设都滞后于贫困村。此外，非贫困村扶贫（驻村）工作队力量薄弱，除深度贫困乡镇内的非贫困村配备帮扶单位和驻村工作队外，其余非贫困村扶贫工作的开展依赖于乡镇包片领导和扶贫（驻村）干部。总而言之，在扶贫宣传、项目安排、资金投入、人员派遣等方面，贫困村与非贫困村间的政策不平衡导致了二者发展出现巨大差距。由于贫困户间贫困程度和致贫原因的差异，对接各贫困户的帮扶措施和帮扶资源也不尽相同。例如，对于无劳动能力的贫困户实施低保兜底，纳入低保户范围，按照低保等级每月领取国家低保金；对于有学生的家庭实施中小学教育补助、"雨露计划"等各项资金扶持；对于有劳动能力且有较强发展意愿的贫困户进行技能培训，利用各种政策灵活实现劳务输出，或者根据劳动力实施产业帮扶发展增收产业等。显然，各类帮扶措施和资金投入差异可能致使贫困户互相攀比，助长"等、靠、要"等不良风气，甚至造成贫困户对扶贫

· 303 ·

（驻村）工作队干部、村两委干部甚至政策的不满意。

贫困户和非贫困户之间的差异更为突出。根据政策要求，必须对精准识别为建档立卡贫困户的农户进行精准帮扶，各种项目、资金、帮扶措施接踵而至，在给贫困户带来脱贫致富希望的同时，也使非贫困户委屈、抱怨等情绪高涨。例如，出现非贫困群众堵住村道通往村委会的路、冲到村委会办公室拍桌子要贫困户名额、低保户名额等情况。精准扶贫政策的非普惠性使得政策享受者和非享受者间出现明显的政策帮扶差别，这些差别便助长了"以贫为荣""等、靠、要"等不良社会风气的产生，认为政府"奖懒不扶勤"，对精准脱贫政策产生怀疑和不理解。

三、巩固提升[①]

面对众多挑战，为持续巩固脱贫攻坚成果，稳定提高脱贫质量，互助县始终保持攻坚态势，按照"三年集中攻坚，两年巩固提升，到2020年与全国同步全面建成小康社会"的脱贫攻坚总体目标，在2018年实现全县脱贫摘帽、贫困村退出、贫困人口脱贫，以及"两不愁、三保障"目标任务基础上，坚持"脱贫不脱政策、脱贫不脱帮扶、脱贫不脱项目"，到2020年，实现农村生产生活条件明显改善，基本公共服务水平大幅度提高，农民自我发展能力显著增强，脱贫攻坚质量和巩固成效显著提升。脱贫户年人均可支配收入增幅不低于9%，综合贫困发生率控制在1%以内。

[①] 本书旨在总结互助县脱贫攻坚伟大任务的完成机制，而非贫困治理本身。对于精准扶贫成果的巩固仅限于"三年集中攻坚，两年巩固提升"阶段，不讨论脱贫攻坚任务完成后的状况。

（一）总体规划

互助县两年巩固提升三步走战略：

1. 全面梳理，制定巩固方案（2019年1月底前）。各乡镇、各部门、各单位结合自身实际，对脱贫攻坚成果巩固提升各项工作进行全面梳理和归纳，制定出具有针对性、可操作性的《脱贫攻坚成果巩固提升实施方案》，并进一步明确目标任务、具体措施、完成时限及保障措施等。

2. 巩固提升，确保稳定脱贫（2019年2月至12月）。对全县脱贫户进行全面巩固提升，并按照"有进有出"的原则，实行动态管理，将困难群众应纳尽纳，将综合贫困发生率控制在1%以内。以全县118个退出贫困村为重点，统筹考虑176个非贫困村，全力做好产业发展、基础设施和公共服务配套建设等方面的巩固提升，通过对退出贫困村、脱贫户的巩固提升，脱贫户人均可支配收入增幅高于全县平均水平，各项基本公共服务主要领域指标达到全县平均水平，实现稳步脱贫致富，并逐步达到小康。

3. 提质增效，全面建成小康（2020年1月至12月）。通过实施一系列脱贫攻坚成果巩固提升措施，进一步提升农业农村基础条件，推进农牧业产业提质增效，全县农村生产生活条件得到全面改善，基本公共服务水平得到大幅度提高，农户自我发展能力得到显著增强，全面实现农村脱贫户住有所居、学有所教、病有所医、老有所养，全面消除绝对贫困现象，全面遏制因病因学致贫现象发生。

为顺利完成脱贫攻坚总体部署计划，互助县加大资金投入，持续加大2019—2020年财政涉农资金整合力度，县级配套资金年均增长率不低于20%。继续对脱贫户在产业巩固、转移就业、教育扶持等方面进行扶持，保持脱贫户各项优惠政策连续性；对部分项目继续加大扶持力度，形成长效机制；对全县基础设施和公共服务设施配套

"四通四有四覆盖"[①] 进行全面提档升级；对部分因遇到自然灾害、因病、因学等因素致使脱贫户和一般户返贫的，按照"有什么问题解决什么问题"的要求，在临时救助、医疗救助等方面采取有针对性的措施进行扶持，解决其突出问题；对三年攻坚战中遗留或新出现的问题，更好地实现脱贫致富，施加创新性政策；对 2020 年全面脱贫后，可能导致的返贫现象在基层治理等方面加强建设，进行政策预防。

（二）延续性政策

产业巩固提升方面，互助县在充分尊重贫困群众自主选择产业的基础上，强化产业脱贫精准度，实施"一户一法""一村一策"。鼓励和引导脱贫户继续发展生猪、肉牛羊、奶牛、土鸡养殖，马铃薯、油菜、苗木、商贸等增收产业，以及符合区域定位和区位优势的特色旅游业和服务、运输、劳务输出等二、三产业，确保脱贫群众持续稳定增收。同时，引导和鼓励脱贫户通过土地流转、协议用工、入股分红等方式参与产业发展，分享产业效益，带动更多群众实现增收。

转移就业增收方面，互助县发挥劳务经纪人、劳务服务公司的作用，积极与新疆、江苏等劳务输入地建立完善劳务输出对接机制，制定完善劳动转移就业工作计划，及时发布劳务用工信息，重点鼓励有外出务工意愿的夫妻双方外出务工，提高劳务输出组织化程度。到 2020 年，每年转移输出脱贫户家庭劳动力 500 人次以上，实现劳务增收 200 万元以上。此外，按照"精准筛选、公开招聘、择优聘用"的原则，在继续巩固现有农村环境保洁员、公共设施管护员等公益性岗位的基础上，继续扎实推进农村公益性岗位"千人计划"，争取有

[①] "四通"即通硬化路，通电，通广播电视，通网络宽带；"四有"即有合作组织，有特色优势产业，有村公共服务设施（场所），有好的领导班子；"四覆盖"指的是基层党组织全覆盖，农村民主组织全覆盖，农村经济合作组织全覆盖和综治维稳组织全覆盖。

劳动能力、产业弱化的脱贫户中户均有 1 个公益性岗位。2019—2020 年新开发农村环境保洁员、公共设施管护员等公益性岗位 1000 个，使退出贫困村和有脱贫人口的行政村每村至少有 5—10 个包括保洁、治安、护路等在内的公益岗位。

财政金融扶持方面，互助县继续推进"530"扶贫小额贷款、创业小额担保贷款、青春创业贷款的发放，互助农商银行等主办银行持续加大金融支持产业发展力度，使更多脱贫户得到金融信贷支持。同时，切实加强扶贫小额信贷政策宣传，充分发挥乡镇政府、村委会、扶贫工作队在脱贫户融资中的推荐、策划和增信作用，帮助指导脱贫户寻找有效、成熟的投资项目，避免脱贫户盲目投资或改变贷款用途。此外，互助县继续实行金融激励机制，支持产业园区、龙头企业、专业合作组织、能人大户等经营主体利用扶贫贷款发展扶贫产业，对产业园区、龙头企业、农民专业合作社等以高于市场价收购脱贫户产品、以低于市场价提供脱贫户生产资料、与脱贫户签订一年以上劳动合同、为脱贫户提供技术指导和服务等的，在产业园区、龙头企业、专业合作社等提供脱贫户签名盖章等带动脱贫户支撑性材料的基础上，对其用于购买生产资料或生产设备的贷款按基准利率给予贴息补助。

教育扶持方面，互助县在基础条件改善上积极争取项目资金，重点实施学前教育、"两类学校"（农村寄宿制学校、小规模学校）、普通高中攻坚计划等项目，显著改善农村办学条件，推进城乡义务教育一体化发展。在政策落实上，进一步完善家庭经济困难学生资助体系，重点落实贫困家庭学生 15 年免费教育和中高等职业院校、普通高等院校学生助学政策。做好控辍保学工作，认真做好学生家长动员督促工作，确保学龄儿童全部按时入学。继续实施好大学生资助政策，对符合条件的脱贫户家庭学生严格按照"雨露计划"补助标准做到"应补尽补"。继续资助高中和高等院校录取的残疾学生及残疾家庭学生。健全留守儿童关爱服务体系，让困难家庭子女接受公平的教育，不让一个孩子因贫失学。

健康扶贫保障方面，互助县一是着力于完善医疗救助体系。严格落实省市要求，对脱贫户（非低保户）凡个人按时参保缴费的，自脱贫之日起至下年12月31日前，继续享受大病医疗保险降低起付线、提高报付比例的扶持政策；对当年脱贫的贫困人口，医疗救助资助参保政策延续1年。二是继续做实做细脱贫人口"双签约"服务。在家庭医生签约团队向签约对象提供基本医疗卫生服务和健康管理服务的基础上，签订"双签约"服务协议，确保有1名家庭医生签约提供医疗服务，有1名乡村干部签约提供健康扶贫政策宣讲和医保报销、大病保险、民政救助等代报代办服务，做到签约一人、履约一人、做实一人，实现脱贫人口家庭医生签约服务和慢性病患者签约服务管理全覆盖。三是继续落实脱贫户"健康保"商业补充保险制度。2019—2020年继续为脱贫人口购买每人每年100元的"健康保"商业补充保险，并进一步健全"健康保"服务承诺机制，加强"健康保"商业保险后续管理和跟踪服务，对凡属脱贫人口发生保险保障责任范围内的责任，资料提供完整的，承办保险公司在规定时限内做好理赔服务，确保脱贫户政策范围内医疗费用报销比例达到90%。四是继续实施基本公共卫生服务项目。进一步加强农村传染病、地方病、慢性病等防治工作。全面实施农村儿童营养改善、新生儿疾病免费筛查、妇女"两癌"免费筛查等重大公共卫生项目。五是继续落实脱贫残疾人各项补贴发放工作，关心关爱脱贫残疾人生活。

发展村级集体经济方面，互助县用好118个退出贫困村每村50万元村级光伏扶贫项目收益资金，将光伏收益资金严格用于村集体扩大再生产、公益事业、环境整治、技能培训等村级事业发展方面。同时，根据退出贫困村村级互助发展资金使用运行情况，本着"实事求是、因村制宜、村民自愿"的原则，在优先满足会员借款的基础上，将剩余资金作为风险补偿金撬动金融机构贷款，用于发展壮大村级集体经济，实现扶贫资金循环有效利用。对发展壮大村级集体经济基础条件较好的村，依托现有优势资源，积极兴办产前、产中、产后服务组织，实现村集体自身的增收。对发展集体经济相对较困难的村，结合产业发展需求，通过领办各类社会化服务组织、专业合作社、协会等形式，增加集体经济收入。同时，加强对村级集体经济资金的使用管理与审计监督，确保资金安全高效使用。

（三）政策力度加码

特色产业致富方面，互助县大力发展中药材产业，按照"扩规模、提品质、树品牌、增效益"的思路，引进扶持发展龙头企业、专业合作社、家庭农场、种植大户等新型中药材经营主体，通过与龙头企业签订共建共享基地、签订中药材订单合同等方式，共同打造中药材种植产业带，打响互助中药材品牌。加大巩固提升资金投入，扩大中药材育苗规模、补助范围及对象，积极打造中药材种植示范点，为脱贫户提供质优价廉的药材种苗，全力做好中药材种植技术培训、产后销售服务等工作，努力使中药材产业成为该县群众脱贫致富的一条新的特色产业。充分发挥县扶贫产业园集中药材展示、交易、销售为一体的集散中心作用，积极协调、引进省内外中药材收购加工企业。对与脱贫户签订中药材收购合同，并以高于市场价收购脱贫户中药材的龙头企业、专业合作社等经营实体，凭借相关材料，按照基准利率给予贴息。到2020年，通过特色中药材种植、合作社租赁脱贫户土地等方式至少带动3000户脱贫户年户均增收4000元以上。

转移就业增收方面，互助县进一步健全完善企业、专业合作社等与脱贫户利益联结机制，从2019年1月起对在原有基础上，新吸收脱贫户务工签订劳动合同一年以上的企业，按每年每人2000元的标准给予企业补助，最长可补助3年；对新组织脱贫户务工4个月以上、收入达到1万元以上的中介机构，按照每人200元的标准给予中介机构补助。此外，通过技能培训促进就业。以"雨露计划"、新型职业农民培训及创业致富带头人培训等为载体，加大脱贫户技能培训力度，大力实施应需培训和订单培训，2019—2020年，累计培训脱贫户600人（次）以上，力求实现"掌握一技，就业一人"。互助县加大职业教育政策扶持力度，有意愿的"两后生"全部接受技能培训。

财政金融扶持方面，互助县进一步加强涉农资金整合力度，整合资金每年适度增长，将项目资金打包，用于发展和壮大脱贫产业、巩固提升农村基础设施和公共服务配套建设。此外，还加大县级财政投入，按照县级财政投入每年增长比例不低于20%的要求，县财政2019年投入4300万元以上，2020年投入5200万元以上，为脱贫攻坚巩固提升提供源头活水。

生态补偿增收方面，互助县加大重大生态工程对脱贫人口的吸纳力度。结合祁连山生态保护与建设综合治理工程、天然林保护工程等重点生态修复工程，优化重点生态修复工程招标政策，优先安排和支持已退出的贫困村、脱贫户发展林业生产、参与林业生态建设，对积极参与扶贫、带动贫困户脱贫的各种林业经营主体给予项目资金倾斜支持。2019—2020年，累计实施重点防护林工程、天保二期工程等31.48万亩以上，累计向贫困户提供用工3.6余万次以上，实现务工收入288万元以上。互助县加大生态管护岗位开发力度，创新生态资金使用方式，按现行政策和补偿标准，在稳定现有公益林管护员、天然林管护员等生态公益性岗位的基础上，2019—2020年，每年安排400名以上具有劳动能力，且符合护林员录用条件的脱贫户参与生态公益林管护，户均年增收1.2万元以上；安排550名以上具有劳动能力，且符合护林员录用条件的脱贫户参与天然林管护工作，户均年增收1.4万元以上，实现脱贫户就地、就近就业，提高脱贫户收入水平。

医疗保障方面，互助县采取住院医师规范化培训、助理全科医生培训、全科医生转岗培训、订单定向免费培养等多种途径，加大全科医生培养力度,到 2020 年实现每个乡镇卫生院有 1 名全科医生。加大临时救助力度。对急难型和支出型救助对象,民政部门按照相关政策,纳入农村最低生活保障范围或给予临时救助。对重点救助对象、低收入救助对象和支出型贫困救助对象患重特大疾病个人负担部分按照民政部门医疗救助政策给予救助。

村集体经济层面,互助县在充分用好用活原有互助资金的基础上,加大资金投入,分两年对全县剩余的 149 个未发放互助资金的非贫困村每村发放一定数额的互助资金,用于扶持农户巩固产业发展项目,到 2020 年实现所有行政村互助资金发放全覆盖。着力培育壮大非贫困村村级集体经济,在用好现已安排非贫困村每村 40 万元产业发展引导资金的基础上,及时落实省委省政府增加村级集体经济产业发展引导资金计划,将村级集体经济产业发展引导资金增加至 100 万元,支持做大做强优势产业,提高村集体经济实力和活力。

农村人居环境整治方面,互助县依托乡村振兴战略思想,按照"产业兴旺、生态宜居、乡风文明、治理有效、生活富裕"的总体要求,围绕农村住房建设、基础设施建设和公共服务设施配套建设、村庄环境整治等重点,加大各乡镇与共建单位的衔接力度,重点实施高原美丽乡村建设、农村环境综合整治等项目。到 2020 年实现高原美丽乡村建设全覆盖,农村生活垃圾清运率达到 88%、户用卫生厕所普及率达到 85%、村庄绿化率达到 100%、亮化率达到 93%。

(四)创新性政策

互助县在后续民众增收措施及相关制度保障方面,进行创新性发展。一是易地扶贫搬迁户后续产业发展及政策扶持方面,互助县为盘活搬迁后的闲置土地资源,通过发展土地入股、资金入股等形式增加搬迁户财产性收入,让搬迁群众有多元化的就业渠道和稳定的收入来源,确保搬迁群众"搬得出、稳得住、有事做、能致富"。二是转移就业方面，互助县支持各类市场经营主体在退出贫困村改造或提档升级建设一批扶贫车间，吸纳脱贫家庭劳动力就近就业。此外，互助县创新使用品牌带动就业，通过财政投入、就业培训、金融支持、市场服务等方式，扶持带动转移就业能力强的家政服务企业建立完善家政服务等劳务品牌，带动更多群众赴西宁、周边县区通过保姆、保洁等家政服务岗位实现增收。2019—2020年，每年扶持建立2个以上家政服务公司，辐射带动一般农户、脱贫户等从事家政服务。同时，建立政府购买养老服务制度，由政府向县域内实力强、信誉好的民办企业定向购买服务，为符合条件的城乡低保、特困、重点优抚对象、计生特殊困难家庭、年满80周岁老人提供居家养老和机构养老服务。三是健全完善信用体系方面，互助县深入推进信用乡镇、信用村、信用户评定创建，结合实际探索信用培育的有效途径，完善信用评价机制，适当提高对不良扶贫贷款的容忍度，到2020年基本实现退出贫困村和脱贫户信用体系建设全覆盖。

除此之外，互助县紧跟互联网发展，大力实施农村电子商务巩固提升工程。一是实施好电子商务进农村综合示范项目，重点支持县域电子商务公共服务中心和乡村电子商务服务站点建设改造，拓展村级站点代收代缴、代买代卖、生活服务等功能，提高电子商务应用水平。二是做好电子商务从业人员培训。以退出贫困村为重点，围绕电商基础知识、农村电商发展案例、农产品上行、电子商务创业宣传、网上创业介绍等内容，分批次对全县电商从业人员进行电商科普基础知识培训，进一步提升电商从业人员电商应用能力和水平，激发广大农村电商人才创业的热情，促进电商扶贫工作深入开展。2019—2020年培训电商从业人员1000余人次以上。三是加强电商服务宣传动员。充分利用广播电视、互联网、微信等信息平台和广告条幅、宣传车等渠道和方式大力宣传发展农村电子商务扶贫的各项举措，向全县广大农户做好电子商务服务宣传，进而改变群众陈旧观念，提升广大群众对电子商务的认识。在此基础上，积极动员广大农户参与到电商扶贫线上线下销售中，引导他们通过出售民族手工艺品、农产品，购买日常生产生活用品等，打通农村物流"最后一公里"，实现双向流通的新格局。到2020年，实现294个行政村村级电商服务站点全覆盖，带动群众12万余人，电商年交易额达到1000万元以上。

（五）针对性政策

互助县针对因病、因灾等客观原因造成产业"缩水"或中断的，要求各乡镇、各帮扶单位和帮扶责任人积极通过扶持、指导、帮扶等措施，鼓励贫困户继续发展到户产业，确保每一户贫困户都有一项稳定增收的产业。

互助县按照"脱贫即出、返贫即入"的原则，实行贫困人口动态管理，对因灾、因病、因学等因素致使返贫的脱贫户和一般户，按照"有什么困难解决什么困难"的要求，在教育、医疗、住房等方面采取有针对性的措施进行救助：一是对急难型和支出型救助对象，由民政部门按照省级"乡镇临时救助资金审批额度提高至5000元、县级层面临时救助资金审批额度从2万元提高至3.4万元"的要求，按照相关政策，给予临时救助。二是对因病返贫的，按照健康扶贫"1234"政策要求，由县社保、民政、卫计等部门与乡镇数据进行交叉比对，全面梳理其医疗费用报销情况，全力做好医疗费用报销，切实减轻其就医负担。三是对因学返贫的，由县教育部门、团县委等部门积极落实相关捐资助学活动，动员社会企业做好资助，切实减轻上学负担。

互助县按照中央和省、市关于开展扶贫领域腐败和作风问题专项治理的要求，持续开展扶贫领域腐败和作风问题专项治理。一是加大扶贫领域突出问题检查。加强对扶贫项目落地情况、村两委落实政策情况、驻村干部履职情况、脱贫户受益情况等方面的督查检查，集中力量解决扶贫领域"四个意识"不强、责任落实不到位、工作措施不精准、资金管理使用不规范、工作作风不扎实、考核监督不严格等突出问题。二是加大违纪违法问题查处。严肃查处扶贫领域虚报冒领、截留挪用、吃拿卡要、优亲厚友、贪污侵占、挥霍浪费以及在脱贫攻坚工作中搞形式主义、官僚主义、弄虚作假等问题，加大违纪违法典型案件通报曝光力度，强化警示教育。三是减轻基层负担。认真贯彻《关于进一步克服形式主义减轻基层负担的通知》精神，减少村级填表报数，精简会议文件，注重工作实效，确保基层一线扶贫干部专心投入巩固提升工作。四是严格扶贫政策和项目资金审计。加强扶贫事务公开，完善财政扶贫资金分配使用、项目安排公示公告制度，畅通"8321237"监督举报电话、来信来访等投诉渠道，落实举报核实整改制度。促进脱贫攻坚巩固提升各项政策措施全面落实，为全面打赢脱贫攻坚战提供有力的纪律保障。

（六）预防性政策

互助县为防止返贫现象，一是着力实现应保尽保。凡人均收入低于全省农村低保标准且财产状况符合规定的家庭和因重大疾病、教育等刚性支出较大造成长期支出型贫困的家庭，纳入农村低保范围；对低收入家庭中靠家庭供养且无法单独立户的重度残疾人、重病患者等完全丧失劳动能力和部分丧失劳动能力的脱贫人口（不含整户纳入低保范围的脱贫人口），经个人申请，参照单人户纳入农村低保范围，并对低保对象中的重度残疾人增发分类施保金，实现"应保尽保"。二是扎实开展动态管理。健全完善农村低保数据与脱贫户数据互联互通、定期比对机制，各乡镇对纳入农村低保的脱贫户定期开展核查，做到应保尽保、应退尽退、动态管理。脱贫攻坚期内，纳入农村低保的脱贫户人均收入超过低保标准后，可给予不少于1年的渐退期，实现稳定脱贫后再退出低保范围。此外，互助县巩固扶持合作组织，坚持产业巩固与合作社建设相结合，采取定额补助、先建后补、贷款贴息等方式,对退出贫困村新建合作社进行扶持,实现每个退出贫困村有1个以上运行规范、带贫能力强的合作社并辐射带动本村脱贫户。

在村级层面,互助县大力实施科技服务巩固提升工程。整合县乡科技力量,组建科技服务队伍,以定点、巡回、技术承包等形式,强化农牧业生产技术指导与服务,为退出贫困村提供便捷有效的科技服务。一是加强基层科技服务人才培养。加强农村乡土专家、种养大户、种养能手等一线服务人员培训、培养,使其成为退出贫困村科技明白人、科技扶持带头人。二是建立农牧业技术人员与退出贫困村结对帮扶服务制度。为每个退出村选派1名科技人员,实现科技特派员对退出村科技服务和创业带动全覆盖。同时,积极搭建科技服务网络,免费为脱贫户提供信息咨询、富民政策宣传及科技服务。三是建立脱贫户产业发展指导员制度。明确到户帮扶干部承担产业发展指导职责,围绕脱贫户种植、养殖等有针对性地开展技术指导,帮助脱贫户协调解决生产经营中的问题。到2020年每个退出贫困村至少有1名科技人员开展服务,县内培育10—20个科技扶持示范村、建成5—10个农业科技示范基地。

为巩固与发展扶贫成果,互助县深入推进抓党建促脱贫攻坚,全面提升农村基层党组织服务群众、服务发展的能力和水平,夯实党在农村的执政基础。

一是加强村两委班子建设。严把人选标准,明确资格条件,按照"选拔政治素质高、群众威信高、致富带富能力强、群众工作能力强"的标准,从致富带头人、返乡创业人、合作组织负责人等优秀人才中选拔村两委班子人选尤其是村党支部书记,改善班子结构,提高整体素质。在每年对退出贫困村党组织书记集中轮训一次的基础上,重点瞄准基层薄弱村村干部,通过突出需求导向和实战化训练,开展专题培训,着重提高基层薄弱村村干部落实党的扶贫政策、团结带领群众脱贫致富的本领。二是持续整顿软弱涣散村党组织。以乡镇为单位逐村分析研判，坚决撤换不胜任、不尽职、不合格的村党支部书记，增强村两委成员带领群众脱贫致富的内生动力，切实发挥村党支部引领作用，打造一支"永远不走"的村集体经济经营和监管队伍。三是加强农村党员教育管理。推进"两学一做"学习教育常态化制度化，教育引导广大党员自觉用习近平新时代中国特色社会主义思想武装头脑。严格党的组织生活，全面落实"三会一课"、主题党日、谈心谈话、民主评议党员、党员联系农户等制度。加强党内激励关怀帮扶，定期走访慰问农村老党员、生活困难党员，帮助解决实际困难。加大在青年农民、外出务工人员、妇女中发展党员力度。四是加强村党组织廉政建设。完善贫困村村民委员会、村民会议及其代表会议、村务监督委员会设置及功能，全面落实退出贫困村两委联席会议、"三议一表决"[①] 和村务监督等工作制度。对不够重视退出贫困村党组织建设、措施不力的地方，及时约谈提醒相关责任人，后果严重的，问责追责。

[①] "三议"是指村党支部会提议、村两委会商议、党员大会审议；"一表决"是指村民代表会议或村民会议表决。

第八章

动员的制度化

一、"大扶贫"下精准扶贫难题的攻克

互助县作为六盘山集中连片特困地区之一,集中了西部地区、高原地区、民族地区和特困地区的全部特点,且它的贫困与地理环境、人文环境等各方面的因素关系密切。显然,仅靠扎根在本地安于现状的群众来摆脱贫困是不现实的。国家作为强大的外部力量,为互助县给予了强有力的保障和各种政策性干预。从1984年起,互助县委县政府便召集相关部门采取了一系列扶贫措施,然而这一系列"救济式扶贫"措施并未真正起到助推互助人民脱贫致富的作用,一定程度上还反映出在扶贫过程中的各种问题。

2015年之前,扶贫工作是日常的常规性工作,一直是作为经济发展的"附属"存在,其存在感较低。该阶段主要是进行扶贫物资的发放、政策性兜底保障和部分扶贫项目的开展等工作,可以被称为救济式扶贫或"输血"式扶贫,扶贫瞄准的对象是整个贫困县、贫困村或贫困特区,亦即宏观规模型扶贫。自精准扶贫实施以来,从中央到各级地方政府陆续出台各种相关政策,对精准扶贫的重视程度显著提高,精准扶贫成为"第一民生工程"。互助县改以往片区式扶贫为精准扶贫,各部门、各乡镇、各单位均把脱贫攻坚视为首要的政治责任,从常规工作上升为政治任务。此外,由于贫困问题是一个多层

面、动态复杂的社会难题①,原有的"大水漫灌"式扶贫已不适用,"精准到户、精准到人"的微型"精准滴灌"式扶贫才是解决问题的出路。而精准扶贫政策是一个涉及多个行为主体的复杂且特殊的政策,需要超过"行政矩阵制"下的条块关系,通过统筹各单位、各部门、各乡镇的力量,构建多层次的脱贫攻坚实施机制,动员脱贫攻坚责任单位、相关行业部门、各级人员投身脱贫攻坚行动,互助县便通过"1+8+10"脱贫攻坚政策体系做到全方位统筹。

在不断加码的精准扶贫政策的指导之下,在全县上下关注扶贫、参与扶贫、倾力扶贫的"大扶贫"格局之下,互助县取得了卓著的成就。自互助县精准扶贫工作开展以来,全县贫困发生率从2015年底的14.1%下降至2018年底的0.26%,九年义务教育巩固率达到98.3%,城乡居民基本养老保险参保率达到100%,城乡居民基本医疗保险参保率达到100%,脱贫人口错退率和贫困人口漏评率均低于2%,综合贫困发生率低于3%,群众认可度高于90%,解决了区域性整体贫困问题,达到整体脱贫摘帽条件。2019年5月,经青海省政府公告,互助县退出贫困县序列。

二、动员的制度化:互助县精准扶贫任务何以实现?

(一)"动员的制度化":复杂任务何以实现?

身处六盘山集中连片贫困区,互助县是一个非常典型的贫困县。要实现精准扶贫的目标,互助县面临重重困境。一方面,从任务环境

---

① 徐虹、王彩彩:《乡村振兴战略下对精准扶贫的再思考》,《农村经济》2018年第3期。

来看，由于地处西北，恶劣的自然环境成为互助县发展的最大障碍之一。但是，恶劣的自然环境并没有激发地方居民的发展动力和决心；恰恰相反，由于历史、宗教和文化等原因，互助县居民的发展意识并不强烈。强烈的乡土意识和"小富即安"的发展心态，严重制约了互助县的发展潜力。精准扶贫不仅涉及对贫困户的精准识别，还需要在精准识别的基础上实现"精准施策"。同时，精准扶贫不仅是一个"输血"的问题，还涉及地方发展的几乎每一个方面。在精准扶贫的过程中，如何充分调动多重资源以及对这些资源的有效使用，都为互助县精准扶贫目标的实现带来巨大挑战。

另一方面，互助县本身并没有良好的制度基础以实现精准扶贫的目标。长期以来，农村的贫困问题一直是作为农村发展问题存在的，贫困治理本身并非地方政府的中心工作，地方扶贫制度基础薄弱。特别是在贫困地区，受限于地方的发展水平，无论是地方干部队伍还是基层治理的能力都相对孱弱。在这样的情境下，要完成精准扶贫的目标，对于互助县而言，是非常严峻的挑战。

精准扶贫既需要解决制度体系和制度结构的问题，又需要集中政治注意力和政治资源，于是，一个常用的政治制度——"动员"——被再造，以实现如此复杂的目标。但是，与历史上基于意识形态，或者地方政府为了实现短期目标所进行的动员不同，在精准扶贫的过程中，无论是自上而下的政治动员，还是在县域之内的体制动员，最终都是通过制度化的方式实现的。所以，对于互助县精准扶贫而言，其核心特征在于，通过对动员体制的制度化再造，为精准扶贫目标的实现建立体制性基础。

与动员不同，动员的制度化是对制度化运作和动员的混合性使用。一方面，作为一个传统的制度遗产，动员一直内生于我国的政治体制之中。基于我国的政治制度，以及所拥有的长久的动员的历史，在面临某些重要的政治任务时，动员就会成为一种非常重要的实现政治任务的核心机制。另一方面，如果说，动员体制的核心在于"集中力量办大事",那么,在面对如此精细的精准扶贫任务之时,动员所集中起来的力量,必须要有非常精细的制度化机制才能实现"办大事"的目标。于是,在地方治理的经验基础之上,在地方的治理制度历史之中,互助县构建了非常复杂的制度机制,以实现围绕精准扶贫之动员的制度化。

(二)动员的制度化:核心要素

1."动员":政治任务何以体制化

互助县高度重视脱贫攻坚工作,县委县政府始终把脱贫攻坚作为工作中的重中之重,为切实做好脱贫攻坚各项工作,成立了精准脱贫攻坚指挥部,在县委县政府的领导下统一部署脱贫攻坚行动。各部门、各乡镇、各单位均把脱贫攻坚视为首要的政治任务,不论在组织机构、会议部署、目标细化等各方面都体现出对脱贫攻坚的绝对重视,无论何时何地都将脱贫攻坚作为头等大事。

(1)政治任务的组织化

为切实做好精准脱贫各项工作,各单位、各部门均成立了由"一把手"任组长、各乡镇和有关部门主要负责人任组员的领导小组,由领导小组来统一研究和部署本单位内部的脱贫攻坚行动。以水务局和林草局为例,二者均成立了由局总支书记、局长任组长,副局长任副组长,局班子其他成员及相关办公室、成员单位责任人等为成员的精准脱贫工作领导小组。此外,十个行业专项扶贫行动均成立了行业专项扶贫领导小组,如农牧民危旧房改造领导小组、东西部扶贫协作工作领导小组、农村饮水安全工程建设领导小组等,通过专项领导小组来统筹协调、指导推进脱贫攻坚工作。与原有科层制体制下的工作模式相比,以领导小组的方式来建立健全各部门内部的脱贫攻坚组织机构,一方面打散了原有的层级关系,使不同系统中的人员在同一领导小组内配合完成共同的工作，另一方面改变原有的专业化分工，提高了人员利用率和组织效率，使原本来自不同渠道的各项资源得以在领导小组内部充分调动。

在此基础上，切实加强组织领导，通过建立领导小组的方式使领导班子的指导、协调、统筹等各项能力得到显著增强，将领导班子建强以适应脱贫攻坚这项最大的政治任务、最大的民生工程。领导班子的强化、组织领导能力的加强对于脱贫攻坚这项艰巨任务而言，实际上起着中流砥柱作用，这也就意味着统一指导、统筹协调该项工作的力量得到显著提升，对于脱贫攻坚进程的推动功用显著。此外，被领导小组组织起来的班子成员、相关单位或各乡镇的责任人于脱贫攻坚行动而言不仅仅是实际工作的执行者，更是行动中政策和信息的上传下达者，是身处脱贫攻坚战中坚实的战斗堡垒。

（2）政治责任的明确化

县委县政府始终把脱贫攻坚作为首要政治责任。为确保脱贫攻坚工作扎实稳步推进，思想上高度重视，坚持把习近平总书记扶贫开发战略思想和党中央脱贫攻坚方针政策作为思想引领和行动指南，县委县政府、脱贫攻坚指挥部及扶贫开发领导小组第一时间组织学习习近平总书记有关脱贫攻坚的重要讲话精神和党中央脱贫攻坚方针政策，带领并督促各级相关人员及时跟进学习，筑牢打赢脱贫攻坚战的思想根基。在提高政治思想认识和建造思想根基的基础上，增强政治责任感和使命感，按照精准脱贫攻坚的各项行动要求，把职责扛在肩上，把责任放在心上。各级、各单位、各部门相关负责人率先垂范、尽忠职守，切实承担好脱贫攻坚政治责任，确保脱贫攻坚的各项政策措施和专项行动精准落地，一起接受最大的政治检验和能力考验。

县委县政府充分发挥核心领导和统筹协调作用，相关领导听取各种汇报、下乡走访调研数百次，确保领导到位、动员到位、履职到位。在各种紧锣密鼓的行程安排中，切实统筹和研究部署脱贫攻坚工作，对阶段性脱贫攻坚工作作出深入研究和周密安排，全力协调推动互助县脱贫攻坚整体工作深入开展。除县委县政府相关领导密集的工作之外，各乡镇、各部门和各单位内部的脱贫攻坚领导小组也定期召开专题会议研究部署精准脱贫相关的各项工作，且根据需求不定期召开小组内、单位内、部门内或相关人员的各种常委会、动员会、推进会、问题整改部署会等各类会议，充分发挥组织机构的核心领导和统筹谋划作用。通过紧张密集的会议安排、定期的专题研究、不定期的工作部署，及时安排脱贫攻坚各阶段的工作，确保党中央、省、市、县各级脱贫攻坚政策措施得到理解和贯彻，确保各项决策得到精准落实。

（3）政治目标的明晰化

各乡镇、各部门、各单位相关领导通过领导小组专题会议以及包括动员会、推进会等在内的各类会议，明确单位或部门内部的工作目标，每一次的安排部署对于相关人员来说都是目标的进一步明确，都是任务的进一步细化或者深化，抑或是脱贫任务的进一步加码。总而言之，各类部署安排和协调统筹均围绕着脱贫攻坚这个最大的政治任务、最大的民生工程，为了确保该项艰巨工作的落实，对目标的明确、对任务的细化和深化都是必不可少的重要环节。另外，通过一系列会议的统筹谋划，明确工作阶段、明确时间节点、明确责任人员，这三个明确对于整体的脱贫攻坚工作而言亦是不可或缺的关键。此外，领导重视还体现在一系列统筹协调、安排部署中对于工作过程的把握和工作进度的推动上。

领导小组、单位党组等组织把脱贫攻坚各项工作进行细致分解，从上到下细化每个人的任务，具体到谁负总责、谁分管与上下级及相关单位的协调、谁负责具体业务工作的统筹、谁监督检查等，每个人各司其职又相互配合，各岗位尽忠职守又必须顾全大局，如此安排部署形成了紧密相关的合力，无形中又有相互较劲的动力，对于脱贫攻坚相关任务的实施和推进是强有力的推手。除任务细化到人外，脱贫攻坚工作更需细化到每月每季度每年等各个时段，每个阶段面临着不同的问题和现实困局,只有把阶段性工作一步步落实好,才能确保整体工作有序而稳健。每个时间点都是任务的又一次强调,也是脱贫攻坚战的又一个战场,领导们的高度重视以及行动中细致的安排部署确保了脱贫攻坚能够全面如期完成。

2. 政策整合

(1) 升级、加码与协调:易地搬迁何以实现?

易地扶贫搬迁是实施精准扶贫、精准脱贫的有力抓手。互助县委县政府按照"易地扶贫搬迁脱贫一批"的要求,深入研究精准扶贫、精准脱贫方案,坚持"政府引导,群众自愿,政策协调,讲求实效"的原则,以确保搬迁对象脱贫致富为目标,结合村情实际、立足群众需求、尊重群众意愿,一眼洞穿"一方水土养不起一方人"的贫穷根源,实施精准选择易地搬迁的脱贫举措。实施易地搬迁从根本上改善了困难群众的生产生活条件和自我发展条件,群众意愿强烈。作为典型代表的松多藏族乡花园村地处半农半牧边远山区,居住分散,信息闭塞,生存条件恶劣,自然灾害隐患大,贫困程度深、群众生活艰苦,"娶妻难"使整个村庄渐渐沦为"光棍村"。2017年实施易地搬迁安置整村上楼后,通过各种易地搬迁后续产业实现了群众收入的提升和生活条件的改善,"娶妻难"问题迎刃而解,贫苦群众走上了脱贫致富之路。

且易地搬迁按照"规模适度、便于管理、便于服务、便于自治、群众自愿"的原则,因地制宜,多样安置。依据不同贫困原因及迁出地自然村落分布情况,灵活采用整村搬迁集中安置、整村搬迁分散安置、零散搬迁集中安置以及零散搬迁分散安置等多种方式进行易地扶贫搬迁安置。在本行政村范围内能落实安置地的台子乡下二村、蔡家堡乡上刘家村、丹麻镇锦州村、温家村和松德村采取了行政村内就近集中安置的方式;在缺乏基本生存条件和发展条件的地区进行跨行政村、跨乡镇的集中安置,为哈拉直沟乡里外台村、林川乡作干村、塘川镇朱家口村、五峰镇后头沟村和蔡家堡乡泉湾村建设了移民新村进行集中安置；此外，鼓励和扶持贫困人口自谋生路，政府给予安置补贴，或者投靠亲友等各种方式进行自主安置；另外，引导和鼓励群众以各种方式解决就业和住房问题，如松多乡花园村、前隆村，经省、市、县各级部门和领导的大力支持，通过进城上楼、赴海西、新疆等地务工定居，实现了分散插花式安置。综上所述，互助县统筹考虑脱贫攻坚与易地搬迁的关系，精准选择了易地扶贫搬迁的帮扶举措，合理规划、有序组织实施，并最终形成可供借鉴的发展模式。

（2）层叠与创新：收入困境如何化解？

精准扶贫、精准脱贫开始之前，农户主要收入以传统耕种及劳务收入为主，靠天吃饭的困窘境地使百姓生活艰辛，生产生活条件落后。按照精准脱贫的工作要求，为坚决打赢脱贫攻坚战，解决区域性整体贫困，做到脱真贫、真脱贫，全县上下一致认为实现整体稳定脱贫就得靠扎实推进村集体经济发展项目，同时做好特色产业的培育。根据贫困村区位状况、贫困户规模与分布，结合全县社会经济状况、交通运输状况等基本条件，改变原有"靠天吃饭"的现实困局，确定"抱团发展、共同受益"的发展思路，将单门独户的产业资金、项目资金等统筹起来，同时综合运用金融扶贫支持、互助资金撬动等措施因地制宜，科学选择村集体产业项目，发展集体经济。

大力发展光伏产业，着力推动光伏扶贫。根据因地制宜的原则，按照政府安排光伏指标，企业全额出资建设，项目村解决建设用地，贫困户稳定收益的思路，采取集中式与分布式相结合方式，选择入网条件好、群众积极性高、建设用地落实的地区建设光伏扶贫电站。根据光伏扶贫的要求，鼓励和支持无劳动力、无稳定收入的贫困户以及集体经济薄弱、资源缺乏的贫困村，选择光伏扶贫项目，增加贫困户和贫困村收入。且光伏扶贫覆盖面相对较广，互助县村级光伏扶贫项目是国家下达的"十三五"第一批光伏项目单体规模最大、投资最多的光伏扶贫项目，项目覆盖互助县118个贫困村，建成后的收益用于118个贫困村集体经济。同时，持续加大产业扶贫力度，聚焦产业扶贫，挑起脱贫攻坚大梁。根据贫困村区域发展特性和需求，因地制宜进行特殊扶贫主导产业的选择。借助区位优势、交通便捷程度等先决条件，按照脱贫攻坚的工作要求，在各级领导的积极引导和支持之下，北山国家森林公园、卓扎滩景区、东和麻吉乡村旅游区等诸多旅游景区成为村级集体经济的主导产业选择。贫困户入股、村集体投资，最终收益以每年的入股分红资金的形式发放给入股对象。总而言之，不论是集中投入光伏产业，还是入股乡村旅游，诸多实例证明抱团发展能创收、有前景。

3. 组织再造

（1）行业部门的调动

为切实推进脱贫攻坚工作，互助县制定了"1+8+10"脱贫攻坚政策体系，在该政策体系中，"8"即为8个脱贫攻坚行动计划，"10"即为10个行业扶贫专项方案。就是说，在该脱贫攻坚政策体系中，与脱贫攻坚相关的各个行业部门，均根据县委县政府的脱贫精神和目标责任分工方案并结合行业部门实际，制订了详细的实施方案来对接各个乡镇、贫困村的具体项目，以便全面而及时地贯彻执行脱贫攻坚的工作部署。

各个相关行业部门制定的行业扶贫专项方案对应着不同的行业项目，也对应着脱贫攻坚行动中的各项目标。交通扶贫专项方案着力于推进精准扶贫交通支持措施的落实，实现全县农村公路基础设施网络逐步完善；水利扶贫专项方案按照分布目标先解决贫困人口的安全饮水问题，再建立农村饮水安全工程体系；电力扶贫专项方案根据脱贫攻坚重点工作，全力实施农村电网改造升级工程和易地搬迁村通电工程，提升农村电网供电能力，满足生产生活用电；医疗卫生扶贫专项方案致力于实施以"四优先十覆盖"①为抓手的医疗扶贫，有效缓解因病致贫、因病返贫问题；通信扶贫专项方案把握政策要求，实现98%贫困村4G网络和宽带的全覆盖；文化惠民扶贫专项方案按照"覆盖城乡、便捷高效、保基本、促公平"的要求，使贫困村基本公共文化体育服务达到均等化和标准化水平；金融扶贫专项方案通过加大信贷支持力度和建立多元化的金融扶贫服务体系，以精准金融服务助力脱贫攻坚；科技扶贫专项方案促进科技资源配置与扶贫开发直接挂钩，整合科技力量，打好科技扶贫攻坚战；电子商务和市场体系建设扶贫专项方案通过电商扶贫模式，致力于为贫困户创收，为农村经济持续快速发展助力；农牧民危旧房改造扶贫专项方案坚持突出重点，集中财力和资源解决贫困户的住房安全问题。

显然，来自各个行业部门的人、财、物等资源通过脱贫攻坚行动被有效地动员和组织了起来，按照10个行业扶贫专项方案的安排部署，行业部门的项目落地，来自多方的举措被整合在一起并形成脱贫攻坚的坚实合力。

（2）多层次脱贫机制的建立

按照互助县精准脱贫攻坚实施方案的要求部署，构建了以"八个一批"脱贫攻坚行动计划和"十大工程"为支撑的"1+8+10"脱贫攻坚政策，同时根据脱贫攻坚政策任务所涉及的各大部门，研究制订了各层级的脱贫攻坚行动工作方案，明确了脱贫攻坚成效巩固的主要措施。建设了由县委县政府和脱贫攻坚指挥部牵头，包括发改局、

---

① 开展"四优先"服务活动。优先实施贫困村卫生室基础设施建设，优先做好贫困村卫生人才资源培养和配置，优先支持中医药在贫困村落地生根，优先提供优质公共卫生服务。实施医疗精准扶贫"十覆盖"。建档立卡贫困人口免费白内障手术全覆盖，资助贫困先天性心脏病患儿手术全覆盖，包虫病免费药物治疗和手术费用补助全覆盖，贫困村孕产妇住院分娩补助全覆盖，贫困村育龄妇女补服叶酸全覆盖，新生儿疾病筛查和儿童营养改善项目全覆盖，贫困村免费孕前优生健康检查全覆盖，贫困村计划生育免费技术服务全覆盖，贫困人口疾病应急救助全覆盖，对"三无"人员及时给予医疗救治，贫困村65岁以上老年人免费健康体检全覆盖。

财政局、扶贫局、水务局、交通局等脱贫攻坚责任县直有关行业部门配合的工作机制。县委、县政府严格落实"双组长""双指挥长"制和县级领导干部联点扶贫工作制度，同时出台易地搬迁、产业扶贫、互助资金、脱贫攻坚责任制等专项管理办法，构建了全方位脱贫攻坚政策体系。通过运用脱贫攻坚政策体系，动员脱贫攻坚责任单位、相关行业部门、各级人员投身脱贫攻坚行动。包括与省、市两级脱贫攻坚行动方案相互协调配合，真实反馈精准扶贫工作难题，竭力争取各项资金、项目、驻村帮扶单位等资源。同时，根据习近平总书记扶贫开发战略思想、党中央脱贫攻坚方针政策、省市两级的脱贫攻坚精神要求，配合出台各类管理制度和方法，绕过原来的科层制体系把资源、人力、财力、物力等调动且有效组织起来，形成了多层次的脱贫实施机制，将原来分散的多种力量以精准脱贫攻坚任务的形式、按照特定的需求和专项计划统筹协调起来，综合施策、多力并举。

在原有的多层次、全方位的脱贫实施机制的基础上，不断完善脱贫机制。继续全面落实脱贫攻坚"双组长"和"双指挥长"制，调整并再次明确了全县精准脱贫攻坚指挥部成员及工作职责，并对精准脱贫攻坚实施方案的落实程度对脱贫攻坚责任有关行业部门的工作进行目标式考核，按照目标任务的完成状况进行脱贫攻坚实施机制的调整，包括部门间的协调合作、人员派遣的相互补充等各方面，提升精准扶贫精细化、规范化、科学化管理水平。乡镇、各部门、各单位本着防患于未然的态度，针对问题产生的源头，深入剖析问题根源，相应建立健全制度办法。各责任部门、人员和帮扶单位根据实际情况和现实需要，调整原有不合理或无成效的方式，县直各有关部门切实发挥行业和职能优势，从人才、资金、技术、项目、信息等方面保证帮扶措施和任务的进一步落实；各帮扶单位与各乡镇党委、政府及有关部门的沟通与协作，确保脱贫攻坚巩固提升工作顺利开展、全面推进；群团组织发挥自身优势，多方发掘社会扶贫资源，积极动员更多社会力量参与脱贫攻坚。用改革创新的方法解决机制层面的问题，各方扶贫力量以努力构建"大扶贫"格局的决心，坚持完善和健全脱贫实施机制，强标固本，巩固脱贫攻坚成果的基础上迎接新一轮的任务。

（3）跨越科层："双帮"机制的建立

为全面落实"单位结对共建帮村、干部结对认亲帮户"扶贫制度，按照县委县政府有关通知的要求和安排，扎实开展"双帮"工作。根据省、市有关文件精神和要求，互助县组织协调了19个省直单位、8个市直单位、61个县直单位对全县118个贫困村和24个深度贫困乡镇有贫困户的行政村进行结对帮扶；且省、市、县三级相关单位10400余名党员干部对12626户建档立卡贫困户进行结对认亲，实现帮村联户全覆盖。

省、市、县各级相关单位高度重视结对联点帮扶工作，认真按照"123"扶贫工作机制的要求，认真落实"一联"机制、扎实开展"双帮"工作、全面开展"三治"工作。各帮扶单位都把结对联点帮扶工作作为本单位的年度重点工作之一，各单位在深入调查了解掌握结对帮扶村基本情况的基础上，主动与乡镇、村共同谋划，并在项目资金等方面予以政策倾斜。此外，帮扶单位会根据村情民需，结合本单位优势或者利用本单位优势来协调相关单位部门的资金和项目，用本单位的资源来"交换"结对帮扶村所缺乏的其他专项资金和项目支持，更实际地解决问题，例如交通局与水务局的互助协调，达到了同时解决两个贫困村的脱贫攻坚硬性指标问题的目的。且在具体帮扶措施上，不同结对帮扶单位各显神通，积极争取各项帮扶项目和资金，也通过各种渠道筹措资金进行联点村的脱贫攻坚工作。众所周知，结对帮扶单位的干部与帮扶村间的结对认亲也带来了诸多资源，一是慰问品、慰问金等物质上的帮扶，二是基础设施的改善、生产生活条件的变化，三是思想观念的改变、自主意识的激发以及对国家政策的理解、支持和感恩。

在第一书记和工作队的选派上，严格按照"政治素质好、工作作风扎实、综合能力强、善做群众工作、能在选派村健康履职"的标准，精准选派。除增强了基层扶贫的工作力量、提升结对帮扶工作效果之外，还带来了派出单位所拥有的资源，更重要的是第一书记和扶贫（驻村）工作队员本身的作用。一般情况下扶贫（驻村）干部都能发挥指导业务工作、协调统筹扶贫项目和产业帮扶落到实处、积极选择精准脱贫主导产业促发展等有效作用，且部分第一书记和扶贫（驻村）工作队员能够通过各种独创方式，紧紧围绕脱贫攻坚工作大局，抓班子、带队伍、兴产业、促发展，高质量完成任务目标，积极推动脱贫攻坚行动稳步向前。

尤其在第一书记和扶贫（驻村）工作队干部管理办法、召回制度、任期制度、"五个一"管理办法等工作制度之下，在驻村帮扶考核体系之下，通过有效发挥考核的指导作用和表彰的激励作用，敦促扶贫（驻村）工作队干部们发挥真正的实力，各显神通。通过积极主动与相关部门协调来争取各类有指标的建设项目和资金，率先进行相关项目的建设或相关产业的发展，例如西山乡马莲滩村第一书记积极争取拿到"高原美丽乡村"建设项目指标并落实资金开工建设；通过联点帮扶单位的关系和驻村工作队干部利用人脉、能力等各种方式竭力争取各项帮扶资源，正如蔡家堡乡所提到的"五根手指不一样长"是一样的道理，不同的干部通过自己的人脉、关系、实力等跑出来的各种资源必然不尽相同，他们跑出来的各种帮扶资源对于脱贫攻坚进程来说受益匪浅。

4. 监督体系化

（1）完善责任体系，明确职责任务

互助县认真落实省市县扶贫开发工作决策部署，严格按照精准扶贫、精准脱贫和巩固提升的要求，建立并完善了县委县政府、各乡镇党委政府、扶贫（驻村）工作队、帮扶单位"四位一体"的责任体系。县委县政府发挥集中领导和统筹协调作用，对脱贫攻坚工作负总责；各乡镇党委政府作为重要的责任主体和工作主体，起着协调上级部门和相关单位在管辖区域内顺利开展工作的重要作用；扶贫（驻村）工作队的角色独特，是具体业务工作的实施与落实上不可或缺的关键环节；帮扶单位在与各乡镇党委政府及有关单位的沟通和协作中扮演着重要的牵线搭桥的作用。此外，在脱贫攻坚相关职能机关内部，建立了"一把手"负总责、局属各单位、扶贫（驻村）工作队、扶贫（驻村）干部均担责的责任制度。各个责任人作为责任体系中的重要一员，肩负着的不只是自身的职责，更是整个系统内部责任体系的压力，目标责任状的签订一定程度上强化了履责的动力，另一方面也是责任体系构建和完善的重要体现。

各部门、各乡镇、各有关单位、各扶贫（驻村）工作队等相关人员在以上责任体系中明确自身的工作职责和自己身上的责任重担，清醒认识脱贫攻坚行动中自己的角色和定位。"一把手"承担着职责范围内整个脱贫攻坚工作的推进、落实、巩固提升等责任；乡镇相关工作人员作为责任主体，负责协调属地内各相关单位脱贫攻坚工作的实施和开展；驻村第一书记和扶贫（驻村）工作队员在扶贫进程的推动和目标的落实方面发挥着中流砥柱的作用，各个具体项目、各项资金使用、各类具体工作的展开都由他们来管控。以上仅就三个责任主体而言，实际上各个责任主体都明确肩负着相对而言重大的职责，也充分理解并认同自己的工作责任，努力确保责任体系往更完善的方向发展。

（2）切实履行安排，层层压实责任

根据"多位一体"责任体系的责任管理要求，责任体系所涉及的相关人员切实履行脱贫攻坚行动中的责任安排，在明确职责任务的基础上，认真履行责任人职责，按照既定方案，扎实推进各项工作，不折不扣落实各项决策部署，按时保质保量完成目标任务。严格按照各级要求进行规范管理，同时确保责任体系的稳定，及时研究和解决实际工作中的新情况、新问题，坚持责任到人的要求，有升职、调任、换岗等涉及责任主体变动的状况，及时研究部署，确保责任体系的完备和良好运转。

同时，利用责任体系内部的层级关系和专项任务的安排部署，各个责任主体内部一级抓一级，严格贯彻落实责任体系的职责安排，在第一时间发现问题并按照相关规定和目标责任书的承诺追责、问责，强化责任意识，一级一级把责任追究到位。此外，责任体系内部层层抓落实，各层级都要进一步夯实脱贫攻坚责任，在"互助县乡脱贫攻坚目标责任考核办法（试行）"中规定，严格实行工作日报、周例会、工作通报、整改会等制度，保障责任的层层落实，压实工作职责，群策群力全力完成脱贫攻坚工作，建设"能打胜仗"的坚实工作队伍。

（3）强化督查检查，严格考核奖惩

互助县为确保脱贫攻坚整体任务的完成，坚持以问题为导向，以发现问题和解决问题为重点，建立了立体式全覆盖的督查检查体系——"5+2"脱贫攻坚督查长效体系。为推动脱贫攻坚政策举措落地落实，围绕脱贫攻坚各项职责目标，建立了五级督查组开展督查：一是由县委县政府主要领导担任组长的县级督查检查组全方位督查全县脱贫攻坚工作；二是由县人大、政协主要领导和6名县委常委担任组长的包片督查组对所查乡镇的扶贫工作进行深度督查；三是由19名科级领导担任组长的乡镇督查组除常规督查外，对帮扶单位的工作进行督查；四是县扶贫开发领导小组办公室专项检查组重点对各级干部履职情况和脱贫攻坚中出现的突出问题进行督查；五是县委县政府重点工作督查室专项检查组对全县各乡镇、各部门、各单位重点工作开展情况进行专项督查。在"互助县2018年扶贫领域作风问题专项治理整改方案"中，要求各级督查强化监督问责，且在五级督查机制的基础上，建立问题整改协调及工作问责追责机制，及时通报并跟踪督办，以督查问责倒逼责任落实。

同时在五级督查检查的基础上，各乡镇、各部门、各单位一是对各级督查反馈的问题进行全面整改，二是持续开展自查自纠，结合脱贫攻坚各项职责目标，继续开展单位内部的再排查、再督查工作，做好日常的自我督导，全面而及时地落实脱贫攻坚各项职责任务。最后，建立脱贫攻坚工作考核制度，将脱贫攻坚巩固提升工作和督查考核整改工作纳入各乡镇、各部门、各单位的年度目标责任考核范围，作为干部选拔任用、年度考核等次确定和奖惩的重要依据。对巩固提升工作中成绩突出、帮扶成效显著的单位和个人予以表彰，对工作成效不明显、工作落实不力的单位和个人进行严肃问责。以此来完善考核评价体系，量化工作目标和任务，严格考核奖惩，确保责任落实。

（三）小结

总之，通过动员的制度化运作，通过对制度遗产进行制度化再造，构建了互助县精准扶贫的体制性基础。从"动员"层面来看，无论是在央地之间，还是在县域之内，抑或是东西部之间，多样化的扶贫资源被调动，为精准扶贫目标的实现建立了扎实的资源基础。从制度化层次来看，在县域，通过对动员结构进行制度化，一方面，复杂的精准扶贫政治任务实现了横向和纵向的结构化分解，分散的政策工具在县域层次被整合，原有的县域层次的多政府部门在组织结构和执行机制上被重构，多方力量和资源在县域层次上得以协调和整合。另一方面，随着精准扶贫成为第一项政治任务，监管体系也被重构。目标责任制、督查以及专项行动，最终都成为整个县域扶贫任务完成的内生性组成部分，为精准扶贫的实现建立明确的权责体系和兼容的激励结构。

三、启　　示

　　以习近平同志为核心的党中央不忘初心、牢记使命，团结带领全党全国各族人民砥砺前行、开拓创新，奋发有为推进脱贫攻坚事业，取得显著成就。总的来看，我国精准扶贫政策实践具有重要意义。

　　首先，我国为世界提供了非常重要的制度话语。无论是发展问题还是贫困问题，很大程度上是一个国家能力问题。对于绝大多数发展中国家而言，这些国家之所以陷入低发展水平的陷阱，与国家的制度能力的低下高度相关。对于具有强的再分配属性的社会发展政策目标的实现过程中，如果没有强的国家能力，在政策制定过程中抵御多方利益相关者的阻碍，在政策执行过程中实现国家目标的贯彻，类似于广泛的脱贫目标的实现是不可能的。我国的强的国家制度能力实现精准扶贫的经验，本身就是对世界反贫困事业的一个重要贡献。

　　其次，随着动员本身被制度化，无论是政策制定还是政策执行过程，几乎所有的与此相关的力量都可以被调动到精准扶贫任务的实现。这恰是我国这一发展体制的优势所在：我国政府可以根据任务的重要程度和任务的属性，确定政治动员的力度、大小以及动员的边界。在动员的基础之上，行政体系、党的体系以及以体制为基础所连接的几乎所有的经济资源、政治资源和社会资源都可以被连接、吸纳和整合到特定政治任务的完成和实现之中。

　　再次，我国有着非常强的制度能力，特别是，我国拥有着非常强的制度回溯能力，可以根据任务本身的属性，进行体制性的建构，从而实现制度目标。事实上，自中国共产党成立伊始，一直在累积多样化的治理制度遗产，这些制度遗产是中国共产党保持体制

第八章 | 动员的制度化

能力和弹性的关键。中国共产党之所以能够在复杂的国内外环境中保持执政地位的稳定，之所以能够适应和吸纳环境带来的挑战，保证体制的韧性，其对自身制度遗产的再建构、再整合和再生产是关键因素。

后　记

　　脱贫攻坚是实现我们党第一个百年奋斗目标的标志性指标，是全面建成小康社会必须完成的硬任务。党的十八大以来，以习近平同志为核心的党中央把脱贫攻坚纳入"五位一体"总体布局和"四个全面"战略布局，摆到治国理政的突出位置，采取一系列具有原创性、独特性的重大举措，组织实施了人类历史上规模空前、力度最大、惠及人口最多的脱贫攻坚战。经过8年持续奋斗，现行标准下9899万农村贫困人口全部脱贫，832个贫困县全部摘帽，12.8万个贫困村全部出列，区域性整体贫困得到解决，完成了消除绝对贫困的艰巨任务，脱贫攻坚目标任务如期完成，困扰中华民族几千年的绝对贫困问题得到历史性解决，取得了令全世界刮目相看的重大胜利。

　　根据国务院扶贫办的安排，全国扶贫宣传教育中心从中西部22个省（区、市）和新疆生产建设兵团中选择河北省魏县、山西省岢岚县、内蒙古自治区科尔沁左翼后旗、吉林省镇赉县、黑龙江省望奎县、安徽省泗县、江西省石城县、河南省光山县、湖北省丹江口市、湖南省宜章县、广西壮族自治区百色市田阳区、海南省保亭县、重庆市石柱县、四川省仪陇县、四川省丹巴县、贵州省赤水市、贵州省黔西县、云南省西盟佤族自治县、云南省双江拉祜族佤族布朗族傣族自治县、西藏自治区朗县、陕西省镇安县、甘肃省成县、甘肃省平凉市崆峒区、青海省西宁市湟中区、青海省互助土族自治县、宁夏回族自治区隆德县、新疆维吾尔自治区尼勒克县、新疆维吾尔自治区泽普县、新疆生产建设兵团图木舒克市等29个县（市、区、旗），组织中国农业大学、华中科技大学、华中师范大学等高校开展贫困县脱贫摘帽研究，旨在深入总结习近平总书记关于扶贫工作的重要论述在贫困县的实践创新，全面评估脱贫攻坚对县域发展与县域治理产生的综合效应，为巩固拓展脱贫攻坚成果同乡村振兴有效衔接提供决策参考，具有重大的理论和实践意义。

脱贫摘帽不是终点，而是新生活、新奋斗的起点。脱贫攻坚目标任务完成后，"三农"工作重心实现向全面推进乡村振兴的历史性转移。我们要高举习近平新时代中国特色社会主义思想伟大旗帜，紧密团结在以习近平同志为核心的党中央周围，开拓创新，奋发进取，真抓实干，巩固拓展脱贫攻坚成果，全面推进乡村振兴，以优异成绩迎接党的二十大胜利召开。

由于时间仓促，加之编写水平有限，本书难免有不少疏漏之处，敬请广大读者批评指正！

本书编写组

责任编辑：于宏雷
封面设计：姚　菲
版式设计：王欢欢
责任校对：胡　佳

图书在版编目(CIP)数据

互助:脱贫攻坚动员的制度化/全国扶贫宣传教育中心 组织编写. —北京：
人民出版社,2022.10
(新时代中国县域脱贫攻坚案例研究丛书)
ISBN 978-7-01-025227-8

Ⅰ.①互… Ⅱ.①全… Ⅲ.①扶贫-案例-互助土族自治县　Ⅳ.①F127.444

中国版本图书馆 CIP 数据核字(2022)第 197690 号

互助：脱贫攻坚动员的制度化
HUZHU TUOPINGONGJIAN DONGYUAN DE ZHIDUHUA

全国扶贫宣传教育中心　组织编写

人民出版社 出版发行
(100706 北京市东城区隆福寺街 99 号)

北京盛通印刷股份有限公司印刷　新华书店经销

2022 年 10 月第 1 版　2022 年 10 月北京第 1 次印刷
开本:787 毫米×1092 毫米 1/16　印张:21.5
字数:310 千字

ISBN 978-7-01-025227-8　　定价:64.00 元

邮购地址 100706　北京市东城区隆福寺街 99 号
人民东方图书销售中心　电话 (010)65250042　65289539

版权所有·侵权必究
凡购买本社图书，如有印制质量问题，我社负责调换。
服务电话:(010)65250042